역사가
기억하는
식민지 쟁탈

궈팡 편저 홍지연 옮김

역사가
기억하는
식민지 쟁탈

궈팡 편저 홍지연 옮김

꾸벅

역사는 수많은 우연에서 탄생한다. 우연 가운데 꿈틀대는 개인의 욕망과 야심이 한데 섞여서 만들어진 역사라는 거대한 물줄기는 웅장한 소리를 내며 힘차게 흘러내려 간다. 15세기 유럽의 탐험가, 야심가, 항해자였던 크리스토퍼 콜럼버스(Christopher Columbus), 바스코 다 가마(Vasco da Gama), 페르디난드 마젤란(Ferdinand Magellan) 등의 인물들은 전 세계적으로 대단한 업적을 쌓은 유명한 개척자이다. 망망대해에서 새로운 항로를 발견하고, 신대륙에 도달하여 오랜 세월 외부와 단절된 채 문명과 접촉이 없던 지역을 유럽에 알렸다. 이로써 신대륙도 다른 세상과의 연결고리가 생겼고, 인류의 앞에는 새로운 세계가 펼쳐졌다. 그러나 새로움이 늘 아름다운 것은 아니었다. '문명인'이라고 자부하던 유럽의 개척자들은 인류의 내면에 잠재된 욕망에 휩싸여 앞다투어 침략과 강탈에 나섰다.

새로이 개척한 항로는 초기 식민지 개척자들의 침략 경로가 되었다. '신'대륙이 발견되자 유럽 '강대국'들은 앞다투어 새로운 먹잇감을 노렸다. 이렇게 해서 신대륙은 결국 희생물로 전락하고, 핏빛으로 물든 잔인한 식민전쟁 역사의 그 거대한 막이 올랐다. 19세기 식민전쟁이 절정에 치달았을 때는 세계의 대부분 지역이 식민지로 전락했다. 세계가 단순하게 식민 국가와 통치 국가 두 부류로 나뉠 수 있을 정도였다. 그러나 시간이 흐르면서 강대국도 점차 세력이 약해졌고, 새로운 강자가 떠오르면서 또 다른 전쟁을 맞이하게 되었다. 식민지 역사의 페이지는 또 다른 전쟁으로 물들었고, 식민지 쟁탈전은 더욱 치열해졌다.

　이 시기의 역사는 가히 파란만장하다. 강한 태양 빛이 내리쬐는 대양주에서 딱딱하게 얼어 있던 러시아의 대평원으로, 남아메리카 아마존 밀림에서 아프리카 사하라 사막에 이르기까지, 식민전쟁의 이야기는 전 세계를 무대로 펼쳐졌다. 고귀한 신분을 자랑하는 유럽 백인, 미개하고 야만적인 아프리카 토착 흑인, 황색 피부를 자랑하는 아메리카 인디언 등 세계 구석구석에서 등장한 인물들이 총소리와 피 흘림으로 가득한 이 이야기를 들려주었다. 광활한 역사 한가운데서 강한 생명력을 지닌 인물들이 등장했다. 나폴레옹 보나파르트(Napoleon Bonaparte), 미하일 쿠투조프(Mikhail Illarionovich Golenishchev-Kutuzov), 빅토리아 여왕(Queen Victoria), 오토 폰 비스마르크(Otto Von Bismarck) 등 새로운 역사의 주인공들이 펼치는 새로운 역사가 시작된 것이다. 쉴 틈 없이 벌어진 전쟁은 인간의 욕망을 불러일으켰고, 인간의 끝없는 탐욕으로 전쟁은 다시 절정에 이르렀다. 원한의 응어리로 얼룩진 전쟁은 1914년 1차 세계대전의 발발로 일단락되었다. 그 과정에서 기존의 세계 구도는 깨지고 새롭게 재편되어 새로운 시대로 접어들었다.

제 **1** 장
나폴레옹 시대

제2장

독립과 혁명

제3장

변혁과 정복

제 **4** 장

분열과 저항운동

Contending for Colony

History of the World

제 1 장

나폴레옹 시대

왕관을 거머쥔 나폴레옹

그가 역사에서 차지하는 비중은 인류 역사의 균형을 깨뜨릴 정도로 엄청나다. 그는 스스로 세상 누구보다 중요한 존재라고 생각했으며 실제로 인류의 많은 능력이 그의 머릿속에 집중된 듯했다. 이처럼 한 사람의 머릿속에서 세계의 운명이 결정된다는 사실은 인류 문명의 발전에 치명적인 약점이 될 것이다.

빅토르 위고(Victor Hugo)

코르시카 소년

프랑스 니스(Nice)에서 남쪽으로 약 170킬로미터를 내려가면 에메랄드빛 물결이 넘실대는 지중해를 볼 수 있다. 그 물결 가운데, 전설 속의 트로이 왕자 코르와 델로스 여왕의 손녀 시카의 사랑 이야기에서 그 이름이 유래한 코르시카 섬이 솟아 있다. 과거에 이탈리아의 영토였다가 1768년에 이탈리아 국왕이 프랑스 부르봉 왕가에 이양하면서 프랑스의 지배를 받게 되었다. 1769년 8월 15일, 섬 서쪽의 도시 아작시오(Ajaccio)에 있는 한 저택의 초라한 응접실에서 몰락한 이탈리아 귀족 샤를 마리 보나파르트(Charles-Marie Bonaparte)의 둘째 아들이 태어났다. 아들의 탄생을 기뻐하던 아버지는 세상 모든 부모가 그렇듯이 아기에게 큰 기대를 걸고 '황야의 사자'라는 뜻으로 나폴레옹 보나파르트(Napolon Bonaparte)라는 이름을 지어주었다.

▼ **프랑스 황후 조제핀(Josephine de Beauharnais)**
조제핀은 나폴레옹의 첫 번째 부인으로, 나폴레옹의 대관식에서 황후로 봉해졌다. 자녀를 낳지 못해 1809년에 나폴레옹과 이혼했다.

코르시카가 프랑스의 지배를 받게 되자 섬 주민 대다수는 새로운 국적과 신분을 받아들이지 못했다. 섬 주민 대다수가 코르시카의 독립을 열망했고, 이러한 사상은 이 섬에서 성장한 나폴레옹에게 많은 영향을 끼쳤다. 그러나 나폴레옹의 아버지인 샤를 보나파르트는 현실적인 사람이었다. 그는 봉급이 적은 '황실 변호사'로 일하면서 정치 동향을 면밀하게 살폈고, 자신의 지위와 생활을 위해서는 언제든지 입장을 바꿨다. 1779년에 열 살이 된 나폴레옹은 함께 자라난 친구들과 따뜻한 어머니의 품을 떠났다. 아버지의 손에 이끌려서 간 곳은 프랑스 본토에 있는 브리엔 유년 육군사관학교로, 나폴레옹은 이곳에 입학해서 5년 동안 군사 교육을 받았다.

당시 나폴레옹은 남다른 학생이었다. 억센 코르시카 사투리를 써서 학생들 사이에서 튀었고, 왜소한 체구이지만 성격이 괴팍해서 걸핏하면 싸우려 들어 학생들과 잘 어울리지 못했다. 그러나 이 애늙은이 같은 소년은 이 시기에 마음속으로 뚜렷한 주관을 세워갔다. 소년의 가슴은 코르시카 민족주의의 열정으로 가득했고, 코르시카를 프랑스의 '노예'에서 해방하겠다는 꿈에 부풀어 있었다. 꿈을 향한 순수한 열정과 굳은 의지를 바탕으로 그는 더욱 공부에 힘을 쏟았고, 나폴레옹은 브리엔 유년 육군사관학교에서 다양한 지식을 배웠다. 늘 온 힘을 다해서 공부한 나폴레옹은 역사 과목을 가장 좋아했고, 항상 역사 서적을 손에서 놓지 않았다. 역사책 속에서 고대의 위대한 장군을 만날 때마다 소년의 마음은 설렘으로 가득 찼다. 그런 한편 나폴레옹은 수학과 지리 과목에서도 월등한 성적을 거두었다.

1784년, '나폴레옹 드 보나파르트'는 열다섯 살에 우수한 성적으로 브리엔 유년 육군사관학교를 졸업하고 파리 고등군사학교에 입

▼ 나폴레옹 1세의 대관식

화가 자크 다비드(Jacques Louis David)의 유화 걸작으로 꼽히는 작품으로, 1984년 12월 2일에 파리 노트르담 대성당에서 거행된 대관식을 있는 그대로 그려냈다. 나폴레옹은 황실의 권위를 높이기 위해 로마 교황 비오 7세를 자신의 대관식에 초청했다. 교황의 종교적 지위를 빌려 프랑스 국민은 물론 온 유럽인에게 '왕위의 정당성'을 인정받고자 한 것이다. 그렇지만 정작 대관식에서 나폴레옹은 비오 7세의 왕관 수여를 거부하고 도리어 스스로 왕관을 썼다. 다비드는 이 장면을 직접적으로 묘사하는 것은 피하고 싶었는지 고심 끝에 황제가 황후에게 왕관을 씌워 주는 장면을 그렸다.

학한다. 그는 은색 줄을 두르고 붉은색 옷깃이 돋보이는 군복을 입은 '군관후보생'이 되어 진정한 군인 생활을 시작했다.

새로운 학교는 군대처럼 엄격하고 질서 있는 관리체제를 갖추었고, 학생들은 엄청난 양의 공부와 더불어 강도 높은 군사 훈련도 받아야 했다. 나폴레옹은 훈련할 때마다 자주 교관에게 처벌을 받았으나 오직 인내로 이 힘든 시간을 버텨냈다. 또한 그는 훈련 외의 다른 과목에서는 확실히 뛰어난 면모를 보였다. 특히 수학, 진지 구축 및 포격에 큰 자신감을 보였다. 전술에 대한 그의 천부적인 재능과 흥미는 이때부터 드러나기 시작했다. 관련 과목을 가르치는 교관들도 나폴레옹의 새로운 면모에 모두 놀라워했다.

이듬해인 1785년 9월 28일, 나폴레옹은 졸업 시험을 통과하고 어린 나이에 육군사관학교를 졸업했다. 그리고 11월 6일부터 찬란한 은빛 휘장이 달린 군복을 입고 라 페르 연대의 포병 소위로 임명되어 군인 생활을 시작했다.

포화 속에서 자라난 소년

이제 막 군인의 길을 걷기 시작했을 당시 나폴레옹은 아직 큰 공을 세우지 못한 풋내기 군관이었다. 그때의 나폴레옹은 여전히 코르시카의 독립을 꿈꾸며 기회만 있으면 고향에 찾아가서 그곳의 애국지사들과 함께 코르시카 해방을 위해 어떤 길이 있을지 논의하던 청년이었다.

군대에서 복무하는 동안 나폴레옹은 여전히 타인과 어울리지 못했고 시간만 나면 홀로 책을 읽거나 코르시카를 해방시킬 방법을 고민하며 지냈다. 그는 장 자크 루소(Jean-Jacques Rousseau), 샤를 루이 드 세콩다 몽테스키외(Charles-Louis de Secondat Montesquieu), 볼테르(Voltaire) 등의 계몽사상에 매료되어 그들의 책을 손에서 놓지 않았다. 그런 시간을 보내면서 맹목적으로 불타오르던 그의 마음에 이성의 빛이 비쳤다. 사회계약론과 주권재민 등의 주장은 나폴레옹에게 새로운 방향을 제시해주었고, 새로운 관점으로 코르시카 민족주의를 바라보게 했다. 이로 말미암아 나폴레옹의 사상은 조금씩 변하기 시작했고 코르시카와 프랑스 국민이 받는 고통은 한 국가나 개인의 통치에서 비롯된 것이 아니라 바로 봉건 독재라는 체제에서 비롯되었다는 사실을 깨달은 것이다. 이후 확고한 혁명주의자로 변신한 나폴레옹은 1789년에 프랑스 대혁명이 시작되자 누구보다도 열렬한 지지자가 되었다. 그리고 1792년에 나폴레옹이 코르시카를 세 번째 방문했을 때, 코르시카 분리주의자들 사이에서 마찰이 발생했다. 그 모습을 보고, 그는 코르시카의 독립에 대한 열망을 미련 없이 내려놓았다. 나폴레옹은 이제 프랑스 국민의 한 사람으로서 국가를 위해 적극적으로 헌신하기 시작했다.

1793년에 스물네 살이던 나폴레옹은 왕당파 반란군이 장악한 툴롱(Toulon) 요새를 포위 공격하라는 명령을 받았다. 이때, 이 젊은 포병 장교는 반란군을 시원스럽게 진압하며 큰 공을 세우고 처음으로 군인으로서 명성을 얻었다. 또 그 공으로 대대장으로 승진했고, 얼마 지나지 않아 준장으로 승진해 군대에서 두각을 드러냈다.

1795년 테르미도르파(Thermidorian)가 반동을 일으키며 구성되었던 프랑스의 총재 정부는 왕당파의 무장 반란에 부딪치자 대처할 방법을 찾지 못하고 있었다. 그러던 중 한 총재가 나폴레옹을 떠올렸다. 명령을 받은 나폴레옹은 이들의 기대를 저버리지 않고 신속하게 왕당파 진영을 진압해 상황을 진정시켰다. 그 공적을 치하하기 위해 총재 정부는 나폴레옹을 육군 중장 겸 파리 수비대 사령관으로 임명했다. 이렇게 해서 나폴레옹은 단번에 군대와 정계에 이름을 떨쳤고, 시민들에게 영웅으로 추앙받았다. 당시 파리에서는 그의 이름을 모르는 사람이 없을 정도였다. 1796년 3월 2일에 나폴레옹은 이탈리아 원정군 총사령관으로 임명되었고, 6일에 연인 조제핀과 결혼식을 올렸다. 이후 한동안 그의 인생은 승승장구했다.

이탈리아 전쟁에서 뛰어난 전술을 펼치며 용맹하게 전투를 벌인 나폴레옹을 대적할 사람은 없었다. 오스트리아와 사르데냐 왕국이 맺은 제1차 대프랑스 동맹의 공격을 몇 차례나 물리치며 평화 조약 체결을 이끌어내기까지 그의 활약은 그야말로 대단했다. 그러나 나폴레옹의 명성이 높아질수록 총재 정부는 그의 존재에 위협을 느꼈다. 그리하여 1798년, 나폴레옹은 총재 정부의 명령에 따라 동방 원정군 총사령관으로서 툴롱을 떠나 지중해 너머 이집트로 원정길을 떠나게 된다.

집정관에서 황제로

이집트의 푸른 나일 강에 도착한 나폴레옹을 기다리는 것은 그에게 쓰라린 패배를 안겨준 적수, 영국 해군 제독 허레이쇼 넬슨(Horatio Nelson)이었다. 넬슨 제독은 나일 강에서 나폴레옹의 함대를 무찔렀을 뿐 아니라, 이후의 해상 전투에서도 심각한 타격을 입혔다. 이 전투에서 나폴레옹이 이끄는 해군의 총사령관이 전사했고, 육군도 이루 말할 수 없는 고통을 겪었다. 전해지는 이야기로는, 당시 절망에 휩싸인 나폴레옹이 분을 풀기 위해 피라미드 앞에 있는 스핑크스의 코를 부서뜨려서 현재 스핑크스의 코가 없다고 한다.

그때 나폴레옹은 우연히 날짜 지난 신문에서 조국 프랑스가 대내외로 어려움을 겪고 있다는 기사를 보게 된다. 대외적으로는 제2차 대프랑스 동맹이 결성되었고, 대내적으로는 왕당파 세력이 움직이기 시작했다는 소식이었다. 1799년 11월, 절호의 기회가 눈앞에 다가왔음을 느낀 나폴레옹은 비밀리에 귀국하여 브뤼메르 18일 쿠데타를 일으켰다. 이 쿠데타로 총재 정부를 무너뜨린 그는 프랑스공화국 정부를 수립하고 제1 집정관 자리에 올라 독재 정치를 펼치게 된다.

당초 계몽사상에 깊게 감화되어 있었던 나폴레옹은 자신의 포부를 펼치고 꿈꾸던 이상 국가를 세울 기회가 오자 군대를 동원해 정권을 안정시키는 동시에 국내의 여러 부분을 개혁했다. 그 가운데 가장 의의가 큰 것이 바로 나폴레옹이 직접 편찬한 《나폴레옹 법전》이다. 나폴레옹의 자랑거리인 이 법전은 그가 법이라는 형식을 통해 대혁명 초기에 얻은 혁명의 열매를 지켜낼 수 있게 해주었다. 나폴레옹은 생전에 이 법전에 대해 이렇게 말했다. "나의 영광은 전투에서 거둔 승리가 아니다. 워털루 전투의 패배로 나의 모든 승리는 물거품이 되었다. 나의 진정한 영광은 영원히 프랑스 국민의 자유를 수호할 나의 민법전이다."

그러나 권력의 힘을 맛볼수록 야심은 커져만 갔다. 독재자가 되어버린 나폴레옹은 제1 집정관의 10년 임기에 만족할 수 없었다. 1802년에 프랑스 상원은 나폴레옹의 요구로 국민 투표를 했고, 그 결과 공화력 8년에 헌법이 개정되었다. 그 후 집정관의 임기는 종신제로 바뀌었고, 나폴레옹이 황제로 등극하는 것은 시간문제가 되었다.

정부 관료들은 왕이 되고 싶어하는 나폴레옹의 야망을 금세 알아차렸다. 그에게 진심으로 충성을 맹세한 자든 그저 아첨만 일삼는 자든 모두 말이다. 그 결과, 1804년 4월 30일에 한 의원이 행정부에 프랑스를 공화국에서 제국 체제로 변경하자는 청원서를 제출했다.

5월 3일에 상원 의장 장 자크 레지 드 캉바세레스(Jean-Jacques-Regis de Cambaceres)가 전체 의원을 대표해서 청원서를 낭독했다. 이들은 국민의 요구라고 주장하며 나폴레옹에게 왕으로서 프랑스 국민의 자유를 영원히 수호해달라고 요청했다. 자신의 야망이 실현되는 순간 나폴레옹은 잠시 주저하는 듯했지만 곧 기쁘게 응했다. 보름 후, 상원에서 새로운 헌법을 정식으로 비준했고 나폴레옹은 프랑스 제1제국의 황제가 되었다.

나폴레옹은 자신의 대관식이 유럽의 전통을 따라 모양새를 갖추길 바랐고 동시에 교황 비오 7세(Pius VII)를 초청하여 신성함을 더하고자

▲ 교황 비오 7세
나폴레옹이 스스로 왕관을 쓰자 교황 비오 7세는 매우 당혹스러웠다. 그러나 유럽 전역을 호령하는 황제 앞인지라 아무 말도 하지 못하고 그저 참을 수밖에 없었다.

했다. 비오 7세는 감히 일국의 황제가 자신을 오라 가라 하는 것에 놀라며 분노했으나 총칼의 위협 앞에 어쩔 수 없이 요구를 들어주어야만 했다.

1804년 12월 2일, 교황이 파리 노트르담 성당의 제단 위로 올라섰다. 길고도 복잡한 의식이 끝난 후 교황은 나폴레옹의 머리에 왕관을 씌워줄 준비를 하고 있었다. 그런데 그때, 오랜 시간 이 순간만을 기다려왔던 황제가 손을 뻗어서 직접 왕관을 쓸 줄이야 누가 상상이나 했을까! 이어서 황제는 황후 조제핀에게 나머지 왕관을 씌워 주었다. 사람들의 환호 속에 프랑스 제1제국 황제의 신성한 대관식이 끝났다.

다시 제국 정치 체제로 돌아온 프랑스는 이제 서른다섯인 젊은 황제의 통치 아래 유럽 대륙을 휩쓸게 된다. 그렇게 새로운 제국의 탄생으로 과거 유럽의 질서 구조가 뒤집혔고, 유럽 역사는 새로운 단계로 접어들었다.

나폴레옹과 마렝고 전투

야심만만한 코르시카 귀족의 후예인 나폴레옹의 전략은 바로 집중과 분산이다. 오스트리아 전쟁처럼 어쩔 수 없이 동시에 두 전쟁터에서 전투를 지휘해야 할 때, 나폴레옹은 중요한 작전 지점으로 대부분 병력을 집중시켰다. …그보다 적은 병력은 그보다 덜 중요한 지역으로 보냈다. …적은 병력을 보낸 전투에서 패배한다고 하더라도 주요 전투에서 승리를 거둘 수 있기 때문이다. 이는 어떤 직접적인 저항보다 강력하게 적군을 제압하는 데 효과적이다.

《마르크스와 엥겔스 전집(Marx-Engels Werke)》

광명정대한 대의

‘영광스러운 고립’을 제창했던 영국 정부는 유럽 대륙의 세력 균형을 유지하기 위해 계속해서 노력하고 있었다. 그런데 프랑스에 대혁명의 바람이 몰아치면서 새로운 변화의 시기가 도래한다. 이에 불안해진 영국은 1798년에 프랑스 국내의 군사력이 약해진 틈을 타 러시아, 오스트리아, 포르투갈, 터키, 나폴리 등 국가와 함께 제2차 대프랑스 동맹을 결성하여 무력을 동원해서라도 프랑스 혁명의 영

▼ 프랑스군 원수 요아힘 뮈라
(Joachim Murat)

향이 확산하는 것을 막고자 했다.

당시 프랑스 총재 정부는 로베스피에르(Maximilien Robespierre)의 공포정치로 만신창이가 된 국내 상황을 해결하지 못해 어려움을 겪었고, 대외적으로도 대프랑스 동맹의 강한 무력 공격을 막아낼 여력이 없어 불과 몇 개월 만에 이탈리아 북부지역과 도나우 강 유역을 빼앗긴 상태였다. 다시 전반적인 위기에 처한 프랑스는 그야말로 진퇴양난의 상황이었다. 1799년 11월 9일, 날짜 지난 신문에서 이 소식을 접하게 된 ‘황야의 사자’ 나폴레옹은 이 기회를 틈타 공훈을 세우고자 이집트에서 프랑스까지 한달음에 달려갔다. 그리고 브뤼메르 18일 쿠데타를 일으켜 힘을 잃은 총재정부로부터 권력을 넘겨받고 프랑스 통령정부의 제1 집정관이 되었다.

코르시카 귀족 출신의 야심가 나폴레옹은 전쟁에 대한 본능적인 감각이 있었다. 그는 자신을 무시하는 영국 국왕 조지 3세(George III)와 오스트리아 황제 프란츠 2세(Franz II)를 매우 싫어했는데, 이들에게 내민 화해의 손길이 거절당하자 흥분을 감추지 못하고 손바닥을 비비며 외교부 장관 샤를 모리스 드 탈레랑(Charles-Maurice de Talleyrand)에게 이렇게 말했다. "이보다 좋을 순 없네. 정말 만족스러운 결과야. 영국이 전쟁을 자초하고 있어, 이제 전쟁이 시작되는 거야. 그래, 이제 결전의 날이 온 거라네!" 나폴레옹은 곧바로 군대를 정비하기 시작했다. 그의 첫 번째 목표는 이탈리아를 되찾는 것이었다.

전쟁에서 연이어 승리하며 자신감에 취한 오스트리아를 속이기 위해 나폴레옹은 영국과 오스트리아가 그의 주변에 심어놓은 첩자에게 거짓 정보를 흘렸다. 1800년 4월에 그는 당시 프랑스 영토이던 제노바를 지원할 예비 군단을 결성했다. 3,000~6,000명에 이르는 각 군단은 이제 갓 입대한 신병과 군대 복무 기간을 마친 군인들이 뒤죽박죽 섞여서 구성되었고 심지어 장애가 있는 군인도 임시 부대로 편성되었다. 그리고 5월 초에 나폴레옹은 훈련은커녕 복장도 제대로 갖추지 못한 이 부대를 대대적으로 시찰했다. 오스트리아의 미하엘 폰 멜라스(Michael von Melas) 장군은 들려오는 정보를 그대로 믿고 프랑스 예비군이 오합지졸에 불과하다고 단정했다.

대의 뒤에 숨겨진 야망

사실 나폴레옹은 예비 군단 창설과 같은 표면적인 준비뿐 아니라 전쟁터의 지세를 면밀하게 살피고 있었다. 반면 오스트리아군은 멜라스의 어리석은 판단과 알프스 산의 험난한 산세에 대한 맹목적인 믿음으로 방비는 거의 하지 않은 채 이탈리아 서북부의 사보나(Savona), 제노바 지역을 공격하는 데 전력을 다했다. 그들이 생각하기에 자신들의 뒤에는 높은 알프스 산이 버티고 있으니 걱정할 것

▲ **나폴레옹과 스핑크스**
　나폴레옹은 이집트에서 자신의 기지를 뽐내며 두각을 드러냈고, 이집트에 프랑스의 국기를 휘날렸다. 자신감으로 가득 찬 나폴레옹은 분명히 스핑크스 앞에서 자신의 이상을 그리고 있었을 것이다.

이 없었던 것이다. 나폴레옹은 이 빈틈을 놓치지 않았다. 매의 눈으로 오스트리아군을 살피던 그는 위험을 무릅쓴 대담한 계획을 세운다. 바로 알프스 산맥을 넘어서 오스트리아군의 후방에 군대를 투입하는 작전이었다. 그리고 1800년 1월에 진정한 의미의 예비 군단을 조직했다.

　5월 7일에 가짜 예비 군단의 시찰을 마친 지 두 시간 후, 나폴레옹은 빠르게 제네바로 향했다. 그곳에서 그랑 생 베르나도(Gran San Bernardo) 협곡을 정탐한 척후병[1]이 나폴레옹에게 협곡의 지형을 설명해주었다. 협곡의 높이는 해발 2,473미터로, 만년설이 쌓여서 통과하기 어려운 지형이었다. 하지만 나폴레옹은 고대의 한니발 장군이 세운 작전에 따라 천연 요새로 둘러싸인 이탈리아를 공격하기로 했다.

　5월 15일에 나폴레옹은 병사 3만 5,000명과 대포 40문을 끌고 협곡을 넘기 시작했다. 하늘 높이 솟은 산들 사이로 난 비좁은 길을 지나가는 군대의 모습은 멀리서 보면 회색 뱀이 꿈틀대며 기어가는 듯

---

1) 적의 형편이나 지형 따위를 정찰하고 탐색하는 임무를 맡은 병사

했다. 병사들은 가파른 절벽을 기어오르고 험준한 산길을 오르며 점차 눈 덮인 산맥을 헤치고 나아갔다. 대포처럼 무거운 짐은 말이 끌게 하고, 나머지 짐은 직접 들거나 등에 지고 가기도 하면서 행군을 계속했다. 이때 나폴레옹은 병사들의 사기를 높이기 위해 자신도 말에서 내려 일반 병사들과 함께 걸어서 산을 넘었다.

5월 16일, 순조롭게 산을 넘어 계곡에 들어선 나폴레옹과 프랑스군은 17일에 샤티용(Chatillon) 부근에서 오스트리아 소대를 무찔렀다. 이어서 5월 23일에 발디제르 요새를 함락하고 알프스에 이른 프랑스군의 눈앞에 피에몬테(Piemonte) 평원이 펼쳐졌다. 프랑스군이 산을 넘어 오스트리아군의 후방을 공격했다는 소식을 듣고서야 멜라스 장군은 자신이 잘못 판단한 것을 깨달았다. 나폴레옹이 토리노(Torino)로 올 거라고 생각해서 오스트리아 특수 부대를 제노바에 두고 자신은 프랑스에 맞서 싸우기 위해 부대를 이끌고 북쪽으로 진군했던 것이다. 한편 4월부터 제노바를 지킨 앙드레 마세나(André Masséna)의 부대는 뛰어난 전투 부대였지만 수적으로 너무 불리한 상황이었다. 성 안의 식량과 무기가 곧 바닥날 위급한 상황이 닥치자 그는 계속해서 나폴레옹에게 지원군을 요청했다. 나폴레옹은 고민 끝에 제노바를 잠시 포기하고 밀라노(Milano)로 향했다. 그곳에서 봉 아드리안 자노 드 몽세(Bon Adrien Jeannot de Moncey)와 연합해 오스트리아와 결탁한 프랑스 국내세력과 오스트리아군 사이의 연결고리를 모조리 끊어버리고 오스트리아군을 무찌르려는 계획이었다. 6월 2일에 밀라노 성을 공격한 프랑스군 앞에서 멜라스 장군은 속수무책이었다. 멜라스는 속았다는 사실에 분통이 터졌지만, 일단 알렉산드리아(Alexandria)로 피해서 프랑스군에 맞설 준비를 하는 수밖에 없었다. 그리고 나폴레옹은 6월 9일에 밀라노에서 군대를 이끌고 서쪽으로 향했다. 다음날 포(Po) 강에 도착한 프랑스군은 사령부를 꾸린 후 오스트리아군과 결전을 벌일 준비를 마쳤다. 게다가 11일 오전에 이집트에서 루이 드제(Louis Desaix) 장군의 부대가 나폴레옹군과 합류한다는 기쁜 소식이 전해지면서 프랑스군의 기세는 하늘을 찌를 듯했다.

실패의 쓴맛

큰 싸움을 앞두고 나폴레옹은 잘못된 정보를 얻어 큰 실수를 범했다. 멜라스가 두려움에 떨며 제노바로 도망갔다는 소식이 들어오자 나폴레옹은 프랑스군을 두 부대로 나누어서 하나는 현 위치를 지키게 하고, 다른 한 부대는 드세 장군에게 지휘를 맡겨 멜라스의 퇴로를 차단하라고 명령했다.

6월 14일 새벽까지 고요함만이 감돌던 마렝고 평원의 침묵은 오전 9시가 되자 완전히 깨졌다. 알렉산드리아 쪽에서 오스트리아군이 물밀듯이 밀려왔다. 세 부대로 나뉘어서 달려드는 오스트리아군의 목표는 오직 하나, 프랑스군이었다. 마렝고는 서쪽으로 폰타노(Fontanone) 하천을 끼고 주변에는 마을, 농가와 포도원이 가지런히 늘어선 지역으로, 본래 적의 공격에 대비하기 좋은 지형이다. 그러나 프랑스군은 부대가 둘로 나뉜 상황이었다. 클로드 빅토르(Claude Victor) 휘하의 병사 9,000명이 오스트리아군 2만 8,000명을 상대로 싸우는 것은 역부족이었다.

단단히 준비하고 공격을 시작한 오스트리아군은 어쩔 줄 몰라 당황하는 프랑스군을 단번에 무찔렀다. 게다가 일흔의 노장 멜라스 장군이 두 번의 포탄 공격에도 끄떡하지 않고 말에 탄 채 전장을 지키는 모습을 보고 오스트리아군은 더욱 사기가 높아졌다. 그러나 천부적인 군사 천재 나폴레옹은 갑작스럽게 닥친 위기에도 당황하여 무너지지 않았다. 그는 직접 병사 800명을 이끌고 전투에 뛰어들었고, 프랑스군 역시 뒤를 따라 온 힘을 다해 싸웠다. 결국, 네 번이나 접전을 치른 끝에 프랑스군은 겨우 진지를 되찾을 수 있었다.

그러나 양측이 입은 피해의 차이는 매우 컸다. 오후 2시가 되자 프랑스군은 사상자와 사망자가 넘쳐났다. 평원에는 온통 프랑스군의 시체로 가득했고, 땅은 붉은 피로 물들었다. 이런 광경을 보고 나폴레옹은 그저 이를 악물며 마렝고에서 퇴각하라고 명령할 수밖에 없었다.

멜라스 장군은 후퇴하는 프랑스군을 보며 몹시 기뻐했다. 그리고 이제 그 콧대 높고 오만한 나폴레옹을 완전히 꺾고 모든 상황이 마무리되었다고 생각했다. 멜라스 장군은 곧 수도 빈(Wien)으로 승전보를 전하라고 명령하고, 전후 처리를 하면서 포로를 확인했다. 전쟁이 끝나자 긴장이 풀렸는지 멜라스는 극심한 피로를 느꼈다. 그래서 참모장 안톤 자흐(Anton Zach)에게 지휘권을 넘기고 프랑스군을 끝까지 추격하라고 명령한 다음, 자신은 알렉산드리아 성으로 돌아가 휴식을 취했다.

목숨을 건 전투

멜라스 장군의 섣부른 판단과 잘못된 선택은 오스트리아군에 치명적인 결과를 가져왔다. 승리의 기쁨을 만끽하던 안톤 자흐가 프랑스군을 끝까지 추격하라는 멜라스의 명령을 따르지 않고 병사들에게 먹고 마시며 휴식하라는 명령을 내린 것이다. 그러나 마렝고에서 일단 후퇴한 나폴레옹은 역습의 기회를 노리고 있었다. 그에게 전투는 이제 시작에 불과했다. 나폴레옹은 드세 장군에게 급히 마렝고로 오라고 명했다. 드세의 지원군이 도착한다면 오스트리아군과 죽음을 불사한 전쟁을 치를 작정이었다. 그날, 오후 5시에 드세 장군이 명령대로 마렝고에 도착했다. 게다가 드세 장군의 부대와 더불어 대포 15문도 함께 도착했다. 나폴레옹은 즉시 프랑스군의 방향을 돌려 반격을 시작했다. 조금 전까지 승리에 취해 의기양양하던 오스트리아군은 갑작스럽게 몰아닥친 프랑스군의 맹렬한 공격에 혼비백산하여 흩어졌다. 전쟁터는 프랑스군의 총칼에 목숨을 잃은 오스트리아군의 시체와 피로 가득했다. 살아남은 오스트리아군 대부분은 앞다투어 프랑스군에 투항했다. 그리하여 전투가 끝났을 때 오스트리아군은 만 명가량 사망한 한편 프랑스군의 전사자는 6,000명에 불과했다. 애석하게도, 이번 전투의 전사자 명단에는 용맹하게 싸운 드세 장군도 포함되어 있었다.

마렝고 전투에서 나폴레옹은 우수한 전술뿐 아니라 어떤 상황에도 대처할 수 있는 능력, 포기하지 않고 끝까지 기회를 노리는 면모를 보여 주면서 큰 승리를 거두었다. 오스트리아는 결국 프랑스에 백기를 들고 뤼네빌 조약을 맺었고, 이렇게 해서 제2차 대프랑스 동맹은 완전히 무너졌다.

▼ 전투 이후 마렝고 전장

25

베토벤의 영웅 교향곡

그의 시신 앞에 서 있는 우리를 채우는 것은 상실감이 아닌 숭고한 마음이다. 위대한 사업을 완성했다는 말은 오직 그에게만 해당하는 말이 아닌가.

프란츠 그릴파르처(Franz Grillparzer)

동시대를 살아간 정치가와 음악가

코르시카 섬에서 장래에 유럽의 정치 판도를 뒤엎을 위대한 지도자 나폴레옹 보나파르트가 걸음마를 떼고 있을 무렵, 1770년 12월 16일에 라인 강 주변의 작은 마을에서 이후 유럽 음악의 미래를 뒤흔들 위대한 음악가 루트비히 판 베토벤(Ludwig van Beethoven)이 태어났다.

'악성樂聖'이라 불린 베토벤은 음악가 집안에서 태어났다. 할아버지는 본(Bonn) 궁정악단의 악장이었고, 아버지는 테너 가수였다. 주정뱅이였던 아버지는 어린 베토벤에게 고통스러운 기억만 남겨주었다. 또 어머니는 식모로 일했다. 베토벤의 아버지는 아들의 성공을 바라며 베토벤을 어릴 때부터 엄격하게 교육했다. 베토벤은 여덟 살 때 작곡을 배우기 시작했고 열두 살 때 유명한 파이프오르간 연주자인 크리스티안 고틀로프 네페(Christian Gottlob Neefe)의 조수가 되었다. 진보적인 계몽사상을 추구했던 네페는 베토벤에게 음악의 기초를 비롯해 폭넓은 교양 지식을 가르쳐주었다.

1792년에 포병 소위이던 나폴레옹이 전장에서 두각을 드러냈다. 그리고 당시 빈을 두 번째 방문한 베토벤 역시 음악계에서 명성을 날리기 시작했다. 사람들은 베토벤을 '최고의 연주가'로 칭송했다. 민주, 자유, 평등을 표방하는 계몽사상의 빛은 이 두 청년의 마음을 비추었고, 갑작스럽게 일어난 프랑스 대혁명은 두 청년의 열정에 불을 지폈다. 나폴레옹은 전쟁터에서 여러 차례 공을 세웠고, 베토벤은 화려한 재능을 펼치며 여러 교향곡을 작곡했다.

▼ 어린 시절의 베토벤

음악 천재였던 베토벤은 열두 살 때 두각을 드러냈다. 그림은 열세 살의 나이에 오른 연주를 맡았을 때의 초상화이다.

마음속 영웅에게 바치는 노래

1796년, 툴롱 전투에서 공을 세운 나폴레옹은 이탈리아 원정군 총사령관으로 임명되었다. 나폴레옹의 앞길에는 빛나는 공적과 창창한 미래가 기다리고 있었다. 반대로 베토벤에게는 불행한 운명이 기다리고 있었다. 그 해에 베토벤은 청력에 문제가 생긴 것을 깨달았고, 상태는 점점 나빠졌다.

1801년, 의사는 베토벤의 청력이 회복 불가능하다고 진단했다. 음악가인 베토벤에게는 사형 선고나 마찬가지였다.

1798년부터 나폴레옹의 부사관 베르나도(Bernado) 장군이 프랑스 대사로 빈에 파견되면서 한 번도 만난 적 없던 나폴레옹과 베토벤 사이에 연결고리가 생겼다. 당시 청력을 잃고 고통스러운 나날을 보내던 베토벤과 베르나도 장군은 서로 알게 된 후 곧 친한 친구가 되었다. 베토벤이 자주 베르나도의 집으로 찾아갔고, 베르나도는 늘 전쟁에서 용맹스러운 나폴레옹의 이야기를 들려주면서 좌절을 겪고 있는 베토벤이 절망하지 않도록 용기를 불어넣어 주었다. 1803년에 나폴레옹이 이끄는 대군이 독일과 오스트리아를 대부분 점령했다는 소식이 전해졌다. 이때 베토벤은 자신의 고향인 라인 강 주변 지역이 함락되었다는 소식에 가슴 아프기보다는 도리어 나폴레옹이 새로운 세상을 만들지 모른다는 생각에 희열을 느꼈다. 베르나도의 격려와 더불어 혁명 정신으로 고취된 베토벤은 〈제3교향곡〉을 작곡하기 시작했다. 1804년에 〈제3교향곡〉을 완성한 베토벤은 표지에 "나폴레옹에게 헌정"이라고 쓰고 아래쪽에 '루트비히 판 베토벤'이라고 서명했다. 그리고 자신의 작품을 나폴레옹에게 직접 전달할 수 있는 날이 오기를 기대했다.

▲ 베토벤 조각상
"될 수 있는 한 선善을 행하라. 사랑과 자유는 모든 것을 이긴다. 왕권은 잊더라도, 진리는 잊지 마라." 베토벤은 평생을 자신이 남긴 명언처럼 살았다. 그가 남긴 여러 작품은 온 세상에 널리 퍼져 나갔다.

영웅과 운명

그러나 당시 멀리 파리에 있던 나폴레옹은 자신의 야심을 키우기에 급급했다. 제2차 대프랑스 동맹을 격파한 후 프랑스는 꿈에 그리던 평화의 시기를 맞았다. 이 시기에 나폴레옹은 대혁명을 통해 얻은 성과가 국내에서 죽 이어지도록 철저한 개혁을 단행했다. 그 결과 프랑스는 경제가 발전하고 사회는 안정기에 접어들었으며, 나폴레옹의 명성은 이전보다 더욱 높아져 갔다. 1802년 8월 4일에 프랑스공화국은 '공화력 제10년 헌법'을 반포했고, 새로운 헌법은 집정관의 임기를 종신으로 규정했다.

코르시카에서 온 '영웅'은 프랑스 황제를 꿈꾸기 시작했다. 그의 치밀한 계획으로 1804년 5월 18일에 '공화력 제12년 헌법'이 반포되면서 프랑스공화국은 프랑스제국으로 바뀌었고, 나폴레옹이 황제로 등극했다.

이 소식을 들은 베토벤은 배신감에 이루 말할 수 없는 분노를 느꼈다. 그는 분개하며 "나폴레옹도 한낱 평범한 인간에 불과했구나. 이제 모든 인간의 권리를 짓밟고 자신의 야망을 채우려고 하겠지. 단언컨대 그는 사람들의 머리를 밟고 선 폭군이 되고 말 거야."라고 탄식했다. 분노를 이기지 못한 베토벤은 나폴레옹의 이름을 쓴 〈제3교향곡〉의 표지를 찢어버렸다.

분노가 가라앉은 후, 베토벤은 교향곡의 표지를 새로 만들었다. 그리고 곡 제목을 〈영웅 교향곡〉으로 바꾸고, 아래에 이탈리아로 다음과 같이 썼다. "한때 위대했던 인물을 기념하며!"

트라팔가르 해전

트라팔가르 해전은 어느 모로 보나 역사적으로 큰 의의가 있는 전투다. 이 전투 결과, 영국을 정복하겠다는 나폴레옹의 꿈은 산산이 부서졌고 백 년 동안 이어지던 프랑스와 영국의 해상 전쟁도 마침표를 찍었다. 또 이 전투에서 승리하며 해양 대국으로 이름을 날린 영국의 명성은 이후 백 년 동안 계속되었다.

존 프레더릭 찰스 풀러(John Frederick Charles Fuller)《서구 세계 군사 역사(A Military History of the Western World)》

나폴레옹의 걱정거리

1799년에 코르시카 촌뜨기였던 나폴레옹이 전 유럽을 가슴에 품고 프랑스 집정관이 된 이래, 그와 맞설 만한 적수는 찾기 어려웠다. 유럽 대륙에서 프랑스에 반기를 든 나라는 전부 무너졌고, 크고 작은 나라의 황제들이 그의 앞에 무릎을 꿇었다. 1804년에 나폴레옹은 스스로 왕관을 머리에 쓰고 프랑스 제1제정의 초대 황제가 되었다.

하지만 이제 막 황제의 자리에 오른 황제에게도 근심거리는 있었다. 유럽 어느 곳에서나 들려오는 승리의 소식도 그를 완전히 만족시키지는 못했다. 바다 건너의 섬나라 영국이 계속 그의 마음을 괴롭힌 것이다. 영국을 완전히 무너뜨리지 못한다면 나폴레옹은 마음의 평정을 찾을 수 없었다. 몇 차례나 대프랑스 동맹을 주도한 것이 영국이라는 사실도 그의 심기를 불편하게 했다. 심지어 영국은 강한 해군을 믿고 바다에서 활개치며 프랑스에 대한 해상 봉쇄 정책을 펼쳤다. 프랑스 해군은 유럽의 주요 항만을 정복했지만, 그 주변이 영국 해군에 둘러싸여 대외 무역에 어려움을 겪게 되었다.

더욱이 영국이 아미앵 화약을 맺으며 일부 식민지를 포기했지만 사실 토지문제를 핑계 삼아 군대를 확충할 시간을 벌었다는 사실이 나폴레옹의 화를 돋웠다. 1803년까지 영국 정규군은 13만 명에 달했다. 국내 상비군이 8만 명이고 나머지 5만 명은 상시 대기 병력으로, 나폴레옹이 영국을 공격하기 위해 영국 해협을 건너게 할 수 있는 병력을 훨

▼ **영국 해군 넬슨 제독**
나폴레옹 시대에 영국 해군에 찬란한 영광을 안겨주었고, '영국의 해군 정신'을 대표하는 인물이 되었다.

씬 웃도는 숫자였다. 군사력이 강해지자 영국인들의 배짱도 다시 두둑해졌다. 1803년에 영국 정부는 프랑스에 선전포고를 하며 아미앵 화약의 치욕을 씻어내리라 다짐했다.

불안한 마음에 영국의 군사 도발이 겹치자 나폴레옹의 투지에 불이 붙었다. 그는 황제가 된 이래 가장 큰 규모의 전쟁을 준비했다. 프랑스 서해안의 불로뉴(Boulogne) 항에서 수많은 기술자가 군함, 수송선, 바지선[2] 등 해협을 건너기 위한 모든 수단을 제작하기 시작했다. 밤낮없이 진행된 공사는 놀라운 속도로 마무리되었다. 1805년에 프랑스는 전열함 103척, 순양함 55척을 갖추었다. 나폴레옹은 자신 있게 말했다. "단 사흘이면 런던, 영국 의회와 잉글랜드 은행은 모두 내 차지가 될 것이다."

그러나 영국도 만만한 상대가 아니었다. 병력 59만 명을 소집하고, 현역 전함만 240척에 순양함 317척을 갖추어 거대한 병력 규모를 자랑했다. 그런 한편 영국은 외교 활동을 통해 러시아, 오스트리아와 함께 제3차 대프랑스 동맹을 결성했다.

그나마 스페인과 네덜란드가 영국이 아닌 프랑스 편에 서서 해군 지휘권을 넘겨준 덕분에 나폴레옹은 한시름 놓을 수 있었다. 프랑스 제1제정의 초대 황제는 이제 전쟁에 나갈 만반의 준비를 마쳤다.

대서양에서 벌어진 한판승

1805년 1월 11일, 나폴레옹의 유인책에 따라 미씨에씨(Edouard B. Missessy)와 피에르 샤를 빌뇌브(Pierre-Charles-Jean-Baptiste-Silvestre de Villeneuve)가 프랑스와 스페인 연합군의 전열함 16척, 순양함 13척을 이끌고 툴롱에서 출발했다. 이들은 영국군의 해상 방어선을 뚫고 드넓은 대서양으로 나가며 영국군을 유인하는 역할을 맡았다. 그러면 영국군의 군사력이 분산되어 프랑스와 스페인 연합군의 부담이 줄어들고 영국 해협을 건너는 길이 열릴 거라는 판단에서였다. 바야흐로 바다 위에서 펼쳐지는 쫓고 쫓기는 승부의 서막이 열린 것이다. 이 승부의 주인공은 영국 해군의 호레이쇼 넬슨(Horatio Nelson)과 막 프랑스 함대를 이끌고 나온 빌뇌브였다.

빌뇌브 함대가 출발하자 넬슨의 함대도 바람을 타고 움직였다. 바

2) 항내港內 · 내해內海 · 호수 · 하천 · 운하 등에서 화물을 운반하는 소형 선박

다 위에서 갑작스럽게 폭풍을 맞은 빌뇌브는 신속하게 방향을 돌렸으나 넬슨은 제대로 판단을 내리지 못하고 이집트의 알렉산드리아 항까지 내려가면서 한 달 가까운 시간을 허비했다.

3월 30일, 넬슨이 다시 항해를 시작하자 이번에는 스페인 함대가 따라붙었다. 비록 더딘 여정이었지만 다행히 4월 상순에 서인도 제도에 순조롭게 도착할 수 있었다. 그런데 이때 넬슨은 또다시 이집트로 향하는 실수를 저질렀다. 지브롤터(Gibraltar) 해협에 이르러서야 사실을 깨달은 넬슨은 바로 방향을 돌려서 대서양을 건넜다.

목적지에 다다른 빌뇌브는 계획대로라면 먼저 도착했어야 할 미씨에씨가 그곳에 없자 6월에 유럽으로 돌아갔다. 이 소식을 들은 넬슨은 그 뒤를 바짝 추격해 7월 10일에 지중해에 도착했다.

6개월 동안 내내 넓은 대서양에서 술래잡기하듯 서로 쫓기만 하던 영국과 프랑스 함대 사이에서는 총격전 한 번 벌어진 적이 없어 전쟁은 그저 남의 이야기 같았다.

이렇듯 계속 이어진 쫓고 쫓기는 게임에 빌뇌브는 지쳐버렸다. 그런 가운데 7월 22일에 영국의 소대와 마주쳐 벌어진 잠깐의 격전에 놀란 그는 자신감을 잃고 8월 7일 일기에 이렇게 썼다. "안개로 가득해서 아무것도 보이지 않는다. 이 가운데 전투와 전술에 무지한 함장들과 함께하고 있다. 앞서 가는 함대를 따라가는 것밖에는 다른 방법이 없다. 우리는 이미 유럽의 웃음거리나 마찬가지다."

▲ 트라팔가르 해전 중 영군 전함
우수한 전함을 갖추고 넬슨 제독이 이를 지휘했으니, 트라팔가르 해전에서 영국이 승리하리라는 것은 자명한 사실이었다.

넬슨의 대항

9월 29일, 넬슨 제독은 여유롭게 47번째 생일을 맞이했다. 그리고 자신의 생일에 대프랑스 전쟁의 전략을 완성했다. 그는 군대를 세 갈래로 나누었다. 그중 자신이 직접 진두지휘하는 부대는 프랑스 함

▲ **교전 중인 영국-프랑스 함대**
1805년 10월 21일 새벽, 영국과 프랑스 사이에 벌어진 유명한 트라팔가르 해전이다. 영국군 전함은 27척, 프랑스-스페인 연합군의 전함은 33척이었다.

대 앞부분을 뒤쪽과 갈라놓아 대열의 중앙부와 후방을 고립시킨다. 그리고 두 번째 부대는 커스버트 콜링우드(Cuthbert Collingwood)의 지휘로 프랑스 함대의 후방을 공격한다. 세 번째 부대는 예비 부대로, 프랑스군 지휘함을 급습하고 지휘권을 빼앗아 프랑스군을 혼란에 빠지게 한다. 이렇게 해서 프랑스군의 전열이 흐트러진 틈을 타전 방위에서 각개 격파하는 작전이었다. 이를 위해 넬슨은 각 함장에게 독립적인 지휘권을 주고 각자 원하는 대로 전술을 펼치게 했다. 목적은 단 하나, 용맹스럽게 적을 무찌르고 승리를 거두는 것이었다. 각 함장은 넬슨의 지시를 주의 깊게 듣고, 전쟁에 나갈 채비를 한 채 출발 명령만을 기다렸다.

해상 접전

한편 카디스(Cadix) 항구를 지키던 빌뇌브는 나폴레옹이 '가련한 빌뇌브' 라고 했을 정도로 열악한 상황에 처해있었다. 병사들은 질병과 가난에 시달렸고, 군자금은 바닥이 난 상태였다. 게다가 곧 새로운 제독이 그의 자리를 대신할 예정이었다. 너무나도 굴욕적인 상황에서 빌뇌브는 마지막 결전을 치르기로 마음먹었다.

10월 20일에 막 태양이 떠올랐을 무렵, 지브롤터 해협을 순찰하던 넬슨은 빌뇌브의 부대가 포위망을 뚫고 탈출하려는 모습을 포착했다. 넬슨은 침착한 태도로 최대한 눈에 띄지 않게 주의하며 빌뇌브를 추격했다. 21일 새벽, 빌뇌브의 프랑스군은 넬슨이 계획해놓은 포위망, 트라팔가르 해역에 갇히게 된다.

그날 11시 30분부터 오후 3시까지 콜링우드가 이끄는 부대가 전투에 투입되어 프랑스-스페인 연합 함대인 산타 아나호, 푸귀에호, 베릭호, 마르스호 등 선박을 격파했다. 프랑스 함대 중 1척은 침몰했고, 나머지 10척은 모두 포획되었다. 겨우 4척만 영국 함대의 포위망을 뚫고 탈출한 가운데, 스페인 해군 제독 그라비나(Don Frederico Gravina) 제독이 중상을 입었다. 넬슨 제독은 빅토리호에서 영국 함대의 대형이 흐트러지지 않도록 감독하는 한편, 빌뇌브가

▼ **전쟁 후 트라팔가르 해역**
트라팔가르 해전 후 프랑스는 해상에서 영향력을 완전히 상실했다. 반면에 넬슨의 희생 덕분에 영국 해군은 황금시대를 맞았다.

탄 지휘함을 찾는 데 힘썼다. 결국, 영국군은 부상테르(Bucentaure) 호에서 프랑스 총사령관의 군기를 발견했다. 이어서 치열한 포격과 육탄전이 벌어지면서 양측은 모두 심각한 피해를 보았다. 이때 가슴에 총을 맞은 넬슨 제독은 최후의 승리 소식을 들은 후 영광스럽게 전사했다.

프랑스군의 선두에 있던 뒤누아마르 부대는 전투가 벌어진 초기에 공격을 포기하고 대형에서 이탈해 북쪽으로 이동했다가 빌뇌브가 투항한 이후에야 비로소 참전했다. 20분 만에 그의 부대 중 5척은 투항하고 5척은 도망쳤다. 순식간에 끝나 버린 반격은 패전을 더 앞당긴 것이나 다름없었다.

전투 결과, 바다는 핏빛으로 물들었고 적의 공격으로 무너진 함대에는 불길이 솟아올랐다. 프랑스-스페인 연합군의 참패에 비하면 영국군의 손실은 매우 적었다. 넬슨의 희생은 영국에 대승의 기쁨을 안겨주었을 뿐 아니라 해양 대국으로서의 입지를 굳게 다져주었다.

예나–아우어슈테트 전투

전략과 전술 측면에서 예나와 아우어슈테트에서 벌어진 전투와 비교할 만한 절대적인 승리는 찾아보기 어렵다.

존 프레더릭 찰스 풀러(John Frederick Charles Fuller)《서방 세계의 전쟁사 (A Military History of the Western World)》

1806년 여름

1806년 여름, 아우스터리츠 전투에서의 화염과 연기는 잦아들었다. 그러나 이 전쟁으로 아직 세 나라의 황제가 기쁨에 젖어 있거나 고통에 시달렸고, 유럽의 다른 왕들도 각기 걱정거리를 안고 있었다.

나폴레옹은 전쟁에서 큰 승리를 거두었지만, 그 성과를 어떻게 처리해야 할지 골머리를 앓았다. 전쟁을 통해 세력을 확장한 프랑스 제국이 그 판도를 계속해서 유지하려면 총칼을 앞세우기보다 민생을 안정시키고 국가 경제를 성장시켜야 했다. 나폴레옹 황제에게는 프랑스가 약세를 보이는 공업을 발전시키기 위해서라도 평화의 시기가 필요했다. 그래서 나폴레옹은 1806년 여름에 러시아와 화해 조약을 맺기를 바랐다. 그런 한편 대혁명 이래로 깊어진 영국과의 갈등을 해결하고자 협상을 시작했다. 그러나 의도와 달리 영국과 프랑스의 협상은 더디게 진행되었다. 그리고 러시아 황제는 옆에서 그 상황을 지켜보며 영국과 프랑스의 사이가 조금이라도 벌어지면 영국과 손을 잡고 과거의 치욕을 씻고자 했다.

찌는 듯한 더위 속에서 나폴레옹은 영국의 노여움을 풀어주기 위해 하노버(Hanover)를 걸면서까지 협상에 속도를 내고자 했다. 그러나 이 결정은 프로이센의 황제와 국민에게 모욕감을 안겨주었다. 사실, 삼제회전三帝會戰이라고도 불리는 아우스터리츠 전투 이전까지 중립을 지키던 프로이센은 프랑스와 화해하는

▼ **프랑스 장군 미셸 네이**
엘힝겐(Elchingen) 공이자 모스크바 공작이었던 미셸 네이 장군은 예나 전투에서 프랑스 제6군을 지휘하며 승리를 이끌어 냈다.

대가로 하노버를 얻었다. 그런데 이제 와서 나폴레옹이 그 약속을 어기는 바람에 프로이센의 명성은 먹칠을 당했고, 프로이센 왕 프리드리히 빌헬름 3세(Friedrich Wilhelm III)와 귀족, 장군들은 매우 분노했다. 프로이센 지도층은 모두 코르시카 꼬마 나폴레옹에 대해 분노했고, 신하들은 국왕이 프랑스에 대해 강경책을 펼쳐 프로이센의 위엄을 보여주어야 한다고 주장했다.

반프랑스 정서가 높아지는 가운데, 1806년 8월 8일에 빌헬름 3세가 러시아 황제의 의중을 떠보려 서신을 교환했다. 결과는 대만족이었다. 러시아 황제 알렉산드르 1세는 빌헬름 3세의 요구를 흔쾌히 받아들이면서 전쟁이 일어나면 모든 힘을 다해서 프로이센을 돕겠다고 밝혔다. 또 프로이센과 영국, 스웨덴이 전쟁을 멈추고 함께 나폴레옹의 통치 아래 빠른 발전을 보이는 프랑스제국과 대적하자고 제안했다. 그리고 다음 달인 9월에 새로운 대프랑스 전선, 즉 제4차 대프랑스 동맹이 결성되었다. 영국, 프로이센, 러시아와 스웨덴이 공동의 이익을 위해 손을 잡은 것이다.

프리드리히 대왕 그늘 하의 프로이센

7년전쟁 초기에 일어난 로스바흐 전투에서 빌헬름 3세의 전 전대왕인 프리드리히 대왕, 즉 프리드리히 2세는 병력이 적의 절반밖에 안 되는 열세에서도 아군 전사자는 500명에 그치면서 적군 8,000명을 죽이는 큰 승리를 거두었다. 이 전투로 프리드리히 대왕의 명성은 온 유럽을 흔들었고, 부흥기를 맞이한 프로이센의 게르만족은 남다른 긍지로 다른 영웅들을 깔보았다. 심지어 나폴레옹의 출현도 지는 해와 같은 영광에 사로잡힌 이들을 흔들지 못했다.

1806년, 프로이센은 20만 대군을 보유했다고 밝혔지만, 실제 전투 병력은 17만 명이고 그중 8만 명은 외국 용병이었다. 게다가 프로이센은 주로 농촌에서 병사를 징집해서 대부분이 농노의 후손이었다. 당시 프로이센은 귀족이 입대하면 일반 병사가 아닌 지휘관부터 시작하게끔 법으로 규정해놓았는데 이 때문에 군대도 결국 프로이센 귀족과 농노로 나누어진 신분 제도를 그대로 반영하는 사회의 축소판에 불과했다. 지휘관들은 농노를 부리듯이 병사들을 대했고 이러한 분위기 속에서 지휘관들의 잔인하고 거만한 행태와 전쟁에 대한 무지, 그리고 부패는 점점 심각해졌다. 동시에 이들에 대한 병사들

▲ 〈아우스터리츠의 태양〉 유화
나폴레옹과 휘하의 지휘관들이
예나−아우어슈테트 전투에서
지휘하는 장면을 묘사했다.

의 분노와 저항심도 커져만 갔다. 사령관이 전투에서 승리하여 공을 쌓으려는 야심이 있는 인물이라면, 병사들이 할 수 있는 가장 좋은 복수는 바로 신속한 패전이었다.

본격적인 전쟁이 시작되자 프로이센은 게르만족 특유의 신중함으로 이미 한번 성공했던 전술을 다시 사용하기로 한다. 바로 프리드리히 대왕이 혁혁한 공훈을 세웠을 때 사용한 전술이었다. 그들은 그때까지도 과거의 영광에 대한 그리움에 젖어 있었던 것이다. 그들은 삼병전술[3]을 이용해 전투 대형을 횡대로 만드는 방식을 버리지 못하고 그대로 따랐다. 프리드리히 대왕의 행군 원칙에 따르면 군대가 이동할 때, 혹은 작전을 수행할 때에도 군대는 병참부대와 일정한 거리를 유지해야 했다. 무거운 군수 물자를 담당하는 부대의 속도가 느려지면 전체 십만 부대의 행군도 거북이처럼 느려질 수밖에

---

3) 17세기 초에 스웨덴의 구스타프 왕이 창안한 보병·기병·포병의 연합전술로 프리드리히 2세 때 완성되었다. 전투대형을 횡대로 하여, 중앙에 창병槍兵, 그 양쪽에 총병銃兵, 맨 바깥쪽에 기병騎兵을 배치한다.

▲ 브란덴부르크 문

1806년에 나폴레옹은 프랑스군을 이끌고 프로이센군을 상대로 승리를 거두었다. 같은 해 10월 23일, 프랑스군은 브란덴부르크 문을 지나 베를린에 들어섰다. 나중에 나폴레옹은 이 문 위에 세워진 여신상과 마차를 끄는 말 4필을 떼어내 전리품으로 파리로 가져갔다. 이후 1814년에 유럽 동맹군이 워털루 전투에서 나폴레옹을 이긴 후, 프로이센이 이것을 도로 회수해서 브란덴부르크 문 위에 다시 세워놓았다. 베를린 사람들은 다시 찾은 동상을 '돌아온 마차'라고 불렀다.

없기 때문이었다.

그러나 프리드리히 대왕의 시대는 이미 40년 전에 끝난 과거였다. 프로이센 군대는 지도자만 늙은 것이 아니라 모든 것이 낡은 구 체제를 답습하고 있었다. 그런데도 프로이센 귀족들은 과거의 영광에 눈이 가려 현실을 바로 보지 못한 채 여전히 오만하게 굴었다. 그들은 이번 전쟁으로 약속을 지킬 줄 모르는 코르시카 꼬마에게 따끔한 맛을 보여주어야겠다고 생각했다. 그 꼬마가 이탈리아와 오스트리아, 터키를 상대로 승리했다고 해도 두렵지 않았다. 그런 것은 단지 프로이센의 게르만족이 직접 나서서 본때를 보여주지 않았기 때문이라고 여겼다.

프랑스의 궐기

프로이센군을 힘없이 지는 태양에 비유한다면, 프랑스제국군은 이제 막 떠오르는 생기 넘치는 태양이었다.

1806년, 그동안 수많은 전쟁을 치러왔던 프랑스군은 지휘관과 병사들의 관계가 매우 끈끈했고 이를 토대로 시의적절한 전략과 전술을 만족스럽게 수행했다. 게다가 대혁명으로 봉건 계급 제도가 무너져 군대에서도 신분의 귀천을 따지지 않았다. 또 나폴레옹은 상벌 제도를 엄격하게 시행하여 전쟁에서 세운 공에 따라 상을 주어 치하했다. 이러한 방식은 병사들의 용기를 북돋았고, 평등한 대우를 받게 되면서 군대 각 구성원의 결속력은 더 강해졌다. 이렇게 프랑스군은 한마음으로 단결하는 공동체가 되었다.

1805년에 벌어진 아우스터리츠 전투에서 나폴레옹은 뛰어난 지휘 능력을 보여주었다. 지략, 모험심, 용맹함, 민첩함이 어우러져 나폴레옹의 전략, 전술 기교는 더욱 발전했고, 1806년에는 독보적인 위치에 올랐다. 프랑스군의 수많은 장병이 나폴레옹을 따라 유럽 전역에서 벌어진 전투에 참여했다. 프랑스군의 전투 경험은 날로 늘어났고, 연이어 승리하면서 투지가 불타올랐다. 프랑스 전역과 프랑스 군대는 모두 젊음의 활기로 가득했다.

첫 대전

1806년 8월 9일, 프로이센은 나폴레옹과 결전을 치르고자 전쟁을 선언했다. 그러나 프로이센 최고사령부는 사실 전쟁할 준비가 되어 있지 않았다. 머리만 큰 괴물처럼 총사령부는 권력이 분산되어 있었고 논쟁도 끊이지 않았다. 지휘권을 잡은 프리드리히 빌헬름 3세는 전쟁에 문외한이었기 때문에 여든을 넘긴 노장 묄렌도르프(Moellendorff)를 고문으로 세웠다. 그리고 일흔이 넘은 브라운슈바이크(Herzog zu Braunschweig-Lüneburg) 공작, 프리드리히 루트비히 호엔로에-잉겔핑겐(Friedrich Ludwig Hohenlohe-Ingelfingen) 공작, 에른스트 폰 뤼헬(Rüchel) 장군이 참모지도부였고. 게르하르트 폰 샤른호르스트(Gerhard Johann David von Scharnhorst) 장군이 브라운슈바이크 공작의 참모장으로, 마센바흐(Massenbach) 대령이 호엔로에 공작의 참모장으로 참여했다. 이들은 전쟁에 대해 각기 생각이 달라서 여러 차례 회의를 열어 논의해도 의견 일치를 보기가 어려웠다. 결국 군대를 동원한 지 보름이 지난 8월 25일에서야 겨우 의견을 모아 프로이센 군대를 세 갈래로 나누기로 결정했다. 왼쪽의 호엔로에 장군이 이끄는 5만 5,000명은 호프(Hof)로 향했고, 가운데의 브라운슈바이크 공작이 이끄는 중앙군 7만여 명은 라이프치히에서 남쪽으로 진군했다. 또 오른쪽의 뤼헬 장군은 5만 병력을 이끌고 괴팅겐(Göttingen)으로 향했다.

▲ **자기 부대를 검열하는 나폴레옹**
1806년 10월 14일에 예나 전투
가 시작되기 전에 나폴레옹이
사령관들을 대동하고 부대를
검열하는 장면이다. 당시 프랑
스군은 사기가 충만해 온 유럽
을 휘저어 놓을 수 있는 폭풍
같았다.

　　9월 5일이 되어서야 프로이센 군대가 결집했다는 소식을 접한 나
폴레옹은 병사를 새로 모집하고 군대를 적절히 배치하며 신속하게
대응했다. 9월 28일, 프로이센으로부터 최후통첩이 전달되었다. 이
틀 후에 나폴레옹은 직접 전선에 나가서 프로이센군의 상황을 살피
며 수시로 프랑스군의 작전을 수정했다. 10월 7일, 나폴레옹의 최종
작전 지시가 떨어지고 프랑스군은 프로이센군과 마찬가지로 세 부
대로 나뉘었다. 오른쪽은 니콜라 장 드 술트 장군이 게라(Gera)로
향하고 그 뒤로 미셸 네이(Michel Ney)의 제6군이 뒤따른다. 가운데
는 장 밥티스트 베르나도트(Jean-Baptiste Jules Bernadotte) 장군이
이끄는 제1군이 맡고, 요아힘 뮈라(Joachim Murat)가 이끄는 기병
예비 군단은 나움부르크(Naumburg) 동쪽으로 이동했으며 루이 니
콜라 다부(Louis Nicolas Davout)가 이끄는 제3군과 근위대가 그 뒤
를 따랐다. 왼쪽은 장 란느(Jean Lannes)가 이끄는 제5군이 맡아 '예
나(Jena)'로 이동했고 그 뒤로 피에르 프랑수아 샤를 오주로가 이끄

는 제7군이 따라갔다.

10월 8일, 프랑스군은 수풀이 우거지고 산세가 험한 튀링겐(Thüringen)을 지나 작센(Sachsen) 주에 들어섰다. 그러다 호프 부근에서 프로이센의 왼쪽 부대 선봉과 부딪치면서 마침내 프랑스와 프로이센의 전쟁이 시작되었다. 첫 번째 전투에서 패한 프로이센군은 후퇴하는 길에 프랑스군 선봉의 협공을 받아 심각한 피해를 당했다. 프로이센의 호엔로에 장군은 병사들에게 총공격을 명했는데 이 싸움에서 선봉에 섰던 프로이센의 왕자루이 페르디난트는 기마 부대와의 싸움에서 장렬하게 전사했다.

연이은 패배에 프로이센 총사령관 브라운슈바이크는 상황이 심각하다는 것을 깨달았다. 프로이센 군대의 왼쪽 부대와 후방이 모두 프랑스군에 포위되었던 것이다. 그는 즉시 중앙군은 엘베 강을 지키며 북쪽으로 후퇴하고, 오른쪽 부대는 예나 서쪽의 바이마르로 후퇴하며, 왼쪽 부대는 예나 서쪽의 고지대로 집합하라고 명령했다. 당시 브라운슈바이크는 예나에 있는 자연의 높은 장벽 잘레(Saale) 강이 프랑스군에 넘어가리라고는 전혀 생각지도 못했다.

프로이센군이 후퇴할 때, 나폴레옹은 몹시 긴장했지만 이내 마음을 다스리고 병력 조절과 배치에 힘썼다. 10월 11일에 정확한 소식통에게서 정보가 들어오자 나폴레옹은 이를 토대로 새로운 계획을 세웠다. 가운데의 제1군과 제3군, 기병 부대가 예나를 통과해 잘레 강을 따라서 북쪽의 프로이센군 후방을 포위한다. 그리고 좌우 양쪽으로 제4군, 제6군, 제5군, 제7군이 예나 남쪽에서 잘레 강을 건너 바이마르로 가면서 프로이센 군대를 찾아낸다. 이 전략은 브라운슈바이크가 짠 전략에 맞서 프로이센을 추격하고 포위할 수 있는 정확한 계획이었다.

10월 13일 오전에 나폴레옹은 모든 부대 배치를 마쳤다. 예나를 통과하려던 가운데 부대의 작전도 순조롭게 진행되었다. 장 란느는 이미 예나에 입성하여 란젤라 언덕을 점령했다. 13일 밤, 잘레 강기슭과 서쪽 고지는 안개로 가득했다. 날이 밝을 무렵이 되자 날은 더 춥고 안개는 짙어졌다. 나폴레옹은 직접 나서서 프랑스군을 격려하며 제4군, 제6군, 제7군을 예정한 위치에 배치했다. 이제 전쟁이 눈앞으로 다가왔다.

예나 전투

1806년 10월 14일 오전 6시, 나폴레옹의 명령에 따라 프랑스군의 공격이 시작되었다.

제5군을 이끄는 두 장군이 'V' 자 형 공격진을 펼치며 크로즈비츠와 코스페다 등지에 있는 프로이센군을 격퇴했고 그 뒤로 제4군의 선두부대가 프로이센군의 중앙부로 치고 들어갔다. 또 제7군은 이세르슈테트(Isserstedt)에 성공적으로 입성했다.

9시에 첫 번째 전투가 끝나자 나폴레옹은 휴식을 명했다. 10시가 되어 짙은 안개가 태양 빛을 가리자 프로이센의 호엔로에 장군이 반격을 시작했는데 실상 그는 뤼헬의 지원군을 기다리고 있었다. 이때 프랑스군 대형의 오른쪽을 맡은 네이 장군이 적군의 대형에서 틈을 발견하고 공격했고 호엔로에 장군의 부대는 제대로 반격을 펼치기도 전에 타격을 입고 무너졌다.

곧이어 나폴레옹이 준비해 둔 병력 7만 5,000명이 집결했다. 12시

반이 되자 총공격 명령이 떨어졌고, 프랑스군의 모든 부대가 공격을 시작했다. 프랑스군은 약 4만 7,000명의 프로이센군을 맹렬히 공격했고 대세가 프랑스 쪽으로 기울어지자 프로이센군은 뿔뿔이 흩어졌다. 오후 4시가 되자 예나 전투가 마무리되었고, 나폴레옹은 뮈라에게 기병 군단을 이끌고 도망친 프로이센군을 추격하라고 명령했다. 그는 이로써 프로이센의 주력군을 모두 없앴다고 믿었다.

아우어슈테트 전투

13일 밤에 자욱하게 낀 안개 속에 브라운슈바이크가 지휘하는 프로이센 주력군 7만 명이 아직도 아우어슈테트에 주둔하고 있으리라고는 나폴레옹도 예상하지 못했다. 아우어슈테트는 예나에서 약 20킬로미터 정도 떨어진 서북부 지역으로, 프로이센군은 이곳에서부터 마그데부르크(Magdeburg)로 진군했다. 프로이센 국왕과 모든 지휘관이 그 주력군에 속해 있었다.

그러나 그와 동시에 나폴레옹에게서 우회하라는 명령을 받은 프랑스 제1군, 제3군이 프로이센군보다 앞서서 게젠을 점령해 프로이센군의 길을 차단했다. 14일 오전 6시에 예나 전투가 시작되었을 때 다부 장군도 3개 사단을 이끌고 프로이센군을 향해 진군했다. 그리고 다부 휘하의 기당이 이끄는 사단이 프로이센군 기마병 600여 명과 접전을 벌였다. 다부는 하센하우젠을 중심으로 전열을 가다듬고 프로이센의 공격을 네 번이나 막아냈다. 다섯 번째 공격에서 프로이센군은 퇴로를 열기 위해 프랑스군의 왼쪽 부대를 집중적으로 공격했다. 이 전투에서 기당은 심각한 부상을 당했고, 프랑스군은 몇 번이나 프로이센군의 퇴로를 열어줄 뻔했다. 안타깝게도 당시 프로이센군은 너무 성급하게 행동한 탓에 결국 퇴로를 뚫지 못한다.

전투는 계속 이어졌지만 아무리 공격해도 이길 기미가 보이지 않자 프로이센군의 사기는 뚝 떨어졌다. 정오 무렵, 다부는 프로이센군의 공격이 눈에 띄게 무디어진 것을 보고 적군의 좌우 측면을 포위하라고 명령했다. 프랑스군은 그 상태로 산 중턱에서 아우어슈테트를 향해 대포를 발사했고 이 공격으로 수많은 프로이센군이 목숨을 잃었다. 당시 프로이센 왕은 호엔로에의 군대가 예나에서 프랑스군에 포위당한 사실을 모르고 어서 부대가 합류하기만을 기다리고 있었다. 그래서 부하들이 두 사단의 예비 부대를 움직여서 반격을 계속해야 한다고 건의해도 거절하고, 바이마르 방향으로 전원 후퇴하라고 명령했다. 프랑스군은 이 전투에서 승리했지만, 25% 정도 피해가 발생했고 오랜 시간에 걸친 행군과 격렬한 전투로 군사들은 피로에 지쳐 있었다. 이에 다부는 더 이상의 추격을 명하지 않았다. 예나에 있던 나폴레옹은 제3군 다부의 부사령관 드로브리앙에게서 전쟁 상황 보고를 듣고 처음에는 믿지 못했으나 사실이라는 것을 알고는 놀라움을 금치 못했다.

한편, 후퇴를 명한 프로이센 왕은 바이마르로 돌아오는 길에 예나 전투에서의 생존자들을 만났다. 좌우 두 부대의 병사들이 함께 비참한 행색으로 바이마르를 향해 도망치고 있었다. 코르시카 꼬마의 콧대를 납작하게 해주겠다며 당당하게 나섰던 프로이센 왕은 단 7일 만에 참패하고 말았다.

피레네 산을 넘은 나폴레옹

프랑스 대혁명이 낳은 영웅 나폴레옹은 제1 황제로 등극했다. 한니발을 흠모했던 그는 무력을 동원하여 혁명의 불꽃을 전 유럽으로 확산시켰다. 프랑스 혁명의 거대한 물결은 유럽에 있는 봉건제 국가를 모두 무너뜨렸다. 오스트리아, 프로이센, 러시아 국왕이 연달아 그의 앞에 무릎을 꿇었다. 그리고 나폴레옹은 유럽 최고의 권력을 가지고 전 대륙을 손안에서 주무르는 독재자가 되었다.

대륙봉쇄의 약점

트라팔가르 해전 이후로 프랑스는 더 이상 직접 바다를 건너 영국을 공격하지 못했다. 대포의 위협도 바다 건너 작은 섬에는 전혀 통하지 않았다. 그러나 이러한 어려움도 나폴레옹의 굳센 의지와 목표를 향한 열정을 막지 못했다. 나폴레옹은 밤낮으로 고민을 거듭한 끝에 마침내 근본적인 해결방법을 찾아냈다. 바로 영국이 의지하던 무역 통로를 막아버리는 것이었다.

▼ 피레네 산맥을 넘는 나폴레옹

"피레네 산을 넘을 때, 우리는 피레네 산보다 더 높은 곳에 있다고 자부했다. 마드리드를 점령할 때, 우리는 제우스 신보다 더 많은 것을 가졌다고 자신했다." 이것이 바로 나폴레옹이 바라던 목표였다.

나폴레옹은 유럽 각 항구를 봉쇄하고, 영국 선박과의 모든 교역을 금지했다. 1806년 11월 21일, 나폴레옹은 〈베를린 칙령〉을 발표하여 프랑스 동맹국과 영국 사이의 교역을 완전히 단절시켰다. 다음 해에는 〈밀라노 칙령〉과 〈퐁텐블로 칙령〉을 연달아 발표했다. 내용은 다음과 같다. "모든 상품은 생산지를 밝혀야 한다. 영국 외 국가 및 해당 국가 식민지의 상품은 유입이 가능하다. 모든 중립 국가 선박은 영국에 정박할 경우 몰수된다. 영국에 굴복한 중립국 선박은 국적박탈로 간주하고 체포된다." 프랑스가 정복한 땅이 통상무역 전쟁의 무기가 된 것이 바로 대륙봉쇄령이다.

그러나 이토록 철저한 봉쇄체제 속에

도 이베리아 반도의 스페인과 포르투갈이 그 틈을 뚫고 나와 나폴레옹의 긴장을 늦추지 못하게 했다. 스페인은 스스로 프랑스의 우호동맹국이라고 선언했지만 실상은 달랐고, 포르투갈은 늘 영국의 의견을 따랐기 때문에 프랑스 황제의 뜻이나 명령은 뒷전이었다. 이런 상황은 나폴레옹의 분노를 불렀다. 1807년, 아일라우 전투에서 많은 생명을 희생한 프랑스와 러시아는 〈틸지트 조약〉을 맺었다. 이러한 러시아의 굴복으로 제4차 대프랑스 동맹은 해체되었다. 이제 겨우 한숨 돌리게 된 나폴레옹은 서쪽으로 군사를 끌고 가서 이베리아 반도 문제를 해결하기로 결정했다.

이베리아 반도 정복

너무나 빈번하게 일어나는 전쟁 앞에서 프랑스 국민은 전쟁의 영광에도 흥미를 잃어버렸다. 심지어 제국의 총리인 캉바세레스(Cambacérès)조차도 나폴레옹의 새 군사계획에 반대할 정도였다. 그러나 누구도 황제의 강한 열정을 꺾을 수 없었다. 비록 독단적인 결정이라 해도 나폴레옹은 자신이 꿈꿔온 국가의 건설 계획을 완수하려 했다.

황제는 냉철하게 계획을 살핀 후 국민의 마음을 먼저 돌봐야 한다고 생각했다. 깊은 고민 끝에 나폴레옹은 외교적으로 스페인 문제를 해결하기로 마음먹고 1807년 가을 스페인과 협상을 시작했다. 그는 스페인을 경유해서 직접 포르투갈을 공격할 수 있게 해준다면 포르투갈의 종주권과 넓은 영토를 주겠다고 약속했다. 욕심에 눈이 어두웠던 스페인 왕과 그의 충신 마누엘 데 고도이(Manuel de Godoy)는 즉시 그 제안을 받아들였다.

10월 22일, 프랑스는 정식으로 포르투갈에게 선전포고를 보냈다. 주노(Junot) 장군은 2,700명의 군사를 이끌고 스페인을 지나서 포르투갈을 향했다. 포르투갈 군대는 프랑스 군대의 용맹스러움에 지레 겁을 먹고 달아났다. 11월 27일, 포르투갈 섭정왕이 군함을 타고 영국으로 피신했다. 29일, 프랑스군은 피 한 방울 흘리지 않고 리스본을 점령했고, 이베리아 반도의 전쟁은 그렇게 마무리되었다.

스페인의 유격 전투

이제 남은 과제는 스페인이었다. 나폴레옹은 자신과 다른 속셈을 품은 나라를 그냥 둘 수 없었다. 또한 딴마음을 품은 이웃 국가와 승리의 결과물을 나누고 싶지도 않았다. 사실 과거의 조약은 포르투갈과 스페인 두 나라를 상대로 동시에 전쟁을 일으키지 않기 위한 수단에 불과했다. 이제 포르투갈 문제도 다 해결되었고 전쟁 중 스페인을 경유하려고 근처에 11만명의 프랑스 군대를 주둔시켜 놓은 상태였다. 나폴레옹은 망

▲ 스페인 국민의 저항
나폴레옹은 군대를 이끌고 스페인 마드리드로 진군했다. 그러나 프랑스 군대를 기다린 것은 아름다운 꽃과 맛좋은 술이 아니라 바로 스페인 국민의 강력한 저항이었다.

설임 없이 약속을 깨뜨리고 자신의 형 조제프 나폴레옹 보나파르트 (Joseph-Napoléon Bonaparte)에게 스페인을 넘기기로 마음먹었다.

당시 스페인은 왕위를 둘러싼 패권싸움이 한창이었다. 국왕 카를로스 4세(Charles IV)는 무력했고, 고도이는 충신이라는 이름으로 권력을 등에 업고 제멋대로 행동했다. 그리고 국민의 지지를 받던 페르난도 왕자는 왕위를 찬탈하기로 한 상황이었다. 프랑스 군대가 스페인 국경까지 쳐들어오자 두려움에 떨던 카를로스 4세는 왕궁을 버려두고 도망치다가 분노한 스페인 국민에게 붙잡혔다. 그는 어쩔 수 없이 왕위를 페르난도에게 넘겨주었다가 곧 후회하며 페르난도의 왕권은 불법이라고 선언했다. 스페인 왕위를 두고 아버지와 아들의 싸움이 계속되었다. 1808년 4월 30일, 나폴레옹은 두 사람을 화해시킨다는 명목으로 카를로스 4세와 페르난도를 바욘(Bayonne)으로 불렀다. 부르봉 왕가 앞에서 나폴레옹은 다음과 같이 선포했다. "카를로스 4세와 페르난도는 모두 왕위를 포기해야 한다. …이들은 개인의 행복과 안녕을 위해 스페인을 떠날 것이다. "자리에 있던 모든 사람은 어안이 벙벙해졌다. 결국 카를로스 4세는 퐁텐블로 성에, 페르난도는 발렌시아 성에 유폐되었다. 5월 10일, 나폴레옹은 조제프 나폴레옹 보나파르트를 스페인의 새로운 왕으로 선포했다.

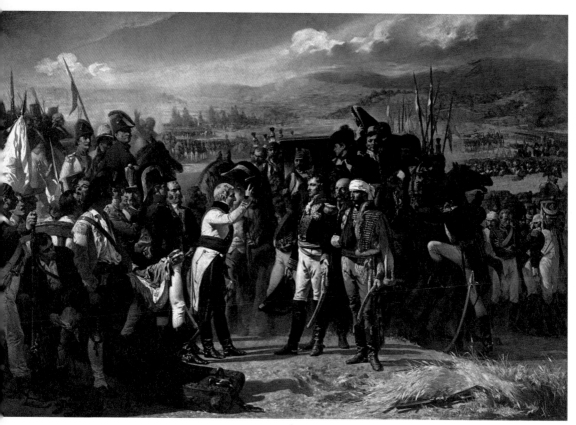

▲ 바일렌 전투

작은 도시 바일렌은 스페인이 나폴레옹에게 저항한 주요 전투지였다. 바일렌 전투는 1808년 프란시스코 하비에르(Francisco Javier Castaños)가 이끈 스페인 군대가 피에르 듀퐁 장군(Pierre Dupont de l'Étang)이 이끄는 프랑스 군대를 무찌른 유명한 전투다.

그러나 나폴레옹은 자기 딴에는 만족스러웠던 이 결정이 나중에 어떤 결과를 초래하게 될지 모르고 있었다. 그의 배신이 스페인 국민의 분노를 불러일으키면서 나폴레옹의 거대한 제국은 몰락의 길로 다가서게 된다. 5월 2일, 분노에 찬 마드리드 주민이 먼저 봉기를 일으켰다. 그들은 프랑스 군대를 스페인에서 내쫓고 말리라 맹세했다. 아수투리아스(Asturias) 농민들도 칼을 들고 일어섰고, 머리나(Merlina) 산의 목자들은 사냥총을, 카탈로니아(Catalonia)의 노동자들은 쇠몽둥이와 검을 들고 나서서 대로와 마을 길목을 가리지 않고 프랑스 군사를 공격했다. 남녀노소를 불문하고 모든 스페인 국민이 목숨을 아끼지 않고 프랑스군에 대항했다.

1808년 8월 8일, 영국에서 아서 웨슬리 웰링턴(Arthur Wellesley Wellington)이 이끄는 1만 명의 영국 군대가 포르투갈 리스본으로 들어왔다. 주노가 4만 4천 명의 프랑스 군대를 이끌고 영국군과 접전했지만 참패했다. 30일, 평화조약을 맺은 후 프랑스군이 철수하면서 포르투갈은 나라를 되찾았다.

마드리드에 머물던 스페인의 새로운 왕 조제프 나폴레옹 보나파르트는 소식을 듣고 너무나 놀라 밤잠을 이루지 못하다가 급히 짐을 꾸려 빅토리아로 되돌아왔다. 그렇게 나폴레옹의 이베리아 반도 전쟁의 성과는 눈 깜짝할 사이에 모두 물거품이 되고 말았다.

피레네 산을 넘어간 황제

나폴레옹 황제는 근심에 잠겼다. 누구도 이길 수 없었던 강대국 프랑스가 약소국인 스페인과 포르투갈에게 굴복했고, 늘 프랑스에 반기를 들던 오스트리아가 암암리에 전쟁을 준비하고 있었던 것이다. 프랑스는 양쪽에서 동시에 공격을 받을 위기에 처했다. 여러 가지 가능성을 고민하던 나폴레옹은 직접 군대를 이끌고 피레네 산을 넘어 이베리아 반도를 정복하기로 결심했다.

1806년 10월 26일 파리를 떠난 나폴레옹은 11월 8일에 빅토리아에 도착했다. 나폴레옹은 도착하자마자 전략을 구상하며 새로운 대전을 준비했다.

당시 스페인 군대는 11만 6천 명 정도였고 비정규군이 많았다. 군대 상황은 열악했고 규율도 해이해진 상태였다. 게다가 통일된 전략 없이 지휘관들이 제각각 작전을 짜서 말 그대로 오합지졸이었다. 이와 대조적으로 나폴레옹 휘하의 지휘관인 빅토르, 술트, 르페브르는 모두 뛰어난 군인으로 전쟁경험도 풍부했다. 황제는 오합지졸에 불과한 11만 명의 스페인군을 쉽게 평정할 수 있으리라 자신했다. 12월 4일, 그의 예상대로 프랑스군은 마드리드를 쉽게 정복했다.

그러나 이때 영국에서 3만 명의 지원군을 이끌고 온 존 무어 경(Sir John Moore)이 스페인 군대와 합류하면서 프랑스를 압박했다. 12월 21일, 프랑스는 영국과의 기마병 접전에서 패배했다. 22일, 나폴레옹은 직접 4만 2천 명을 이끌고 전방에 네이 장군을 앞세워 무어와 교전하던 술트를 도왔다. 이내 열세에 몰린 무어는 부대를 후퇴시켰고, 이에 나폴레옹은 영국군을 완전히 몰아내라고 명령했다. 그러나 1809년 봄, 오스트리아가 공격을 준비한다는 소식이 끊임없이 들려오자 나폴레옹은 어쩔 수 없이 파리로 돌아갔다. 술트가 남

▲ **스페인 전쟁에서의 나폴레옹**
　나폴레옹이 저항운동을 잠재우면서 스페인도 나폴레옹의 손안에 들어가는 듯했다. 그러나 나폴레옹의 30만 정예부대가 이렇게 스페인의 '국민 저항운동의 수렁'으로 빠질 줄은 아무도 예상치 못했다.

아서 스페인 전쟁을 지휘했지만, 나폴레옹이 떠난 후의 전쟁은 엉망으로 돌아갔다. 바다로 후퇴했던 영국군이 무어의 중상에도 불구하고 재빨리 포르투갈로 돌아왔던 것이다.

　한편, 란느가 이끄는 부대가 사라고사(Zaragoza) 성을 포위했다. 1809년 1월 27일, 프랑스 군대는 성 진입에는 성공하지만 주민의 강한 저항에 부딪쳤다. 거리에서 죽어나간 프랑스 군인들의 숫자만 셀 수 없을 정도로 많아 피해가 심각했다. 란느는 3주가 지난 후에야 겨우 상황을 수습할 수 있었다. 시체들로 가득한 성 안의 모습은 차마 눈 뜨고 볼 수 없을 정도로 끔찍했다.

　프랑스는 강한 병력으로 잠시나마 스페인을 점령했지만, 스페인 국민의 완강한 저항 운동으로 위기에 봉착했다. 피레네 산을 넘어간 남쪽 전쟁터에 파견된 프랑스 정예부대는 그 수만 해도 30만 명에 달했다. 스페인 전쟁으로 나폴레옹이 깊은 수렁에 빠지면서 프랑스 제국은 몰락의 길을 걷기 시작한다.

모스크바를 침략한 나폴레옹

스페인과 러시아에서 보여준 나폴레옹의 전략은 이론적으로는 모두 완벽
했다. 그러나 미흡한 전후처리로 인해 완벽한 승리를 거두지 못했다.

T.A.닷지(T. A. Dodge) 《위대한 장군(A History of the Art of War)》

거절당한 청혼

1809년, 나폴레옹은 유럽 최고의 권력자로 떠올랐고, 낡은 봉건왕
조들이 차례차례 그에게 굴복했다. 자신이 이루어 놓은 공적을 만족
스러워하던 나폴레옹에게도 한 가지 부족한 것이 있었다. 그토록 사
랑하는 조제핀 황후가 아이를 낳지 못해 그의 뒤를 이어 프랑스 제1
제국의 왕이 될 후계자가 없었던 것이다. 11월 30일, 나폴레옹은 조
제핀에게 말했다. "내가 당신을 사랑했었던 것을 잊지 마시오. 당신
과 함께한 시간이 내게는 세상에서 가장 행복한 시절이었소. 하지만
조제핀, 내 운명은 더 이상 내 개인적인 것이 될 수 없소. 나는 조국
프랑스의 이익을 위해 내 사랑을 양보해야 하오." 그리고 나폴레옹
과 조제핀은 정식으로 이혼했다.

다시 혼자가 된 나폴레옹은 러시아 황제 알렉산드르 1세의 동생인
안나 파블로브나(Anna
Paulowna Romanowa)와
재혼하려고 했다. 젊고 아
름다운 파블로브나 공주에
게서 후계자를 얻는 것 외
에도 정략결혼을 통해 유
럽의 가장 강력한 두 나라
가 힘을 합친다면 유럽 최
고의 세력으로 자리 잡을
수 있기 때문이었다. 그러
나 고귀한 혈통을 가진 러
시아 황제에게 코르시카
출신의 평민 황제가 눈에

▼ **나폴레옹의 1차 레지옹 훈장
수여식**
프랑스의 레지옹 훈장은 프랑스
정부가 수여하는 최고의 명예훈
장으로서 1802년 나폴레옹이
만들었다.

51

▲ 유화 〈모스크바 전쟁터의 보아
르네〉

보아르네(Eugène de Beauharnais)
는 나폴레옹의 양자이자 이탈리
아 초대 총독이다. 모스크바 전
투에서 보아르네가 이끈 부대가
나폴레옹을 위해 큰 공을 세우면
서 프랑스군의 세력에 힘을 보태
주었다.

찰 리 없었다. 러시아
는 나폴레옹의 구혼
제의를 거절했다.

자존심이 상한 나
폴레옹은 분노한 나
머지 러시아 황제와
진행 중이던 폴란드
에 관한 협의를 취소
하고 폴란드의 독립
을 지지했다. 이에 맞
서 러시아는 발트 항
을 영국에 개방하여 나폴레옹이 심혈을 기울인 '대륙봉쇄령'을 깨
뜨리고 프랑스에서 들어오는 화물에 많은 세금을 매겼다. 나폴레옹
은 러시아의 공개적인 도발에 오직 전쟁으로 대응하기로 했다. 1810
년 4월 2일, 나폴레옹은 일기에 다음과 같이 기록했다. "러시아 황
제도, 나도, 이 전쟁을 막을 수 없다. 이제 프랑스와 러시아 누구에
게도 도움이 되지 않을 전쟁이 곧 발발할 것이다."

나폴레옹 대군의 출정

1811년 8월 15일, 나폴레옹은 자신의 생일축하 연회를 열고 모든
외교사절단을 초청했다. 사람들은 겉으로는 파티의 흥겨운 분위기
를 즐기는 듯했지만 실상은 상대를 향한 적개심을 숨기고 있었다.
나폴레옹은 일부러 말을 함부로 하며 러시아 대사를 불편하게 했다.
나폴레옹의 이러한 태도에 사람들은 프랑스와 러시아 사이의 전쟁
이 얼마 남지 않았음을 느꼈다. 다음 날, 나폴레옹은 모든 장군을 궁
으로 불러들여 러시아와의 전쟁계획을 밝히고 전쟁을 준비했다.

전쟁의 분위기를 감지한 러시아 황제와 나폴레옹은 우선 외교전
을 펼치기 시작했다. 프랑스와 러시아의 사절들이 유럽 주요 국가를
돌아다니며 자기편으로 끌어들이기 위해 노력했다. 각국 왕들은 협
상 테이블에 앉아 러시아와 프랑스 어느 쪽이 승리할 것인지를 점치
며 어느 편에 서는 것이 진정한 이익이 될지 고민했다.

1812년 2월 24일, 프로이센은 강경책과 회유책을 동원한 나폴레
옹에게 2만 명의 군사를 지원해 러시아 출정에 함께할 것이며 프랑

스 군대의 국경경유를 허용하고 군량을 지원하겠다고 약속했다. 3월 14일, 나폴레옹은 친인척관계를 빌미로 오스트리아에게 지원을 요청했고 오스트리아는 3만 명의 군사지원을 약속했다. 한편, 러시아는 3월과 4월 사이에 노르웨이를 조건으로 내걸며 스웨덴을 자기 편으로 끌어들였다. 양측은 자국의 방위책을 마련하고 군사를 정비하며 눈앞에 다가온 전쟁을 준비했다.

1812년 5월 9일 새벽, 나폴레옹은 새로 맞은 젊은 황후와 작별을 고하고 투지를 불태우며 동쪽으로 진군했다. 나폴레옹의 부대는 60만 명 정도의 대군이었다. 그 중 나폴레옹의 정예부대가 20만 명, 오스트리아와 프로이센 지원군이 1만 명, 라인동맹[4]에서 지원한 도이칠란트 군대 14만 7천 명, 이탈리아군 8만 명, 폴란드군 6만 명, 그리고 네덜란드, 스위스, 스페인, 포르투갈 지원군이 포함되었다. 60만 명의 대군과 25만 마리의 말이 사방에 흙먼지를 날리며 군수물자를 끌고 행군하는 모습은 마치 동쪽으로 거대한 파도가 흐르는 모습 같았다.

아무도 보이지 않는 러시아

1812년 6월 23일, 프랑스 대군은 네만 강을 순조롭게 건넜다. 강가에 이르자 대초원이 바다처럼 끝없이 펼쳐져 있었다. 처음 러시아 국경에 도착했을 때 나폴레옹은 사병들에게 경계를 늦추지 말고 언제든지 갑작스러운 공격에 대비하라고 명령했다. 하지만 며칠이 지나도 개미 한 마리 얼씬대지 않았다. 황야 아니면 메마른 풀, 나무들만 이어질 뿐 러시아인의 모습은 코빼기도 보이지 않았다. 6월 말부터 8월 중순에 이르는 동안 프랑스 군은 일반 병사들과의 전투는 고사하고 사람 한 명도 만나지 못한 채 천 리 길을 묵묵히 행군했다.

그런데 아직 제대로 전투 한번 치르지 못한 상태에서 군 내부에 문제가 발생하기 시작했다. 우선 6월과 7월의 무더운 날씨로 군인들의 체력이 바닥났다. 면역력이 저하되어 병으로 죽은 군인이 한둘이 아니었다. 또 60만 대군의 식량도 부족했다. 나폴레옹은 본래 러시아에 진군하자마자 곧바로 현지에서 조달할 생각이었다. 그러나 러시아에는 군대는커녕 일반인도 보이지 않았다. 텅 빈 농촌 마을에

---

4) 1806년에 오스트리아와 프로이센을 제외한 독일 서남부의 16개 영방 군주가 나폴레옹 I세의 후원을 받아 결성한 연방

군량으로 쓸 수 있는 것은 아무것도 없었다.

8월 16일 새벽, 전쟁을 알리는 공격의 호각소리가 울렸다. 17일, 스몰렌스크(Smolensk) 성이 함락되었지만 러시아군은 성안의 모든 집과 남겨둔 물품에 불을 지르고 후퇴했다. 프랑스 군인들이 생명을 바쳐 얻은 것은 고작 초토화된 성뿐이었다. 전쟁 후 인원을 점검해 보니, 행군과 이번 전투에서 군대 수는 반으로 줄어 60만 대군은 이제 30만 명밖에 남지 않은 상태였다.

텅 빈 모스크바

오랫동안 독단적으로 모든 결정을 내렸던 프랑스 황제도 뭔가 잘못되었다는 생각은 들었지만 여전히 자기 뜻을 굽히지 않았다. 그는 보급물자가 부족한 상황임에도 여전히 군대를 이끌고 모스크바로 향했다. 9월 7일, 모스크바에서 서쪽으로 124킬로미터 떨어진 보로디노(Borodino)에서 프랑스 군대와 러시아 군대가 마주쳤다. 양측은 모스크바로 통하는 요지인 보로디노에서 격전을 벌였다.

나폴레옹은 약 13만의 병력과 600문의 대포로 먼저 공격을 시작했다. 이에 러시아 총사령관인 쿠투조프(Mikhail Illarionovich Golenishchev- Kutuzov)가 20만 대군을 이끌고 반격에 나섰다. 9번째 공격에는 나폴레옹이 직접 지휘에 나섰다. 사방으로 날아다니는 총탄공격을 받고 러시아군의 가장 용맹한 지휘관 표트르 바르가티온(Pyotr Bagration)이 사망했다. 이 틈을 탄 프랑스군이 적진으로 들어갔다. 나폴레옹은 47명의 장군과 4만 명의 병사를 잃은 후에야 모스크바에 들어가는 열쇠를 얻을 수 있었다.

9월 15일, 말에 올라탄 나폴레옹이 프랑스 군대를 이끌고 기세등등하게 모스크바로 입성했다. 그러나 프랑스 군대 앞에 스몰렌스크 성의 악몽이 재연되었다. 모스크바 성 안에는 아무도 없고 그저 고요함만 흐를 뿐이었다. 게다가 이유를 알 수 없는 불길이 솟아오르며 모스크바는 화염과 연기에 휩싸였다. 가을바람을 타고 크게 번진 불길은 삼일 밤낮으로 계속되었고, 불길이 그치자 모스크바 성은 온통 깨지고 부서진 처참한 광경만 남아 있었다.

불길 속에서 건물이 다 타버리자 군인들은 살을 에는 바람을 피해 잠잘 곳도 찾지 못했다. 그저 덜덜 떨며 무너진 담벼락이나 추운 땅굴 속으로 몸을 피했다. 게다가 러시아가 모든 식량을 가지고 후퇴해버려서 보름 후 프랑스군의 식량은 바닥이 났다. 10월이 되자 그나마 따뜻했던 가을 햇볕도 사라지고, 겨울이 다가오고 있었다. 나폴레옹은 러시아의 20만 대군보다 엄동설한의 겨울이 다가온다는 사실이 더욱 불안했다.

무너진 군대

어떤 해결책도 찾지 못한 상황에서 나폴레옹은 비밀리에 알렉산드르 1세에게 사신을 보내어 화해를 제의했다. 알렉산드르 1세는 쿠투조프의 조언대로 곧바로 나폴레옹의 제안을 거절하지 않고 도리어 시간을 끌었다. 상황이 점차 악화되자 전쟁에서 단 한 번도 뒤로 물러선 적이 없었던 프랑스 황제는 결국 고개를 숙이고 후퇴를 결정했다.

10월 19일, 기세등등하게 모스크바로 진군했던 프랑스군은 기가 죽은 채 성을 나섰다. 나폴레옹은 날이 더 추워지기 전에 남은 11만 5천 명의 군사를 데리고 리투아니아(Lithuania)로 가서 겨울을 보낼 요량이었다. 참패한 프랑스군은 힘없이 브랸스크에서 빌뉴스, 무르만스크를 거쳐 스몰렌스크로 후퇴했다. 프랑스군은 후퇴하면서 약탈하고 방화를 저지르는 등 만행을 저질렀다.

1812년 10월 30일, 아직 스몰렌스크 성까지 한창 남았을 무렵, 멀리 떠나와 힘없이 후퇴하고 있는 프랑스군에게 불청객이 찾아왔다. 보통 12월에나 오는 겨울이 1812년 11월에 이르게 찾아온 것이다. 11월 6일, 우크라이나 들판에 그해 첫 폭설이 내렸다. 온 세상이 함박눈으로 뒤덮이자 전쟁에서 겨우 목숨을 건졌던 병사들이 얇은 옷으로 추위를 견디지 못하고 결국 러시아 땅에서 죽음을 맞았다. 폭설이 지난 후 11만 5천 명이던 군대는 5만 명만 남게 되었다.

스몰렌스크에 거의 다다랐을 때 러시아군이 추격해오자 추위와 배고픔에 지친 프랑스군은 서둘러 서쪽으로 도망쳤다. 그러나 도망치던 중에 이미 체력적으로 한계에 다다른 1만 4천 명이 사망했고, 11월 14일이 되자 남은 프랑스 군인은 3만 6천 명이었다.

11월 28일, 프랑스 군대가 민스크 근처의 레나 강을 건너려 하자 삼면에서 러시아 군대가 몰려왔다. 프랑스군은 급하게 다리를 놓고 강을 건너려 했지만 건너편에 이르기도 전에 러시아의 코사크 기병에게 따라잡혔다. 계속되는 포격 속에서 프랑스군의 사망자가 속출

▲ **모스크바 교외 전투**
프랑스군은 맹렬한 기세로 모스크바로 진군했지만 쿠투조프의 탄탄한 방어 전략과 물자이동 전략으로 인해 겨울이 되자 모스크바를 버리고 떠날 수밖에 없었다.

했다. 나폴레옹은 주력군을 보전하기 위해 다리를 폭파시켰고, 1만 4천 명의 프랑스군이 포로로 잡히거나 전사했다.

간신히 빠져나온 이들은 네만 강을 건너 탈출하려 했으나 영하 28 도의 살인적인 추위가 매일 수십 명에서 백 명에 이르는 프랑스군의 목숨을 앗아갔다. 12월 12일, 나폴레옹의 러시아 원정은 얼어붙은 네만 강 위로 러시아에서 도망치기 위해 발버둥치는 프랑스군의 처량한 모습으로 끝을 맺었다.

러시아의 위협적인 추위와 폭설은 나폴레옹의 러시아 정복의 꿈을 무너뜨린 정도가 아니라 나폴레옹이 다시는 재기할 수 없게 만들었다. 유럽에서 누구도 막을 길이 없었던 프랑스 제1제국은 이 전쟁으로 인해 멸망의 길을 걷게 되었다.

애꾸눈 장군, 쿠투조프

대對애국전쟁[5] 당시 소련 정부는 러시아의 명장 쿠투조프를 기념하여, 1급, 2급(1942년 7월 29일 제정)과 3급(1943년 2월 8일 제정) 쿠투조프 훈장을 제정했다. 주로 원정군과 집단군[6]의 전투에서 뛰어난 성적을 거두거나 적의 공습을 피해 반격에 성공한 군대 수장 및 지휘관에게 수여되는 훈장이다.

뛰어난 명장의 어린 시절

미하일 일라리오노비치 골레니슈체프-쿠투조프(Mikhail Illarionovich Golenishchev-Kutuzov)는 1745년 9월 16일 상트페테르부르크에서 태어났다. 쿠투조프 가문은 러시아 부흥기인 13세기부터 대대로 많은 군인을 배출하며 전쟁터에서 큰 공훈을 세운 유명한 집안이었다.

▼ 쿠투조프 동상

쿠투조프의 아버지 일라리옹 마트베예비치(Hilarion Matveyevich)는 뛰어난 공병이었다. 박학다식하고 재주가 좋았던 그는 30여 년 동안 군인으로 지냈다. 러시아의 안보를 수호하기 위해 여러 도시에 맞는 방어 요새를 구축했고, 예카테리나 운하의 설계 작업에도 참여했다. 이러한 성과들로 사람들의 존경을 받아서 퇴역 후에도 방문객이 끊이지 않았다. 아름답고 정숙했던 어머니는 쿠투조프가 어릴 때 세상을 떠났다. 그 후 쿠투조프는 할머니의 손에서 자랐다. 쿠투조프의 아버지는 상트페테르부르크로 임지를 옮긴 후 아들에게 아버지로서 애정을 쏟아 부었다. 그는 이내 쿠투조프의 지적 호기심이 상당하다는 것을 알게 되었는데 특히 언어에 천부적인 소질을 가지고 있어 해군사관학교 교장인 이완 골레니슈체프 쿠투조프의 집에 하숙할 당시 프랑스어와 독일어를 섭렵했을 정도였다.

1757년, 열두 살이 된 쿠투조프는 아버지의 뒤를 잇기 위해 공병훈련학교에 입학하여 유명한 러시아 문호 도스

---

5) 소련에서는 제2차 세계대전 당시 독일이 소련을 침략한 전쟁을 대국애전쟁이라고 부른다. 독소전쟁, 혹은 대조국전쟁, 대조국수호전쟁 등의 명칭이 있으며 영어로는 The Great Patriot War라고 한다.
6) 몇 개의 야전군으로 구성된 군사 조직으로 무한정 기간 동안 자급자족 가능한 부대 편성 단위다.

토옙스키와 함께 학교에 다녔다. 이 학교는 나중에 포병학교와 통합되었다. 쿠투조프의 영민함은 우수한 학업성적으로 이어져 더욱 빛을 발했다. 1759년 포병 총감독 슈발로프(Shuvalov)의 강력추천으로 쿠투조프는 무려 열네 살의 나이에 학생들을 가르치게 되었다.

러시아-튀르크전쟁

그러나 따분하고 지루한 교편생활은 투지로 불타오르는 쿠투조프와 맞지 않았다. 그는 피가 끓는 전쟁터와 화약 연기로 가득한 전선에 서고 싶었다. 1761년 여름, 쿠투조프의 간절한 바람이 이루어졌다. 그는 상트페테르부르크의 아스트라한(Astrakhan)의 보병연대로 이동해 준위 계급으로 중대장을 맡으면서 진정한 군인 생활을 시작했다.

군대에서의 쿠투조프는 활기찬 젊은이였다. 항상 활기찬 태도로 모든 일에 솔선수범하여 군인들의 존경을 받았고, 상사들에게도 인정받았다. 1762년, 대위로 승진한 쿠투조프는 부대업무뿐 아니라 신법전편집위원회 작업에도 동참했다. 그렇지만 이런 작업들은 직접 전투에 참여하는 것과는 상당히 다른 일이었다. 쿠투조프는 전투 기회가 오기만을 인내하며 기다렸다.

그렇게 6년이 흘러 1768년, 쿠투조프는 마침내 남부지역 제1군단으로 배치되어 러시아-튀르크전쟁 지역으로 가게 되었다. 이때부터 21년 동안 쿠투조프와 러시아-튀르크전쟁의 질긴 인연이 시작되었다. 그곳에서 20여 년의 시간을 보낸 후 전쟁에 대해 얕은 지식만 가지고 있던 청년 쿠투조프는 해박한 전투지식과 주관을 갖춘 훌륭한 지휘관으로 성장했다.

1770년 6월, 쿠투조프는 튀르크와의 첫 전투에서 뛰어난 성과를 거두어 루미안체프(Rumyantsev) 장군의 관심을 받았다. 1774년, 쿠투조프는 알루시타(Alushta) 북쪽의 쿠투조브카(Kutuzovka) 부근에서 적과 격전을 벌이던 중, 관자놀이와 눈 사이에 총상을 입었다. 다행히 뇌에는 이상이 없었지만 생명이 위급한 상황이었다. 그러나 황제가 그에게 깊은 관심을 보였고 무엇보다도 본인이 살겠다는 강한 의지로 버틴 덕에 죽음의 그림자에서 벗어날 수 있었다.

1777년, 외국에서 치료를 받고 돌아온 쿠투조프는 다시 전쟁터로 나갔고, 러시아 최고의 명장 알렉산드르 수보로프(Aleksandr

Vasilievich Suvorov) 아래서 6년의 세월을 보내면서 많은 것을 배웠다. 수보로프 장군에게서 배운 수많은 전략과 전술을 바탕으로, 그는 이후 많은 전투에서 기적 같은 승리를 거두었다.

1784년, 쿠투조프는 저격부대의 지휘를 맡았다. 이후 5년 동안 그는 지휘관으로서 필요한 성품을 배워갔다. 그러나 불행히도 1788년 오차코프(Ochakov) 전투에서 두개골에 총상을 입고 만다. 의사는 그가 얼마 못살 것이라고 단언했지만, 쿠투조프는 또다시 죽음의 신을 이기는 기적을 보여주었다. 하지만 오른쪽 눈의 시력을 점차 잃어갔다.

생사를 오간 전쟁을 겪고 나서 쿠투조프의 전술은 한 단계 더 성숙해졌다. 그는 기동성과 민첩함이 전쟁에서 얼마나 중요한지 깨닫고 이 원칙을 실제 작전에 적용했다. 1790년 12월, 이스마일 전투와 1791년 6월 바바다그 전투를 치른 후 쿠투조프는 중장으로 진급하여 러시아 국내에 가장 저명한 장군으로 자리매김했다.

나폴레옹과의 만남

1805년 제4차 대프랑스 동맹이 프랑스 제1제국을 공격할 준비를 마쳤다. 전쟁에 나서기 직전, 러시아 황제는 오랫동안 외면했던 쿠투조프 장군을 떠올렸다. 황제는 그를 다시 황궁으로 불러들여 두

▲ **모스크바 원정에서 패한 나폴레옹**

모스크바 전쟁으로 나폴레옹의 명성은 바닥으로 떨어졌다. 모스크바의 대화재와 함께 나폴레옹의 꿈도 함께 불탔고, 모스크바의 눈보라는 나폴레옹의 날카로운 감각도 무디게 만들었다.

집단군의 총사령관을 맡기고 나폴레옹 원정을 명령했다.

그러나 연합군의 지휘권은 쿠투조프의 것이 아니었다. 오스트리아 지휘관들이 그의 의견을 무시하고 독단적으로 잘못된 판단을 내릴 때도, 그는 그저 지켜볼 수밖에 없었다. 그리하여 8월, 오스트리아 군대가 울름(Ulm)에서 나폴레옹에게 패전했고 쿠투조프만이 홀로 남아 나폴레옹을 대적했다. 쿠투조프는 군대를 수호하기 위해 부대원들에게 신속히 퇴각하라고 명령했다. 그리고는 이어서 암스테텐(Amstetten)과 뒤른슈타인(Dürnstein)에서 추격해오던 나폴레옹 휘하의 지휘관인 뮈라와 마르티에의 군대를 물리친 후 프랑스군의 포위를 뚫고 탈출했다.

그러나 오스트리아 황제와 러시아 황제는 어리석게도 연합군에게 프랑스군을 반격하라고 재촉했다. 결국 사령부는 쿠투조프의 만류를 무시하고 반격을 진행시켰다. 12월 2일, 역사상 유명한 아우스테를리츠 전투가 시작되었다. 나폴레옹 군대의 맹렬한 공격 속에서 쿠투조프는 필사적으로 싸웠지만 실패했고, 연합군은 치명적인 타격

▲ **러시아 군대의 전투 모습**

나폴레옹이 모스크바에서 후퇴
한 후 프랑스군은 뿔뿔이 흩어
졌다. 남은 병력도 베레지나
(Berezina) 강에서 공격을 받고
변경지역으로 달아났다. 쿠투조
프는 민첩한 전략전술을 통해
무패 신화를 이루던 나폴레옹
대군을 무찔렀다.

을 입었다. 러시아 황제의 분노는 고스란히 쿠투조프에게 쏟아졌다.
그는 다시 군사지휘권을 박탈당하고 지방총독으로 쫓겨났다.

나폴레옹의 실패

1812년 6월 23일, 나폴레옹은 60만 대군을 이끌고 네만 강을 건너
광활한 대륙 앞에서 섰다. 이제 유럽 최대국가인 러시아를 손에 넣
을 만반의 준비를 마친 것이다.

전쟁이 시작되고 프랑스군은 승승장구했다. 이와 대조적으로 부
패한 러시아 정부가 파견한 지휘관들은 엉망진창인 전술로 후퇴만
거듭하다가 몇 개월 만에 엄청난 영토를 잃게 되었다. 8월, 나폴레
옹이 손쉽게 스몰렌스크를 점령하면서 러시아는 심각한 위기를 맞
았다.

위기 국면에 이르자 알렉산드르 1세는 자신의 편견을 내려놓고 나
폴레옹을 대적하기 위해 추밀원에 있는 쿠투조프를 불러 러시아군

총사령관으로 임명했다. 8월 23일, 일흔이 다 된 노장 쿠투조프는 명을 받고 전선에 나섰다. 진지를 살피며 전쟁 보고를 받은 쿠투조프는 적군에 비해 너무나 약한 러시아 군대 상황을 고려하여 전략을 세웠다. 그는 우선 후퇴한 후 군대의 힘을 비축하고 병력을 집중시킨 뒤에 다시 프랑스군을 기습하기로 했다.

9월, 프랑스군은 모스크바에서 100킬로미터 가까이 떨어진 보로디노(Borodino)에 도달했다. 9월 7일, 양측 사이에 전투가 시작되었다. 치열한 격전 끝에 나폴레옹의 무패 신화가 깨졌다. 쿠투조프는 우선 모스크바를 버려두고 군대를 질서정연하게 분산시켰다가 타루티노(Tarutino)에서 다시 집결시켰다. 이는 예비부대와 지원부대를 집결시킨 후 나폴레옹의 남쪽 경로를 차단하려는 작전이었다.

10월, 러시아의 겨울이 찾아왔다. 추위와 배고픔에 싸울 의지조차 사라진 나폴레옹은 며칠 간 모스크바 성을 지키다가 결국 철수하기 시작했다. 쿠투조프는 바로 이 기회를 놓치지 않고 민첩하게 군대를 조직하여 반격에 들어갔다. 나폴레옹은 러시아군의 신출귀몰한 공격에 큰 피해를 당하고 결국 네만 강을 건너며 꼬리를 감추었다.

쿠투조프가 이끈 러시아 군대는 오만하기 그지없던 나폴레옹 군대의 코를 납작하게 눌러버렸다. 그는 조국을 지켜냈을 뿐 아니라 나폴레옹 제국의 멸망에 불을 지폈다. 1812년 12월 12일, 쿠투조프는 스몰렌스크 공작으로 봉해지고 최고훈장인 1급 성 게오르기 십자훈장을 받았다. 1813년 4월 28일, 쿠투조프는 슐레지엔의 분즐라우에서 사망했다. 그의 시신은 상트페테르부르크의 카잔 대성당에 안장되었다.

라이프치히의 대참패

프랑스의 지도자이자 문명대륙인 유럽의 중심이었던 그가, 난생 처음 전 세계 앞에서 참패를 당했다. 이제 그는 결정적인 기회를 놓쳐버렸다.

오드라폰

제6차 대프랑스 동맹

모스크바에서 참패한 나폴레옹은 프랑스 국민의 무한한 신뢰를 바탕으로 빠르게 세력을 회복했다. 1813년 봄이 되자 겨우내 전쟁으로 고통을 겪었던 땅에도 새싹이 돋아나기 시작했고, 나폴레옹의 새로운 군대도 무성한 수풀처럼 빠르게 불어났다. 4월 중순이 되자 군인은 22만 6천 명이나 되었고 대포 수는 457문이었다. 나폴레옹도 다시 전쟁에 대한 자신감을 회복했다.

그런데 이때 프랑스에 대항하는 유럽 동맹이 다시 일어나기 시작했다. 러시아-프로이센 연합군 14만 명이 엘베 강으로 진군하여 나폴레옹의 새로운 군대를 공격했던 것이다. 몇 번의 전투를 치르자 프랑스군은 과거의 영광을 다시 재현하는 듯했다. 오합지졸이라고 비웃음을 당했던 나폴레옹의 새 부대가 승리를 거두었고 5월 8일, 드레스덴 성벽에는 프랑스 국기가 걸렸다.

그러나 빛나는 승리 속에는 여전히 위기가 도사리고 있었다. 나폴레옹의 새 부대는 비록 수적으로는 우세했으나 훈련이 부족한 상태였다. 강력한 왕권을 휘두르는 나폴레옹이 직접 전쟁을 지휘했기 때문에 그 외의 지휘관들은 상황 대처 능력과 용기가 부족했다. 프랑스 정예부대는 이미 멀고 먼 러시아 땅에서 죽음을 맞았고, 새로운 기병대는 아직 정확한 소식 전달에 미숙했다. 게다가 여러 번의 전쟁을 거치면서 세계 여러 민족은 나폴레옹이 이제 구세

▼ 파리에서의 흉보

모스크바로 진격할 때 나폴레옹의 눈앞에는 문제들이 쌓여 있었다. 문제를 하나 해결하면 새로운 문제가 나타나곤 했다. 나폴레옹의 패전 소식이 파리까지 전해지자 프랑스에서 그를 반대하는 세력이 일어서면서 나폴레옹의 상황은 더욱 어려워졌다. 혼란에 빠진 파리의 상황 때문에 나폴레옹은 다시 깃발을 내리고 파리로 돌아왔다.

주가 아니라 그들을 제압하려 드는 또 다른 적임을 깨닫게 되었다. 또한 막강한 세력을 자랑하던 적군도 나폴레옹의 승리 비결이 민첩하고 유연한 전술이라는 것을 이미 파악한 상태였다.

드레스덴을 중심으로

잠복해 있던 위기들이 점차 수면 위로 올라와 진면목을 드러내기 시작했다. 끔찍한 위기가 연이어 닥치면서 나폴레옹이 새롭게 세워 놓은 승리의 장벽을 집어삼키기 시작하더니 결국 돌 하나도 남김 없이 모조리 사라져버렸다.

8월, 나폴레옹은 드레스덴에서 여전히 군사적 우위를 점하고 있었다. 그러나 29일, 쿨름(Kulm)에서 반담(Vandamme)이 지휘하던 군대가 러시아군에게 포위당했다. 30일이 되어 반담은 적군을 공격하려 했지만 적군에게 앞뒤로 둘러싸인 채 연합공격을 받아 속수무책이었다. 무기와 식량이 바닥나자 반담이 이끌던 1만 3천 명의 군대는 결국 항복을 선택했다. 당시 러시아가 얼마나 기뻐했는지는 러시아 황제 부관의 묘사에 잘 드러난다. "쿨름 전투는 보헤미아(Bohemia)에 산적해 있던 절망의 분위기를 완전히 바꿔놓았다." 쿨름 전투를 시작으로 이후 연합군은 잇달아 승리를 거두었다. 이에 반해 승리의 선봉에서 미끄러지듯이 내리막길을 걷는 나폴레옹의 몰락은 막을 길이 없었다.

나폴레옹은 드레스덴을 거점으로 베를린으로 진격하기로 결정했다. 당시 러시아인이 함께한 슐레지엔 군대와 오스트리아가 이끈 보헤미아 군대는 세 갈래로 나뉘어 드레스덴에서 나폴레옹을 포위하려 했다. 프랑스 군대의 사기는 이미 바닥으로 떨어진 상태였지만, 나폴레옹 황제의 카리스마에 의지해 겨우 버텨가고 있었다. 나폴레옹이 나타나기만 하면 그들은 온 힘을 다해 "황제, 만세!"를 외쳐댔고, 강한 의지와 왕성한 혈기를 끌어올려 전투에 임했다. 하지만 황제가 자리를 비우기만 하면 지휘관이든 일반 병사든 모두 힘을 잃었다. 결국 나폴레옹은 군대의 사기를 높이기 위해 패전소식이 들리는 부대라면 어디든지 달려가 사병들을 위로했다.

▲ 드레스덴의 전투 전경

드레스덴의 승리로 대프랑스 동맹을 맺은 군주들은 공포에 떨었다. 나폴레옹의 힘이 모스크바에서 끝난 것이 아니었음을 발견한 것이다. 반격에 더 박차를 가하지만 않았다면 나폴레옹은 재기에 성공할 수 있었을 것이다.

라이프치히

나폴레옹은 전쟁 중 뜨거운 투지를 불태우면서도 동시에 이성을 잃지 않고 냉정한 판단을 내렸다. 연합군이 외곽에서 계속 승리를 거두었지만 드레스덴은 여전히 프랑스가 차지하고 있었다. 연합군의 지휘관들은 블뤼허(Gebhard Leberecht von Blücher)의 제안에 따라 드레스덴 서북쪽에 있는 라이프치히로 눈을 돌렸다.

라이프치히는 엘스터 강, 파더 강, 플레이세 강이 만나는 지점에서 동쪽에 자리 잡은 저지대였다. 도시의 길목이 모두 드레스덴으로 연결되어 있었지만, 서쪽의 엘스터 강과 플레이세 강 위로 놓여 있는 석교石橋만이 라이프치히로 가는 유일한 경로였다. 연합군 지휘부는 대담한 계획을 세웠다. 보헤미안 부대가 프랑스 군대가 있는 드레스덴을 우회하여 라이프치히로 곧장 진격하고, 슐레지엔의 부대는 서쪽 엘베 강을 건너서 라이프치히로 진격하기로 한다. 10월 4일, 연합군은 작전에 따라 라이프치히 성 바깥으로 16만 명의 사병을 결집시킨 후 계획을 실행에 옮겼다.

소식을 들은 나폴레옹은 드레스덴을 포기하기로 했다. 10월 2일 뮈라가 이끄는 3만 7천 명의 군사가 라이프치히에서 오스트리아 군대를 막아섰다. 10월 9일, 나폴레옹이 직접 1만 5천 명을 이끌고 러시아 부대를 추격했다. 10월 14일, 나폴레옹은 라이프치히에 도착해 뮈라의 본부에서 작전을 짜기 시작했다. 그런데 잘못된 정보로 작전을 짜면서 문제가 생겼다. 16일 새벽 나폴레옹은 블뤼허가 이끄는 러시아 군대가 라이프치히 서북쪽으로 오지 않을 것이라 생각하고 제6군을 라이프치히 서북쪽에서 서남쪽으로 이동시켰다. 그런데 명청한 마르몽(Marmont) 장군이 멀리서 불을 밝히고 있는 러시아 군대의 모습을 보았으면서도 입을 다물고 황제의 명령에 따르는 바람에 모든 불행과 재난이 시작되었다.

국민 전쟁

1813년 10월 16일 오전, 하늘에는 차가운 안개비가 흩날리고 있었다. 정확히 9시가 되자 연합군의 공격이 시작되었다. 역사상 '국민 전쟁'으로 불리는 라이프치히 전투가 시작된 것이다.

전투 첫날, 마르몽이 이끄는 군대부터 시작해서 프랑스군은 계속 패배했다. 라이프치히 외부에 있는 서쪽 진선은 비교적 안정적이었고, 남쪽에서는 가장 격렬한 전투가 벌어졌다. 오전 9시에서 11시까지 남쪽 전선의 치열한 전투가 계속되었다. 프랑스 군대는 본부를

▼ 나폴레옹 승리기념비
'나폴레옹 승리기념비'는 독일 라이프치히 근교의 유명한 건물 중 하나로서 정식명칭은 '국민 전쟁 기념비'이다. 이 기념비는 나폴레옹을 무찌른 라이프치히 전쟁에서 목숨을 잃은 연합군을 기리기 위해 세워졌다.

▲ 유화 〈라이프치히 전투〉

지켜냈지만 러시아-오스트리아 연합군의 강력한 포위망을 도저히 뚫을 수 없었다. 오후 2시가 되어 나폴레옹은 뮈라가 이끄는 1만 2천여 명의 기마부대를 데리고 맹렬한 공격을 퍼부으며 적의 중앙 방어선을 돌파하려고 했다. 쏟아지는 포격 속에서 1만 2천 명의 기마부대는 거센 파도처럼 적진을 돌파했고 날카로운 칼날로 적을 공격했다. 뮈라는 적진으로 들어가 용감히 싸우며 2개의 부대와 대포 26문을 손에 넣어 승리를 거머쥐었다. 그러나 얼마 후 기병대의 체력이 약해지자 무섭게 몰아치던 공세도 곧 약해졌다. 적군이 다시 주변을 에워싸기 시작하자 프랑스군은 본부로 후퇴할 수밖에 없었다.

북쪽에 있던 프랑스 군대가 함락되면서 연합군은 라이프치히 포위망을 크게 좁혀나갔다.

첫날 전투는 밤이 되어서야 끝났다. 양측 모두 2만 명의 전사자가 나왔지만 실제로 프랑스군이 많은 지역을 빼앗겨 피해가 더 컸다. 10월 18일 전, 양측 모두 지원군의 도움을 받았다. 연합군은 러시아, 오스트리아, 스웨덴의 군대로 구성된 11만 명의 지원군을 얻었다. 이에 반해 나폴레옹은 제7군에서 1만 5천 명을 조달하기 위해 힘쓰고 있었다. 현저하게 차이가 나기 시작한 양측의 군대 규모는 이미 프랑스의 실패를 예고하고 있었다.

18일 오전, 연합군은 여섯 갈래로 나누어 총공격을 시작했다. 강한 군사력에도 불구하고 전투는 비교적 더디게 진행되었다. 아침 8시부터 오후 2시까지 연합군은 왼쪽으로 치고 들어가서 뤼스니치히(Lößnig)와 돌리츠(Dölitz)를 겨우 점령했다. 그러나 오후 3시에 이르자 상황은 급변했다. 프랑스 제7군 작센 출신의 2개 여단과 포병을 합친 약 3천 명의 사병들이 적의 포격에 곧바로 백기를 들어버린 것이다. 비록 지원군이 빠르게 합류했으나 숫자 부족으로 결국 진지를 넘겨주고 말았다. 그 후 프랑스 군대는 계속 패전을 거듭했고, 저녁이 되었을 때 프랑스 군대가 차지한 지역은 겨우 3곳에 불과했다.

나폴레옹은 대세가 기울어졌음을 파악하고 퇴각을 명했다. 19일, 라이프치히에 집결한 프랑스군은 엘스터 강을 지나 프랑스로 향했다. 혼란스러운 퇴각의 순간에도 나폴레옹 황제는 여전히 냉정을 유지하며 다리를 건넜고, 다리 근처 방앗간에서 잠을 청하기도 했다.

두려워 떨며 후퇴하던 공병부대는 미리 다리를 폭파시켰다. 레나 강의 악몽이 다시 재현되었다. 다리 위에 있던 2만 8천 명의 사병들은 포로로 잡혀가거나 강 속으로 뛰어들었다. 자크 마크도날(Jacques-Alexandre, MacDonald duc de Tarente) 장군은 다행히 무사히 빠져나왔지만 폴란드 사령관 조제프 안토니 포니아토스키는 그 과정에서 익사하고 말았다.

라이프치히 전투에서 양측 모두 두 명 이상의 지휘관이 전사했다. 육지의 '트라팔가르 해전'으로 불리는 이 전투로 말미암아 나폴레옹은 더 큰 곤경에 처했다. 대륙을 차지하기 위해 나폴레옹이 불태웠던 전쟁을 향한 열정도 이때부터 점차 사라져 갔다.

승자들의 잔치 : 빈 회의

'코르시카 괴물'이 유배되자 크고 작은 나라의 제왕들은 어떻게 전리품을 나누고, 혁명 이전의 구도로 회복할 것인지 논의하기 위해 빈으로 모였다. 국가의 분열과 통합이 모두 통치자들의 이익에 따라 결정되었다.

엥겔스(Engels, Friedrich)

패자의 애가哀歌

1813년 10월, 라이프치히 전투에 패한 나폴레옹 황제의 마음은 근심으로 가득했다. 비록 나폴레옹은 침착하게 라이프치히의 다리를 건너 돌아왔지만, 많은 이들이 이번 후퇴로 나폴레옹의 권세가 땅에 떨어질 것이라고 예상하고 있었다.

대프랑스 동맹세력이 프랑스 국내로 들어오면서 그토록 대단했던 황제의 위엄도 이제 벼랑 끝으로 몰렸다. 나폴레옹은 프랑스군의 심각한 상황을 잘 알고 있었다. 그의 곁에는 재능이 부족한 미셸 네이와 빅토르, 그리고 우유부단한 오주로(Pierre Augereau)만이 남아 있었다. 용맹스러웠던 루이 가브리엘 슈셰(Louis-Gabriel Suchet)와 다부 장군은 다른 곳에 갇혀 있었고 니콜라스 술트(Nicolas Soult)는 패전했으며 구비옹 생 시르(Laurent marquis de Gouvion-Saint-Cyr)는 포로로 잡혀간 상황이었다. 한때 유럽을 제패했던 영웅 나폴레옹 앞에 모든 불행이 한꺼번에 밀려왔다.

그러나 나폴레옹은 겉으로 전혀 힘든 내색을 하지 않았다. 그의 유일한 희망은 침착하게 부대를 지휘하여 블뤼허를 추격하는 것이었다. 대프랑스 동맹 연합사령부는 막다른 길에 몰린 사자가 마지막으로 엄청난 파괴력을 발휘하지 않을까 걱정스러웠다. 결국 이들은 나폴레옹과의 충돌을 피하고자 요충지를 공략할 때 우수병력을 모두 프랑스 제1제국의 심장인 파리로 집중

▼ **캐슬레이 자작(Robert Stewart, Viscount Castlereagh)**
캐슬레이 자작은 영국대표로 빈 회의에 참석했다. 빈 회의에서 그는 영국에서 온 '술고래'로 불렸다.

시켰다. 1814년 3월 30일, 나폴레옹은 파리로 향하던 도중에 파리 수호대가 투항했다는 소식을 듣고 모든 것이 끝났음을 깨달았다. 일주일 후, 침묵을 지키던 그는 황위를 내려놓고 연합군에게 붙잡혀 지중해의 엘바 섬으로 유배되었다.

승자들의 잔치

유럽을 공포 속으로 몰아넣었던 사자가 우리 안에 갇혔다는 소식을 들은 대프랑스 동맹국 원수들은 승리의 환호성을 지르며 축하와 감격의 포옹을 나누었다. 지난 10여 년 동안의 전쟁의 성과와 라이프치히의 값진 승리를 축하하기 위해 오스트리아 총리 클레멘스 메테르니히(Klemens Wenzel von Metternich)가 축하파티를 열고 각 나라의 대표를 초청했다. 1814년 9월, 오스트리아 궁정 연회에 참석하기 위해 유럽의 15개국의 주요 정계 인사와 200여 명의 제후와 외교관이 빈으로 모였다. 러시아 황제 알렉산드르 1세, 오스트리아 황제 프란츠 1세, 프로이센 국왕 프레드리히 빌헬름 3세 그리고 영국 외무장관 캐슬레이 자작(Robert Stewart, Viscount Castlereagh) 등 주요 귀빈도 함께했다.

9월부터 시작된 연회는 이듬해 6월까지 계속되었다. 주최국은 귀빈들을 융숭하게 대접했고 연회와 술, 음악과 춤이 끊임없이 이어졌다. 다른 국가들이 편안한 휴식과 즐거움을 만끽하는 동안 러시아, 프로이센, 영국, 오스트리아 4개국은 따로 모여 새로운 유럽의 판도를 맞추었다. 1815년 3월, 유배지에 있던 나폴레옹이 비밀리에 파리로 탈출하면서 전쟁의 불길이 다시 타올랐다. 빈 회의에 참석한 대표들은 두려움 속에서 전쟁 결과를 기다렸다. 다행히도 나폴레옹의 재기는 백일 만에 실패로 끝났다. 이번 사태로 큰 두려움을 느낀 참가국들은 빠르게 협상을 진행시켰다. 이들은 더 많은 땅을 가지기 위해 다투는 것보다 승리의 결과를 나눈 후 빠른 시일 내에 유럽의 안정을 되찾는 것이 무엇보다도 중요하다고 생각했다.

나눠 먹기의 결과

1815년 6월 9일, 전체 회의도 없이 빈 회의는 막을 내렸고 참여자들은 〈빈 회의 최종의정서〉를 조인했다. 참가국들은 나폴레옹이 세워놓은 제국의 성과를 분배했다. 그중에서도 특히 대프랑스 전쟁에서 승리를 거둔 국가들은 의기양양하게 자신의 몫을 나누어 가졌다.

의정서 내용에 따라 러시아 황제 알렉산드르 1세는 바르샤바대공국의 대부분 영토를 차지했다. 크라크푸(Krakow)와 그 주변지역에서 공화국을 이루는 폴란드는 러시아, 프로이센, 오스트리아의 '보호'를 받게 되었다. 빈 회의를 통해 유럽 내 국가 간의 세력균형을 유지하고자 했던 영국도 결과에 만족했다. 프랑스의 해외식민지는 대부분 영국에게 돌아갔다.

오스트리아는 네덜란드를 대표로 롬바르디아(Lombardia)와 베니스를 돌려받았다. 더불어 티롤(Tyrol), 솔트스버그(Saltsburg), 트리에스테(Trieste), 일리리아(Illyria), 달마티아(Dalmatia)를 손에 넣었다. 프로이센은 작센 주의 5분의 2를 얻었고, 뤼겐(Rügen) 섬과 포메라니아(Pomerania), 라인−베스트팔렌(Rheinisch-Westfälische)지역도 손에 넣었다. '정통주의'를 회복한다는 원칙 아래 강대국들이 마음대로 판도를 바꾸어 놓은 유럽은 잠시 안정을 찾았다. 그러나 그 속에는 거센 분노와 저항감이 곧 폭발할 화산 용암처럼 부글대며 끓고 있었다.

▲ **오스트리아 총리 클레멘스 메테르니히**

메테르니히는 빈 회의에 오스트리아 대표로 참석했다. 회의 기간에 그는 자신의 능력을 발휘하여 외교담판을 주도했고 프랑스 대표와의 협상에서 많은 이익을 챙겼다.

나폴레옹과 워털루 전투

워털루 전쟁은 승자와 패자가 누군지 분간할 수 없는 수수께끼 같은 정쟁이었다. 나폴레옹에게는 두려운 전쟁이었고, 블뤼허는 포화의 불길만을 보았다. 웰링턴(Arthur Wellesley Wellington) 장군에게는 알 수 없는 전쟁이었다. …대체 워털루는 무엇인가? 위대한 공적을 남겼는가? 아니다. 워털루는 일종의 도박이었다. 유럽에게는 승리를, 프랑스에게는 패배를 가져온 도박이었다. …최고의 전쟁이 별것 아닌 장군의 승리로 끝났을 뿐이다.

빅토르 위고(Victor Hugo) 《레 미제라블(Les Miserables)》

다시 일어난 나폴레옹

사람들은 빈 궁정에서 이어지는 파티와 춤 노래들로 지중해에 유배된 나폴레옹이 지금까지 안겨주었던 공포와 불안을 씻어내려는 듯 맛좋은 술과 멸망한 제국의 영토를 나누는 기쁨에 취해 있었다.

그러나 고독한 유배생활 중에서도 전 프랑스 황제는 여전히 맹수의 발톱을 숨기며 다시 일어설 준비를 하고 있었다. 그는 묵묵히 자신의 실패를 돌아보며 날카롭게 유럽대륙의 동정을 살피면서 재기할 기회를 노리고 있었다. 1815년 초, 빈에 모인 각국 대표들은 영토문제로 서로 첨예하게 대립했고, 프랑스는 부르봉 왕가의 왕정복고가 선포되자 백성의 원성이 거세졌다. 프랑스 국민은 나폴레옹 황제 시절을 회상하며 프랑스의 전성기를 그리워했다.

다시 세력을 일으킬 준비를 마친 나폴레옹은 자신의 계획을 행동으로 옮겼다. 1815년 3월 1일, 나폴레옹은 1,050명의 호위병을 이끌고 사흘에 걸친 항해 끝에 부르봉 왕가가 바다에 풀어놓은 정찰함을 피하여 남프랑스 주앙에 상륙하는 데 성공한다. 프랑스 땅을 다시 밟은 나폴레옹은 감격하며 격앙된 어조로 말을 이었다. "장병들이여, 우리에게 실패는 없다! 항상 그대

▼ 웰링턴 장군 동상

'철의 공작'으로 불리던 웰링턴은 빅토리아 전투에서 두각을 드러낸 후 워털루 전투에서 세운 공적으로 세상에 이름을 알렸다.

들의 목소리를 들었으며, 오늘을 위해 많은 고통도 겪었다. 이제 나는 다시 그대들에게 돌아왔노라. 자, 이제 함께 싸우자! 승리도, 영광도 모두 그대들의 것이다! 독수리 깃발을 높이 들라, 부르봉 왕가를 무찌르고 우리의 자유와 행복을 되찾자!" 군인과 시민의 무리가 그의 연설에 환호하며 파리로 진군했다.

파리 진입은 너무나 순조롭게 진행되었다. 부르봉 왕가는 나폴레옹을 대적하기 위해 군대를 파견했지만 이들은 모두 나폴레옹을 따르던 자들이었다. 나폴레옹 세력을 막으라는 명을 받고 나온 부대는 도리어 옛 군주를 맞았다. 3월 12일, 나폴레옹은 어떤 희생도 없이 파리로 입성했다. 루이 14세는 위기 앞에서 꼬리를 감추고 도망쳤다. 3월 19일, 나폴레옹은 국민의 뜨거운 성원을 받으며 다시 황제의 자리에 올랐다.

제7차 대프랑스 동맹

파리에 환호성이 울려 퍼지자 빈 회의에 참석한 각국 외교사절들의 아름다운 꿈은 술잔과 함께 깨어졌다. 나폴레옹이 파리로 돌아왔다는 소식에 경악을 금치 못한 이들은 믿을 수 없는 현실 앞에서 잠시 논쟁을 멈추었다. 겨우 냉정을 되찾은 이들은 나폴레옹을 '세계 평화를 위협하는 인류의 적'으로 선포하며 더는 신성한 법률로 그를 보호하지 않겠다고 선언했다.

3월 25일, 영국, 러시아, 프로이센, 오스트리아, 이탈리아, 네덜란드, 벨기에 등이 70만 대군을 모아 제7차 대프랑스 동맹을 결성했다. 영국 웰링턴 장군이 지휘하는 군대는 북쪽에서 프랑스로 진군했고, 프로이센의 블뤼허 장군은 대포 300문을 가지고 12만 명의 군대를 지휘하며 바르샤바와 리에주(Liége) 사이에 도착했다. 오스트리아군은 라인 강 부근에서 대기하고 있었고 러시아 군대는 총과 대포를 가지고 독일을 넘어 파리로 진군했다.

나폴레옹은 20만 명 부대원들로는 부족하다는 것을 깨달았다. 그러나 그대로 주저앉을 수 없었던 나폴레옹은 자신의 부대를 신속하게 움직여서 아직 만나지 못한 연합군 부대를 하나씩 공격하기로 결정했다. 6월 16일, 리니 전투에서 나폴레옹은 프랑스 군대를 이끌고 블뤼허가 이끄는 프로이센 군대를 무찔렀다. 이 전투에서 일흔이 넘은 노장 블뤼허는 부상을 당해 말에서 떨어졌다. 프로이센군은 벨기에 중심에 위치한 브뤼셀로 후퇴했다. 빠른 속도로 첫 전투에서 승리를 거둔 나폴레옹은 연합군 세력 중 하나인 웰링턴의 군대에도 틈을 주지 않겠다고 마음먹고 공격을 시작했다. 17일, 벨기에의 워털루 지역에 도착한 나폴레옹 부대 앞에는 이베리아 반도에서 프랑스에 패배를 안겨주었던 영국 장군 웰링턴이 기다리고 있었다.

워털루에서

브뤼셀 남쪽으로 약 20킬로미터 떨어진 워털루는 유럽 어느 곳에서나 쉽게 볼 수 있는 마을이었다. 이 마을에서 남쪽으로 2.5킬로미터 정도 들어가면 깊이 3킬로미터, 너비 6킬로미터에 달하는 구릉지가 나왔다. 이토록 고요하고 조그만 마을에서 유럽 역사상 가장 중요한 전쟁이 벌어졌다. 이 전쟁으로 워털루의 이름은 역사에 길이 남아 사람들의 입에 오르내리게 되었다.

수비전술에 뛰어났던 웰링턴 장군은 미리 높은 곳에 요새를 구축해놓았다. 영국 병력은 4만 9천 명, 기병 1만 2천 명, 포병 5천여 명이었고, 대포는 156문이었다.

▲ 워털루 기념비

나폴레옹 휘하의 프랑스 부대도 치밀한 부대배치와 여러 차례 작전 검토를 거쳐 전투에 임할 만반의 준비를 갖추고 있었다. 프랑스 병력은 보병 8만 4천 명, 기병 1만 5천 명, 포병 7천 명이었으며 대포는 246문이었다.

평범한 장군의 막중한 부담

전투를 앞두고 전술에는 자신 있었던 나폴레옹에게 단 한 가지 걱정거리가 남아 있었다. 블뤼허가 이끄는 프로이센 군대를 무찔렀으나 주력 부대를 완전히 없애지는 못한 상태였기 때문이다. 만약

그 부대가 영국 군대와 연합한다면 프랑스에는 큰 위기가 아닐 수
없었다.

결국 나폴레옹은 평소 전술의 핵심인 '집중'을 버리고 이와 반대
되는 결정을 내렸다. 6월 17일 오전 11시, 그는 그루시 장군에게 3
만 4천 명의 부대를 이끌고 행방불명된 프로이센 군대를 찾은 후 영
국 군대와 연합하지 못하게 막으라고 명령했다. 나폴레옹이 영국 군
대를 공격할 때 블뤼허의 부대가 웰링턴 장군을 돕지 못하게 막기
위해서였다.

그루시 장군에게 막중한 임무가 내려졌다. 그루시는 20년 가까이
나폴레옹을 모셔온 충신이었지만, 우수한 장군은 아니었다. 항상 명
령을 따르며 성실하게 일하다 보니 어느새 지휘관의 자리까지 오르
게 된 것에 불과했다.

나폴레옹은 여러 번 고심한 끝에 이 중요한 임무를 그루시에게 맡
겼다. 라이프치히 전투 중에 수하들의 배반을 겪었던 나폴레옹은 그
루시의 충성심만큼은 믿을 만하다고 생각했던 것이다.

워털루 전투의 패배

▲ 말에서 칼을 휘두르는 블뤼허 장군

워털루 전투에서 블뤼허는 나폴레옹에게 치명적인 일격을 가했다. 한 시인은 블뤼허의 공적을 기리기 위해 시를 남기기도 했다. "바라고 싸우네. 실패를 통해 알아가고, 승리를 통해 자라가네. 그렇게 우리를 적의 손에서 구원했네"

6월 18일 오전, 다시 비가 추적추적 내렸다. 황제는 회색빛 외투를 입고 군대 앞에서 마지막 연설을 시작했다. "황제 만세!" 소리가 울려 퍼졌고, 전투에 임하기 전 병사들은 벅찬 감격에 사로잡혔으며 나폴레옹은 자신감으로 가득했다. 오전 11시, 나폴레옹이 작전 명령을 내리자 전투가 시작되었다. 프랑스가 80문의 대포로 공격을 가하자 포탄이 영국군에게 비처럼 쏟아졌다. 포탄 공격 속에서 네이 장군은 보병을 이끌고 돌격했으나 웰링턴의 완벽한 방어막을 뚫지 못했다. 오후 1시가 되자 산비탈에 병사들의 시체가 즐비했다. 프랑스가 여러 차례 공격했지만 전쟁은 제자리걸음이었다. 영국과 프랑스 모두 자국 지원군이 속히 도착하기를 바라고 있었다.

웰링턴이 블뤼허의 지원을 기다리고 있을 때, 나폴레옹은 프로이센 군대가 워털루 지역 뒤쪽에 다가왔다는 소식을 들었다. 나폴레옹은 즉각 그루시 군대의 지원을 요청했다. 당시 그루시는 워털루에서 두 시간 정도 떨어진 거리에 있었기 때문에 워털루에서 전투가 시작되었음을 이미 알고 있었다. 그루시의 부사관은 군대가 곧 워털루로 진입하여 나폴레옹과 연합하리라고 생각했다. 하지만 항상 명령을 받는 것에만 익숙했던 그루시는 프로이센 군대를 추격하라는 나폴레옹의 명령만을 기억하며 워털루로 되돌아가는 것을 주저했다. 그의 망설임은 나폴레옹의 패배로 이어졌고, 워털루 전투 이후 나폴레옹은 다시는 재기하지 못했다. 오후 5시경이 되자 프랑스가 웰링턴 부대를 향해 공격을 시작하면서 전쟁이 본격화되었다. 격렬한 육박전으로 양측의 사망자 수는 늘어갔다. 이제 막다른 길에 다다른 영국과 프랑스의 유일한 희망은 블뤼허나 그루시 둘 중 누군가가 지원군으로 속히 와주는 것이었다.

오후 6시 30분, 프랑스 군대의 오른쪽에서 갑자기 큰 총성이 터져 나왔다. 나폴레옹은 분명 그루시의 군대가 도착한 것이리라 생각하고 마음을 놓았다. 그러나 수풀 가운데서 나타난 것은 다름 아닌 프로이센 군대였다. 결국 그루시보다 블뤼허가 먼저 도착했던 것이다. 지원군과 연합한 웰링턴 부대는 즉각 반격을 명했다. 앞뒤에서 적의 공격을 받은 프랑스 군대가 완전히 무너지면서 눈 깜짝할 사이에 승패가 가려졌다. 워털루 전투에서 패배한 나폴레옹은 뿔뿔이 흩어지는 군사들과 함께 도망쳤다.

결국 나폴레옹 제국은 막을 내렸다. 그가 이루었던 눈부신 업적과 빛나는 영광도 모두 그의 죽음과 함께 역사 속으로 사라졌다. 단지 '워털루' 만이 실패의 대명사로 이름을 남겼을 뿐이었다.

허울뿐인 '신성동맹'

신성하고 나눌 수 없는 삼위일체의 이름으로! … 이 선언문은 오직 정의, 사랑, 평화만이 국정 운영과 국가 간 관계의 기준이 됨을 온 세상 앞에서 공고히 하며, 이 기준을 군주들의 사생활 및 정책 결의까지 적용함으로써 각 나라의 조직을 정비하고 제도를 공고히 하는 것 외에는 아무런 목적이 없음을 엄숙히 선언하는 바이다.

신성동맹 선언문

신의 섭리로 이루어진 신성동맹

▼ 러시아 황제 알렉산드르 1세
나폴레옹이 세인트헬레나 섬에 유배되고 나서야 유럽의 군왕들은 서로 자신의 이익을 챙길 여유가 생겼다. 그 중 가장 득의양양했던 것이 바로 러시아 황제 알렉산드르 1세였다. 그는 앞으로 유럽이 자신의 손아귀에 들어올 것으로 생각했다.

1815년 6월, 워털루 전쟁에서 참패한 나폴레옹은 대서양의 외딴 섬으로 쫓겨났다. 빈 회의에 참석한 각 나라의 왕과 귀족들은 그의 유배소식에 기쁨을 감추지 못했다. 그토록 이들을 괴롭혔던 '코르시카 괴물' 나폴레옹이 사라졌으니 이제 과거의 평온한 생활을 다시 누릴 수 있게 된 것이다.

평화로운 시국을 보내는 사이 영국, 러시아, 프로이센 왕국, 오스트리아제국은 유럽지도를 재편해놓았다. 이제는 새로운 유럽 구도를 오랫동안 유지하는 것이 중요했다. 드러내놓고 표현하지 않았지만, 회의에 참석한 국가들 모두 자국의 이익을 극대화하기 위해 고심하고 있었다.

그러나 참석자 중에서도 유독 의기양양한 모습을 보이는 자가 있었다. 바로 러시아 황제 알렉산드르 1세였다. 운명은 그의 편이었다. 광활한 국토와 매서운 눈보라는 하늘이 러시아에 내려준 선물이었다. 나폴레옹 군은 러시아의 이러한 지리적 환경에 부딪혀 패전했고, 이후 완전히 무너지고 말았다. 과거 황량한 변방국가에 불과했던 러시아가 이제는 유럽의 새로운 구세주로 떠오른 것이다. 빈 회의에 참석한 프로이센, 오스트리아, 영국에 이르는 모든 국가가 러시아에 존경과 경의를 표했고, 알렉산드르 1세는 다른 국가를 조종할 수 있을 만큼 강력한 발언권을 가졌다고 자신했다.

새롭게 재편된 유럽에서 러시아가 가장 넓은 땅을 차지한 사실은 알렉산드르 1세에게 큰 자랑거리였다. 어떤 방법을 동원해서라도 지금의 땅을 영원히 지켜내리라 다짐하면서, 알렉산드르 1세는 남몰래 나폴레옹에 버금가는 대제국을 건설하려는 욕망을 키우고 있었다.

신실한 기독교 신자였던 알렉산드르 1세는 《성경》에서 영감을 얻어 이제 막 나폴레옹의 악몽에서 벗어난 유럽을 향해 단결을 호소했다. 그는 모든 인간이 하나님의 백성이므로 형제처럼 서로 돕고 기쁨과 슬픔을 함께 나누어야 한다고 주장했다. 당시 오스트리아 황제 프란츠 요제프 1세와 프로이센 왕 프리드리히 빌헬름 3세가

▲ 프로이센 국왕 프리드리히 빌헬름 3세와 가족
프로이센 국왕 프리드리히 빌헬름 3세는 평생 기구한 운명을 보냈다. 그의 운명은 나폴레옹과 그의 적수들에 의해 좌우되었다. 그나마 '빈 회의'가 그에게 조금의 위로가 되어주었다.

러시아 황제의 제안을 수용하여 9월 26일 파리에서 〈신성동맹 (Heilige Allianz)〉을 체결했다. 기독교 교리에 근거한 이 동맹은 세 군주가 '형제'이며, 삼국은 하나님의 축복 아래 '세 부분으로 나뉜 한 가족'임을 선언했다. 이로써 삼국은 '기독교의 정의, 사랑, 평화'를 동맹국 간의 관계 및 모든 대외관계의 '유일한 기준'으로 삼았다. 신성동맹이 체결되고 2개월이 지난 후, 주변국과의 우호관계에 목말랐던 프랑스 부르봉 왕가도 신성동맹에 가입했다.

그러나 항상 '화려한 독립'을 외치던 영국은 코웃음만 쳤고, 바티칸 교황은 알렉산드르 1세가 정교회 신자라는 이유로 동맹가입을 거절했다. 게다가 국교가 이슬람교인 터키와 수단은 신성동맹에 관심도 보이지 않았다.

도리어 신을 보호했던 4국동맹

알렉산드르 1세가 자신만만하게 추진한 신성동맹은 유럽 주요 국가들을 포용하지 못하면서 그 맹점을 드러냈다. 그저 신의 이름 아래

단결하자는 구호만 외칠 뿐, 실제적인 성과를 거두지 못한 것이다.

1815년 11월 20일, 러시아, 프로이센, 오스트리아, 영국은 여러 차례 협상을 거친 후 〈4국동맹〉을 체결했다. 조약문 내용은 다음과 같다. '각국은 무력을 동원하여 빈 회의의 원칙과 규정을 보호한다. 각국은 동맹국이 공격을 받을 경우, 군대를 동원하여 지원할 의무를 가진다. 동맹국 간 정기적으로 회의를 개최하며, 상호 간 문제는 논의를 통해 해결한다.' 3년 후 프랑스도 이 동맹에 가입했다.

4국 동맹은 신성동맹에서 출발하여 이 전의 부족한 부분을 보완한 동맹이었다. 두 동맹 모두 빈 회의에서 결정된 유럽 질서를 보호하고. 회원국 간의 단결 및 평화를 유지하는 데 목적을 두었다. 그러나 처음의 아름다웠던 취지는 점차 희미해졌고, 동맹국들은 자국의 이익을 도모하는 데만 급급했다. 끊임없이 돌아가는 역사의 수레바퀴 아래에서 허술한 동맹관계는 결국 무너지고 말았다.

나폴레옹의 죽음

나폴레옹은 누구에게도 정복당하지 않았고 그 누구와도 비교할 수 없는 위대한 인물이었다. 그러나 나폴레옹은 자기 재능만을 의지해 자신에게 주어진 엄청난 무기를 탕진했고, 결국 신의 벌을 받았다. 넘치면 부족함만 못하다는 말은 그에게도 예외가 아니었다.

프랑스 장군 베르나도트

세인트헬레나 제도를 향해

세인트헬레나 섬은 넓은 대서양 가운데 흩어져 있는 조그만 화산섬 중 하나다. 1502년에는 포르투갈의 영토였으나 1659년 영국 동인도회사가 차지하면서 영국 영토가 되었다. 세인트헬레나 섬은 면적이 121제곱킬로미터에 불과해 드넓은 바다 한가운데 떨어진 물방울같았다. 섬에서 북쪽으로 1,750마일 떨어진 곳에 아프리카가 있고, 배를 타고 서쪽으로 1,800마일 정도 가면 남아메리카 대륙에 도착할 수 있었다. 영국과는 4,000마일 정도 떨어져 있었다. 이토록 고독하고 황무한 섬에서 역사의 획을 그은 위대한 인물, 나폴레옹이 죽음을 맞이했다.

1815년 6월, 워털루에서 파리로 돌아온 나폴레옹은 몸도 마음도 지친 상태였다. 그의 원대한 포부는 과거 어느 때보다도 큰 타격을 입은 상태였다. 그 무엇보다 그를 고통스럽게 한 것은 프랑스 국회의 태도였다. 3개월 전만 해도 그를 구세주로 추앙했던 국회가 워털루 전투에서 패전하자 태도가 돌변했던 것이다. 국회는 나폴레옹이 파리에 재난을 불러왔다며 그를 원망했다. 6월 22일, 지쳐버린 나폴레옹은 다시 황제의 자리에서 내려왔다. 황제의 자리에 다시 올랐던 3월 19일부터 계산하면 약 103일 정도의 시간이었다. 이 짧은 '백일천하'의 기간 동안 프랑스 제1제국은 잠시 과거의 영광을 되찾는 듯했으나 결국 모두 허사로 돌

▼ 세인트헬레나 섬의 나폴레옹

세인트헬레나 섬에서 우리는 나폴레옹의 뒷모습만 볼 수 있었다. 그가 무슨 생각을 하는지, 무엇을 보고 있는지 알 수 없었다. 영웅의 마지막 길은 그렇게 고독하고 무력하기만 했다.

▲ **전쟁터에서의 나폴레옹**

나폴레옹은 본부에서 작전 전략만 짜며 전쟁의 승패를 논하지 않았다. 그는 자신이 세운 전략을 즉각 실행하고, 직접 나서서 전쟁의 승리를 경험하고자 했다.

아갔다. 한때 위대한 영웅이었던 프랑스 황제는 영원히 그의 명성을 되찾지 못했다.

나폴레옹은 황제의 지위를 생각해 비굴하게 몰래 도망가지 않았다. 그는 고민 끝에 영국으로 망명을 요청했다. 영국의 기사도 정신이라면 적군이었던 그를 충분히 받아줄 수 있으리라 생각했다. 그러나 영국의 생각은 달랐다. 7월 31일 오전, 영국 해군 헨리 번버리 경과 플리머스 해군기지 사령관인 키이스 경이 나폴레옹에게 영국정부의 결정서를 전달했다. "영국정부는 보나파르트 장군에게 유럽평화를 해칠 기회를 주는 것은 영국과 기타 동맹국이 지고 있는 책임에 적합하지 않은 바, 반드시 그 자유를 제한하고 …"결국 나폴레옹에게 추방명령이 내려졌다. 나폴레옹은 멀리 떨어진 세인트헬레나 섬으로 추방되었다.

8월 7일, 유배 길에 오른 나폴레옹은 27명의 수행원과 함께 노섬벌랜드 호를 타고 세인트헬레나로 향했다.

인생의 마지막 시간

항해를 시작한 지 두 달하고 일주일이 지나자 세인트헬레나 섬의 음산한 절벽이 시야에 들어왔다. 나폴레옹의 시종 마르샹(Marchand)의 눈에는 그곳이 마치 무덤처럼 느껴졌다. 나폴레옹은 갑판에서 침묵을 지키며 먼 곳을 바라보다가 조용히 선상으로 돌아왔다.

손님 대접하기를 좋아하는 섬 주민들은 나폴레옹에 대한 호기심으로 가득했다. 매일 똑같은 단조로운 생활을 이어가던 그들에게 온 유럽을 뒤흔들어 놓은 프랑스 전 황제가 온다는 사실은 너무나 흥미로운 소식이었다. 섬 기슭으로 배가 정박하자 주민들이 모여들었다. 사람들은 나폴레옹의 얼굴을 한 번 보려고 날이 어두워지자 등불을 들고 나왔다. 몰려든 사람들 사이에는 유럽 백인, 아프리카에서 온 흑인 노예 심지어는 중국인과 인도인 선원들도 섞여 있었다.

나폴레옹은 처음에 들장미 저택에서 한 달 가까이 머물렀다. 나폴레옹은 사람들이 상상했던 두려운 정복자와는 거리가 멀었다. 오전에는 창가에 앉아 햇볕을 쬐면서 자신의 인생 이야기를 들려주면 수하들이 기록했다. 오후에는 이웃에 살던 발컴(Balcom)가의 두 자매가 나폴레옹과 함께했고, 밤에는 이들의 식사 초대에 참석해 새벽까지 시간을 보냈다. 이야기를 나누거나 휘스트(whist)[7] 게임을 할 때면 아이들은 천진난만하게 질문을 던졌고, 나폴레옹은 크게 웃곤 했다.

한 달 후, 나폴레옹은 롱 우드 저택으로 거처를 옮겼다. 해발 1,730피트에 있는 이곳에서는 신선한 바닷바람을 맞으며 아름다운 주변 경치를 즐길 수 있었고, 유칼립투스 수풀 사이로 1마일 반 정도 되는 경마장이 있었다. 나폴레옹은 제한된 범위 안에서는 자유롭게 다닐 수 있었기 때문에 산책과 승마도 즐길 수 있었다. 그는 대서양에서 불어오는 기분 좋은 계절풍의 느낌과 함께 푸른 초목과 파란 하늘이 어울려 한 폭의 그림처럼 아름다운 곳에서 생활했다.

영웅의 최후

그러나 유배지의 생활이 정말 그렇게 그림처럼 아름다웠을까?

---

7) 카드 게임의 하나

▶ **나폴레옹 영정**
나폴레옹의 무수한 공적이 이루어지기까지 수많은 병사의 희생이 있었다. 그토록 많은 업적을 남긴 황제도 죽음 앞에서는 고독했다. 나폴레옹의 삶이 그러했다. 세인트헬레나의 유배생활로 인생의 마지막을 보낸 나폴레옹은 조용히 죽음을 맞았다.

두 번째 유배된 나폴레옹은 죄수의 신분으로 전락했다. 이전에 엘바 섬에 유배되었을 때 그는 2,000명의 군대를 데리고 요새를 구축하며 섬을 다스리는 등 충분한 자유를 누렸었다. 하지만 이전의 전철을 밟지 않기 위해 영국 정부는 세인트헬레나 섬에 유배된 나폴레옹을 철저히 감시했다.

나폴레옹이 다시는 도주하거나 재기하지 못하도록 섬에 있는 병사 천 명 외에 2천 명 규모의 감시 군대를 추가 파견하여 밤낮으로 나폴레옹의 일거수일투족을 지켜보았다. 감시 범위는 8피트로 좁혀져 그가 경계를 넘기만 하면 무장한 병사가 달려왔다. 집 주위로 50걸음마다 하나씩 보초기지가 마련되어 밤 9시가 넘으면 보초가 세워졌다. 나중에는 해가 지기만 하면 보초가 서고 나폴레옹이 밤에 외출이라도 하면 곧바로 두 명의 병사가 따라붙었다. 또한 그에게 오는 모든 편지는 관리자의 검열을 받아야 했다.

이런 상황 가운데 나폴레옹은 자주 불같이 화를 내며 소리를 질렀다. 하지만 그래도 감시가 계속 이어지자 코르시카의 사자라고 불리던 나폴레옹의 용맹스러움도 점차 우리 속의 사자처럼 그 힘을 잃고 말았다. 그는 밖에 나가지 않고 온종일 집 안에 머물면서 자신의 인생이나 전쟁에 관한 이야기를 늘어놓거나, 아내의 초상화나 아들의 조각상을 멍하니 쳐다보며 오랜 시간을 말없이 보내기도 했다.

눅눅하고 습기 찬 날씨 때문에 세인트헬레나 섬은 더 우울하고 처량해 보였다. 나폴레옹의 얼굴도 점점 창백해지고 우울해졌다. 오랫동안 집 밖에 잘 나가지 않아서 운동도 부족했고, 심리적인 압박과 고통으로 그의 건강은 악화되었다. 그는 자주 의사에게 몸이 불편하다고 했다. 위 속에 불이 타오르는 것처럼 극심한 통증이 느껴지고 오한과 구토가 나며 식욕이 없다고 했다. 1818년, 나폴레옹은 알 수 없는 병에 걸려 건강이 더 악화되었다. 1820년, 나폴레옹은 더 이상 육류나 채소류도 먹을 수 없게 되었고 유동식으로만 식사를 대체했다.

1821년 5월 5일, 세상을 뒤집어 놓았던 프랑스 제1황제 나폴레옹은 죽음 앞에 섰다. 의식을 잃어가던 나폴레옹은 혼미한 채 잠꼬대처럼 "조제핀", "내 아들"을 불렀다. 오후 5시 49분, 나폴레옹 보나파르트는 쉰두 살의 나이로 세상을 떠났다. 5월 9일, 시체 부검이 끝난 후 나폴레옹은 생전에 가장 좋아했던 프랑스제국의 경기병 제복을 입고 4겹으로 이루어진 관에 누여 세인트헬레나 섬에 안장되었다. 19년 후, 루이 필립(Louis-Philippe)이 왕세자에게 명해서 나폴레옹의 유해를 프랑스로 다시 가져와 생 루이 데 앵발리드 교회(St. Louis' Church of Paris)에 안치했다.

▼ 생 루이 데 앵발리드 교회에 안치된 나폴레옹 관
세월의 흔적은 한 줌의 흙으로만 남았지만, 천고에 남을 이름은 역사에 기록되었다. 그의 공적과 잘못은 후대가 판단할 몫이며, 그의 명성과 업적은 세상의 이치에 비추어 판단될 것이다.

죽음 이후

워털루 전투 이후 나폴레옹은 대서양의 한 섬에 갇혀 지냈고, 유럽 전체를 뒤흔들었던 코르시카 괴물은 사람들의 기억에서 차츰 잊히고 있었다. 그러던 중 들려온 그의 사망 소식에 놀란 사람들은 유럽을 제패하며 새로운 역사를 써내려 간 인물에 대해 다시 관심을 보였다. 사람들의 관심은 나폴레옹의 재산이나 유서가 아니라 죽음의 원인을 규명하는 데 집중되었는데 맹수처럼 용맹했던 제국의 황제가 겨우 쉰둘의 나이에 갑작스럽게 죽음을 맞았다는 것에 많은 이가 의심의 눈초리를 보냈다.

　사람들은 나폴레옹이 아마도 만성중독으로 사망했을 거라고 생각했다. 실제로 영국 하웰 원자력연구원은 분석결과 나폴레옹의 머리카락에서 비소함량이 정상치보다 20배 넘게 나왔다고 밝혔다. 비소는 독성 화학물질로서 산화비소(As_2O_3)가 되면 강력한 독약인 비상으로 변한다. 그래서 나폴레옹이 살아 있을 때 누군가가 그의 음식에 독을 타왔고 그가 중독으로 사망했다고 추측하는 이들도 있다.

　그러나 이런 추측성 주장에도 의문이 제기되었다. 1804년의 나폴레옹 머리카락과 1821년의 나폴레옹 머리카락을 대조 검사한 결과 비소함량이 비슷했기 때문인데, 당시에는 비상을 사용해 머리카락을 보존하는 것이 유행이었다. 그러나 19년 후 나폴레옹의 유해를 프랑스로 이송하면서 관을 열어본 결과, 부패해야 할 시체가 전혀 손상되지 않은 채 보존된 사실이 밝혀졌다. 이는 시체에 비소가 다량 함유되었다는 증거로 제시되었다. 새로운 독살음모설이 대두하면서 의론이 분분해졌다.

　그러나 죽음의 원인이 무엇이었든지 간에 세계가 알고 역사가 인정한 위인 나폴레옹은 땅속에서 영원한 휴식을 취하게 되었다.

제 2 장

독립과 혁명

태평양의 나폴레옹

1758년에 나타났던 핼리 혜성이 76년 후에 다시 나타났다. 하와이 전 지역 주민이 혜성의 빛나는 꼬리가 하늘을 휘감는 것을 바라보았다. 하와이에서는 혜성이 나타나면 위대한 왕이 탄생한다는 전설이 전해 내려왔다. 이 전설에 의하면 뛰어난 식견과 용기를 가진 위대한 왕이 하와이의 모든 적을 무찌르고 하와이 제도를 통일하여 최고 통치자가 된다는 것이다. 역사 기록에 따르면 하와이의 위대한 정복자 카메하메하 1세(Kamehameha I)가 핼리 혜성의 출현과 함께 태어났다고 전해져 출생연도가 1758년인 것으로 추측된다.

핼리 혜성의 징조

카메하메하 국왕은 부족장 케오우아와 선왕先王인 알라파이의 딸 케쿠이아포이와의 아들로 태어났다. 핼리 혜성의 전설을 믿었던 알리파이는 강보에 싸인 외손자를 죽이려고 했으나 다행히 아기는 죽음의 위협에서 벗어나 다른 사람의 손에서 카메하메하라는 이름으로 길러졌다. 카메하메하는 하와이 말로 '고독한 자', '남겨진 자'를 뜻한다.

신비한 인물로 알려진 카메하메하가 태어난 날은 여전히 미스터리다. 기록상으로는 1819년 5월에 사망했다고 알려졌지만, 그가 묻힌 무덤의 위치는 여전히 수수께끼로 남아 있다. 여하튼 핼리 혜성의 예언처럼 카메하메하는 통일된 하와이 왕국의 초대 국왕이 된다.

▼ **카메하메하 대왕**
하와이의 강력한 군주인 카메하메하 대왕은 전쟁이 난무한 시대에 남태평양에서 뛰어난 활약상을 보였다.

쿡 선장의 영향

1778년 1월 영국의 탐험가인 제임스 쿡(James Cook) 선장은 함대를 이끌고 태평양을 건너던 중 우연히 에메랄드빛의 섬을 발견한다. 그가 '샌드위치 제도'라고 부른 이 섬이 바로 지금의 하와이다. 군도의 북쪽 해안에 상륙한 쿡 선장은 섬 주민들에게 열렬한 환영을 받았다.

쿡 선장은 섬 주민들이 문명과 동떨어진 낙후된 부락사회에서 살고 있음을 발견했다. 당시 하와이는 통일이 이루어지지 않아 섬마다 왕과 부족장이 있었고 서로 전쟁이 끊이지 않았다. 화산

폭발로 만들어진 섬 하와이에는 철광이 없었기 때문에 쿡 선장이 가져온 금속제품은 원주민들에게 인기가 많았다. 주민들은 소중한 깃털 망토와 투구를 들고 나와 서구에서는 싸구려에 불과한 철강제품들과 바꿨다.

당시 쿡 선장과 물물 교환했던 이들 중 약 스물다섯 살 정도 된 청년이 유독 다른 사람들의 눈길을 끌었다. 건장한 신체와 강인한 인상을 지닌 청년은 조상 대대로 내려온 깃털 망토를 가지고 와서 작은 단도와 맞바꾸었다. 그가 바로 그 부락 부족장의 조카이자 후에 왕위에 오르게 될 카메하메하였다.

쿡 선장은 하와이라는 새로운 지역을 세계에 알렸을 뿐 아니라 하와이 주민들에게 작은 단도부터 시작해서 서구의 새로운 발명품들을 하나씩 갖다 주었다.

하와이 제도 정복

1782년 카메하메하의 삼촌인 칼라니우푸(Kalaniʻōpuʻu)가 죽고 그의 아들 키

▲ 호놀룰루에 세워진 카메하메하 대왕 동상
아래쪽 기단을 포함한 동상의 높이는 총 10피트로, 조각가 토마스 리지웨이 굴드(Thomas Ridgeway Gould)의 작품이다. 기단의 사방으로 왕의 일생을 설명한 금속판이 새겨져 있다.

와라오(Kīwalaʻō)가 왕위를 계승하면서 카메하메하는 보좌관이 되었다. 하지만 원대한 이상을 가지고 있었던 야심 찬 젊은이 카메하메하는 키와라오 때문에 자신의 꿈이 좌절되는 것을 견디지 못했다. 1782년 7월, 그는 수하에 있는 지휘관들의 분쟁을 이용하여 키와라오의 왕권에 도전했고 승리를 거두었다. 키와라오는 모쿠오하이 전투에서 사망했고, 카메하메하는 하와이의 독재통치권을 얻으면서 조금씩 하와이 제도의 통일을 이루어갔다.

카메하메하는 쿡 선장에게서 얻은 날카로운 단도를 보고 선진무기의 위력을 실감했다. 당시 하와이에서는 여러 특산품이 새롭게 발견되었는데 그중에는 진귀한 단향목도 있었다. 다른 섬의 추장들은 이 특산품을 가지고 외부에서 도자기와 비단 등 귀한 물품을 구매했

다. 그러나 카메하메하는 다른 곳에 관심을 보였다. 그는 긴 창과 검, 그리고 기존의 무기와는 그 위력을 비교할 수조차 없는 총과 대포까지 구매한 후 이 무기들을 이용하여 제도를 정복해 나갔다. 또한 영국의 존 영(John Young)과 미국의 아이작 데이비스(Isaac Davis)를 고문으로 삼아 적극적으로 전쟁 작전 및 전술을 배웠다.

정복전쟁은 빠르게 시작되었다. 1795년에 카우아이(Kauai)와 니하우(Niihau) 섬을 제외한 다른 모든 섬은 포화 공격 앞에 백기를 들고 카메하메하를 왕으로 인정했다. 1810년, 나머지 두 섬도 협상을 거친 후 카메하메하의 통치권 아래로 들어왔다. 결국 모든 섬을 정복한 카메하메하는 하와이의 진정한 주인이 되어 하와이 왕국을 세웠다.

하와이 역사상 처음으로 제도를 평정한 왕인 그는 나라의 기반을 굳건히 다져나갔다. 유럽 열강들이 전 세계에 걸쳐 식민지를 확장하기 위해 혈안이 되어 있을 때, 카메하메하는 뛰어난 식견과 의지력을 발휘하여 국왕의 자리를 지켜냈다. 그래서 후대 사람들은 그를 '태평양의 나폴레옹' 이라고 불렀다.

산 마르틴 : 남아메리카 대륙의 독립운동가

산 마르틴은 따뜻한 손으로 어머니 품 같은 아메리카 대륙의 눈물을 닦아 주었다. 그가 아메리카 대륙에 안겨준 자유와 민주, 독립의 기쁨으로 삼백 여 년 간의 고통과 아픔이 씻겨 내려갔다! 그의 승리에 비할 자가 누구인가? 그의 위대한 공적은 사람들의 마음을 흔들어 놓았다. 이 순결하고 고상한 조국의 아들이 얼마나 자랑스러운가! 남아메리카에서 영원히 만개할 꽃과 같은 마르틴, 그대의 넘치는 용기는 영원히 사라지지 않으리!

산 마르틴 찬미시

군사 집안

1492년, 스페인의 재정지원을 받아 항해를 시작한 콜럼버스는 우연히 유럽인들에게 알려지지 않은 미지의 세계, 아메리카 대륙을 발견했다. 이때부터 신대륙의 번쩍이는 금덩어리와 재물이 수많은 몽상가를 끌어들였고, 아메리카 대륙의 미개발 지역은 스페인의 식민지로 전락하고 말았다. 아르헨티나도 그 식민지 중 하나였다.

야페유(Yapeyú)는 아르헨티나의 경치가 아름다운 작은 마을이었다. 1778년, 야페유의 부총독을 맡고 있었던 후안 데 산 마르틴은 현지에서 태어난 스페인계 백인 장교였다. 그의 부인도 마찬가지로 군사 집안에서 자란 여인이었는데 이들 부부는 슬하에 아들 셋과 딸 하나를 두었다. 후안은 아들을 모두 우수한 군인으로 훈련시켜 나중에 공훈을 세우게 할 생각이었다. 2월 25일, 후안 집안에 다섯째가 태어났다. 외모가 수려한 아들을 얻은 후안 부부는 기뻐하며 아들 이름을 후세 데 산 마르틴이라고 지었다. 당시에는 이 아기가 후일 독립운동을 일으켜 스페인의 300년 통치에서 남아메리카의 반을 독립시키리라고 아무도 상상하지 못했다.

▼ 산 마르틴 동상

산 마르틴은 남아메리카 대륙을 독립시키고 식민지 압박에서 벗어나는데 큰 공헌을 했다. 아메리카 대륙에서 자라난 그는 아메리카 대륙 위로 자유의 기치를 드높였다.

▲ 전쟁을 마친 후 함께 얼싸안는 모습
1815년 4월 5일, 마이푸(Maipú) 전투에서 승리를 거둔 후 산 마르틴과 베르나르도 오히긴스 (Bernardo O'Higgins)는 감격의 포옹을 나누며 힘들게 얻은 승리의 기쁨을 나누고 있다.

1779년 가을, 후안은 새로운 명령을 받고 가족과 함께 부에노스아이레스로 이주한다. 이곳에서 5년을 보낸 후 6년째가 되던 해에 산 마르틴의 아버지는 스페인으로 이동하게 되었다. 산 마르틴 역시 가족들과 함께 유년 시절의 추억이 담긴 아르헨티나를 떠나 배를 타고 스페인으로 떠났다.

마드리드 생활에 어느 정도 적응한 후 산 마르틴은 귀족 신학원에 입학하여 그동안 지식에 굶주렸던 것을 독서로 풀었다. 특히 계몽사상가들, 루소, 볼테르, 몽테스키외 같은 저자들의 작품과 사상이 어린 산 마르틴을 사로잡았다. 자산계급의 자유, 평등, 박애 정신에 눈을 뜬 그는 스페인이 식민지에 가하는 잔혹한 압제와 착취를 직접 목격하고 고통스러워했다.

1789년, 이제 겨우 열한 살이 된 산 마르틴은 본인의 의지와는 상관없이 학교를 떠나 그의 세 형처럼 군복을 입게 되었다. 그는 스페인의 무르시아 보병단에 배치되었고 일반 사병으로 군대생활을 시작했다. 비록 그의 마음속에는 프랑스 대혁명의 자유사상이 들끓고 있었지만, 아직 어렸던 탓에 복종을 최고의 가치로 여기는 군인의 전통을 받아들일 수밖에 없었다. 그리하여 산 마르틴은 스페인을 위해 무려 20여 년간 남북토벌에 참전했다.

전쟁을 통한 단련

산 마르틴은 전쟁 통에 여러 번 죽음의 위기를 겪으면서도 스페인 봉건왕조의 통치를 수호하기 위해 수많은 전투에 뛰어들었다. 그 중 1791년 아프리카 무어인(Moors)과의 전투와 1798년 영국군과의 전쟁, 1801년 포르투갈군과의 전투 등을 주요 전쟁으로 꼽을 수 있다.

▲ **살타(Salta) 전투 기념비**
1813년, 마누엘 벨그라노(Manuel Belgrano)의 북방군은 투크만에서 스페인군을 무찌른 후 계속해서 북쪽으로 이동했다. 1813년 2월, 살타 부근에서 다시 접전이 벌어진 후 스페인군은 참패했다. 2월 20일, 스페인 사령관 트리스탄(Tristan)이 투항하면서 3천 명이 생포되었다.

10여 년의 전쟁을 거치면서 소년이었던 산 마르틴은 건장한 청년으로 성장했고, 수많은 전쟁에서 경험을 쌓으면서 적잖은 무훈도 세웠다. 1793년, 열다섯이 된 그는 프랑스와의 전쟁에서 뛰어난 활약을 선보여 중령으로 승진했다. 그리고 1804년에는 눈부신 전과를 거두면서 대위에 올라 훈장도 받았다.

그런데 1808년, 유럽을 제패한 나폴레옹이 피레네 산을 넘어와 무력으로 스페인 황제 카를로스 4세를 퇴위시키고, 보호라는 명목하에 왕과 왕자를 모두 연금시켰다. 또한 나폴레옹의 형인 조제프 나폴레옹을 스페인의 새로운 왕으로 임명했다. 이러한 독단적인 처사에 스페인 국민은 거세게 저항했다. 곧이어 유격대가 조직되었으며 이들은 도끼와 창검 등 낙후된 무기를 들고서도 물러서지 않고 나폴레옹의 정예부대와 목숨을 건 사투를 벌였다.

이렇듯 용감하게 저항하는 국민의 모습을 보고 스페인 정규부대도 조국의 독립과 자유를 위해 목숨을 걸고 싸웠다. 그중에서도 산 마르틴은 가장 용맹스러운 활약을 펼쳤다. 1808년 6월, 그는 소수의 기마부대를 이끌고 큰 승리를 거두어 프랑스군의 코를 납작하게 하고, 스페인 국민에게 자신감을 불어넣어 주었다. 그해 7월, 바일렌(Bailén)에서 스페인과 프랑스 사이에 격전이 벌어졌다. 이 전투에서 패배한 프랑스 군대는 지휘관을 포함한 2만 3천 명이 사망하거나 포로로 끌려갔다. 산 마르틴이 부대를 이끌고 승리를 거두자 스페인 정부는 서른 살의 젊은 그를 중령으로 승급시켰다. 1811년 알부에라(Albuera)전투에서 산 마르틴은 침착하게 적군의 공격에 대응하면서 탁월한 지휘능력을 보여주었다. 이 전투 후 그는 다시 국가로부터 훈장을 받고 사군토(Sagunto)의 용기병龍騎兵 사령관으로 임명되었다.

이때 산 마르틴은 무려 20년 동안 전장에서 구르면서 쌓은 경험과 공적으로 훌륭한 장군으로서 인정받고 있었다. 그는 특히 기마병을 이용한 전투에 두각을 보였는데 남다른 견해와 작전 경험으로 많은 이들의 존경은 받았다.

삼국의 아버지

스페인 군대에서 명성과 지위를 쌓아가고 있던 산 마르틴은 1812년 갑작스럽게 스페인을 떠나 다시 대서양을 건너 아메리카 대륙 아르헨티나로 돌아간다. 사실 1808년에 산 마르틴이 이끌던 스페인 부대가 카디즈(Cadiz) 항에 주둔할 당시, 그는 우연히 아메리카 대륙에서 온 혁명가를 만난 적이 있었다. 산 마르틴은 그 혁명가들을 통해 꿈에도 그리워한 또 다른 조국의 상황을 알게 되었다. 그가 지금 목숨을 걸고 충성을 바치는 스페인 정부가 사실은 남아메리카 대륙에서 폭정을 펼쳐 사람들의 거센 저항을 불러일으켰고 이에 독립운동이 활발하게 일어나고 있었던 것이다. 이 소식을 들은 산 마르틴의 마음에는 오래전부터 꿈꿔왔던 열망이 불타올랐다. 그는 계몽사상이 가르쳐 준 자유와 민주의 씨앗을 고국 남아메리카 대륙에 심고 싶었고, 자신의 제2의 조국이 다시 일어서기를 바랐다. 1811년, 산 마르틴은 추천을 받고 영국에서 비밀리에 라틴아메리카의 독립을 도모하는 조직 '라우타로(Lautaro)'에 가입했다. 4개월 후 그는 친구의 재정지원을 받아 영국을 떠나 28년 만에 아르헨티나로 돌아왔다.

▲ 산 마르틴의 무덤

　당시 아르헨티나는 5월 혁명 이후 스페인 총독부를 대신하는 임시
정부를 수립한 상태였다. 임시정부는 산 마르틴에게 아메리카 제1
기병대 훈련임무를 맡겼다. 이 부대는 주로 남아메리카 대륙 출신의
독립애국지사들로 구성되어 있었다. 남아메리카 독립전쟁에서 일등
공신의 역할을 담당한 정예부대로 엄격한 규율과 강한 전투력을 자
랑했다.

　1813년, 남아메리카 대륙을 놓칠 수 없었던 스페인은 바다 건너까
지 군대를 파견한다. 혁명정부가 북방군 총사령관으로 임명한 산 마
르틴은 기병대를 이끌고 전투에 임했다. 산 마르틴은 총과 포탄의
공격에도 아랑곳하지 않고 맨 앞에 나서서 군대를 지휘했고, 전쟁에
패한 스페인 부대는 줄행랑을 쳤다.

　1814년, 왕권을 회복한 스페인 국왕이 독립운동을 진압하기 위해
또다시 남아메리카로 정복군을 대거 투입하면서 혁명의 불길이 다
시 거세졌다. 산 마르틴은 북방군 사령관을 자진해서 내려놓고 멘도

사(Mendoza)에서 약 5천 명으로 구성된 '안데스 군대'의 훈련을 맡았다. 1817년 1월, 전투준비를 마친 안데스 군대는 주둔지를 떠나 험준한 산길을 타고 안데스 산맥을 넘어 정복군이 주둔하던 칠레로 들어섰다. 힘겨운 전투 끝에 1818년 2월, 스페인군이 완전히 철수하면서 칠레는 남아메리카 대륙에서 두 번째 독립 국가가 되었다.

　1820년, 산 마르틴은 칠레를 기점으로 육군 4천 명과 해군 1,600여 명으로 구성된 '페루독립군'을 조직했다. 9월, 산 마르틴은 군대를 이끌고 피스코에 상륙한 후, 여러 차례 전투를 거쳐 페루에 주둔한 스페인 군대를 몰아냈다. 1821년 7월 28일은 바로 페루의 독립기념일이다. 페루에서는 라틴 아메리카를 위해 큰 공헌을 한 산 마르틴을 '페루의 보호자'라고 불렀다.

해방자 시몬 볼리바르

> 선생님은 저에게 자유와 정의, 그리고 위대한 업적과 아름다운 세상을 추구하는 정신을 심어주셨습니다.
>
> 볼리바르가 그의 스승 시몬 로드리게스(Simon Rodriguez)에게 쓴 서신 중에서

귀족의 후예

▼ 볼리바르 조각상

시몬 호세 안토니오 데 라 산티시마 트리니다드 볼리바르 이 팔라시오스 폰테 블랑코(Simón José Antonio de la Santísima Trinidad Bolívar y Palacios Ponte y Blanco), 이토록 긴 이름을 가진 그는 역사적인 인물이다. 간단히 시몬 볼리바르라고 불리는 그는 근대 라틴아메리카에서 가장 존경받는 지도자로 남아메리카 6개국의 독립을 이루는 데 큰 공헌을 했다. 베네수엘라, 페루, 콜롬비아, 에콰도르, 볼리비아와 파나마는 모두 볼리바르의 노력을 통해 몇백 년간의 식민통치에서 벗어나 자유를 얻었다. 라틴 아메리카 사람들은 그의 탁월한 공적을 기려 '해방자'라고 불렀다.

그런데 사실 그의 부모는 모두 베네수엘라에서 태어난 스페인 귀족으로 그 역시 스페인 귀족 출신이었다. 1783년 7월, 볼리바르는 베네수엘라 카라카스(Caracas)에서 태어났다. 당시 그의 아버지는 부리는 노예만 해도 약 천 명에 달할 정도로 큰 농장을 운영하고 있었다. 이밖에도 금광, 사탕수수 공장, 부동산 및 직물회사 등 집안 대대로 이

97

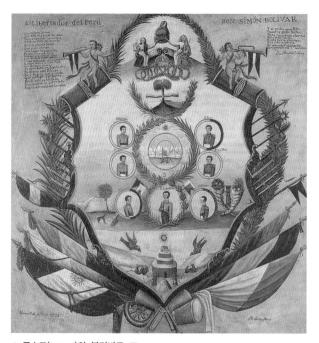

▲ 쿠스코(Cuzco)의 볼리바르 그림

그림 위쪽에는 볼리바르에 관한 시가 적혀 있다. 시인은 열정적으로 '해방자' 볼리바르를 칭송했다.

어져온 사업들이 있어 카라카스에서 그의 집안은 매우 유명했다.

그러나 볼리바르가 세 살이 되던 해에 아버지는 죽음을 맞았고, 6년 후 사랑하는 어머니도 그의 곁을 떠나고 만다. 이때부터 볼리바르와 그의 형제자매 4명은 외할아버지와 외삼촌의 손에 길러졌다.

부유한 집안 덕에 볼리바르는 어려서부터 훌륭한 교육을 받고 자랐다. 시몬 로드리게스는 그의 첫 번째 가정교사였다. 계몽사상의 영향을 받은 시몬 로드리게스는 볼리바르에게 지식뿐 아니라 자유, 인권사상을 전달하면서 귀족 소년의 인생에 없어서는 안 될 멘토가 되었다. 스승의 가르침을 받으면서 볼리바르는 차츰 스페인 귀족이자 베네수엘라에서 많은 재산을 소유한 자신도 결국 스페인 식민통치의 희생양에 불과하며, 어떠한 정치적 지위도 없는 상황에서 진정한 자유와 권리를 얻어내기 위해서는 베네수엘라를 다스리는 스페인의 식민통치를 뒤엎어야 한다는 사실을 깨닫게 되었다.

1797년 볼리바르는 황실 사관생 부대에 들어갔다. 그는 이곳에서 배운 군사지식을 바탕으로 이후 전쟁터에서 큰 활약을 펼쳤다. 2년 후, 볼리바르는 열여섯 살에 육군 소위가 되어 스페인으로 유학을 떠났다.

마침 그 시기는 프랑스 대혁명이 활발하게 진행될 때였다. 볼리바르는 혁명의 열기를 목도하고 자유와 독립이 인류에게 가져다주는 힘을 느꼈다. 1804년, 나폴레옹이 파리에서 황제대관식을 할 때, 볼리바르는 나폴레옹의 수행원으로 대관식에 참석했다. 볼리바르는 전쟁터에서 나폴레옹의 기개와 군사적 소질을 항상 존경했지만, 대관식을 본 이후 새 황제를 혐오하게 되었다. 그는 나폴레옹이 황제가 된 후 가식적인 폭군으로 전락했으며 프랑스 대혁명의 민주, 평등의 정신을 더럽혔다고 생각했다. 결국 볼리바르는 자유와 민주 정신이 그 어떤 왕관보다 소중하며 자신은 절대 나폴레옹의 전철을 밟지 않겠노라 맹세한다.

1805년, 유럽 각국을 떠돌던 볼리바르는 이탈리아의 사크로몬테(Sacromonte)에 올라 산 정상에서 크게 소리 질렀다. "내 부모님의 이름을 걸고, 그리고 나 자신의 명예를 걸고, 내 조상이 살아온 고향 땅을 걸고 맹세한다. 스페인의 압제에서 벗어나는 그날까지 나는 멈추지 않고 싸울 것이다." 1807년, 볼리바르는 미국을 지나 고향 땅인 카라카스로 돌아왔다. 베네수엘라를 해방시키겠다고 맹세한 그는 신속하게 청년 애국지사들을 모아 스페인 식민통치에서 벗어나기 위한 독립운동을 비밀리에 계획했다.

베네수엘라 제3공화국

1810년, 나폴레옹이 스페인을 점령한 소식이 대서양 너머 베네수엘라까지 전해졌다. 소식을 들은 볼리바르는 이제 봉기할 시기가 되었다고 생각했다. 카라카스 주민들은 즉각 봉기를 일으켜 베네수엘라의 스페인 총독부를 해체시켰다. 이로써 베네수엘라 제1제국이 탄생했고 볼리바르도 여러 장군과 함께 혁명을 이끌었다.

그러나 스페인 부대가 다시 일어났고, 혁명 장군인 프란시스코 미란다가 포로로 붙잡히고 만다. 볼리바르는 이에 굴하지 않고 해외에서 계속 독립운동을 이어갔다. 그리고 1813년, 베네수엘라로 돌아와 사람들에게 "우리를 노예로 부리는 자들과 결전을 벌이자!"라고 호소하며 혁명 군대를 일으켰다. 볼리바르는 이들을 이끌고 계속 스페인 통치자들과 싸워서 다시 베네수엘라 제2공화국을 수립했다. 사람들은 이때부터 볼리바르를 '해방자'라고 불렀다. 그러나 얼마 지나지 않아 제2공화국은 다시 스페인 군대의 총구 아래 해체되었고 볼리바르는 또다시 해외로 도피해 유랑생활을 하게 된다.

이때 네덜란드 식민통치에서 벗어난 아이티 대통령 페티옹(Pétion)이 그에게 도움의 손길을 내밀었다. 페티옹은 단순히 정신적인 지원에 그치지 않고 함선 7척과 대량의 무기 또한 제공해주었다. 이에 힘입어 1816년 3월, 볼리바르는 다시 베네수엘라로 돌아왔다.

지난 두 번의 실패를 교훈 삼아 승리를 거둔 볼리바르는 해방지역에 개혁을 단행했다. 그는 잔인한 노예제도를 철폐하여 흑인 노예들의 열렬한 지지를 받았고 이를 기반으로 혁명 사업을 이루어갔다.

동시에 몰수된 토지를 혁명군 장병들에게 각각 나누어 주었고, 인디언에게서 거두던 인두세人頭稅[8]를 철폐했다. 이런 개혁들을 통해 그는 혁명을 위한 굳건한 기초를 쌓게 되었고, 혁명군은 국민의 지지속에서 계속 승리를 이어갔다.

1818년 10월, 베네수엘라 제3공화국이 앙골라(Angola) 도성에 수립되었다. 베네수엘라 국민은 마침내 승리를 얻었고, 스페인의 압제에 고통 받던 시절도 막을 내렸다.

▼ 군복을 입은 볼리바르

아메리카 대륙의 워싱턴

볼리바르는 제3공화국의 승리가 영원히 이어지기 위해서는 베네수엘라만 독립하는 것으로는 부족하다고 생각했다. 반드시 라틴아메리카 전 지역에서 스페인 세력을 몰아내야 했다.

이에 1819년, 볼리바르는 2천 명의 혁명군을 이끌고 산과 강을 건너 베네수엘라와 누에바 그라나다(Nueva Granada) 사이에 있는 안데스 산맥 아래로 진입했다. 산 주변에는 스페인 군대가 주둔해 있었다. 혁명군 병사들은 생명의 위협을 무릅쓰고 천신만고 끝에 가파른 안데스 산맥을 넘어갔다. 볼리바르 부대가 무방비 상태인 스페인 군대를 급습하면서 보야카(Boyacá)에서 전투가 시작되었다. 갑작스러운 공격에 어쩔 줄 모르던 스페인 군대는 참패했고, 혁명군은 결정적인 승리를 거두었다.

볼리바르가 지휘하는 부대는 계속되는 승리에 힘입어 멈추지 않고 적을 추격했다. 마침내 보고타(Bogota)에서 악전고투한 끝에 스페인군을 몰아내면서 콜롬비아는 해방을 맞이한다. 12월, 베네수엘라와 새롭게 해방된 그라나다 지역에 콜롬비아 공화국이 수립되었고 볼리바르는 공화국 대통령으로 선출되었다. 그후, 볼리바르 부대는 베네수엘라로 돌아와 스페인의 남은 세력들을 소탕했다. 그리하여 1821년에는 베네수

---

8) 각 개인 또는 '머리 수(head)'에 부과되는 균일한 금액의 세금

엘라 전체가 완전히 해방되었다.

혁명군은 여기에서 멈추지 않고 남쪽 에콰도르로 내려갔다. 스페인 식민군은 혁명군을 보자마자 도망갔고 결국 맥없이 패배하고 말았다. 1822년, 에콰도르도 독립국이 되었다.

1822년 여름, 볼리바르와 아르헨티나 독립운동가 호세 산 마르틴이 에콰도르의 과야킬(Guayaquil)에서 비밀 회담을 가졌다. 회담 후 산 마르틴은 군사통치권을 내려놓았다. 그러나 볼리바르는 부대를 이끌고 페루로 진입하여 1823년 12월, 아야쿠초(Ayacucho) 전투에서 스페인 세력을 몰아냈다. 1824년, 페루는 독립했다. 1825년, 볼리바르는 수크레(Sucre) 부대와 함께 상±페루에서 불법점거 중인 거대한 스페인 군대에 선전포고를 했다. 힘겨운 전투 끝에 이번에도 스페인이 패배했고, 상 페루는 해방을 맞았다. 이러한 볼리바르의 공적을 기념하기 위해 상 페루에서는 그의 이름을 따서 볼리비아공화국을 세웠다.

1826년 라틴아메리카에서의 통치권을 완전히 상실한 스페인은 결국 전원 철수할 수밖에 없었다. 이로써 스페인이 300년간 이어온 라틴아메리카 식민통치가 막을 내렸다.

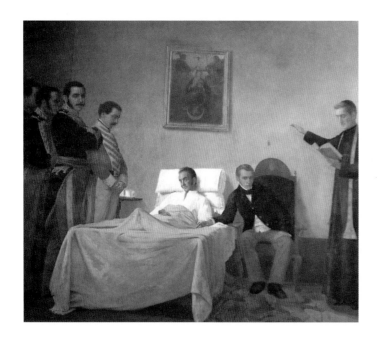

◀ **볼리바르의 죽기 전 모습**
병상에서 볼리바르는 매우 힘들어 보였다. 장군들도 그의 옆에서 함께 슬퍼했다. 임종 전에 위대한 혁명가의 평안한 죽음을 위해 목회자가 그의 참회기도를 도와주고 있다.

영웅의 말년

볼리바르는 라틴아메리카의 해방을 위해 평생을 바쳤다. 그가 참여한 크고 작은 전투만 472개에 달했다. 볼리바르는 라틴아메리카 주민의 투지를 고무시켰을 뿐 아니라 세계 식민치하의 국민에게 독립투쟁의 모범을 보여주었다. 그러나 전쟁이 끝나고 라틴아메리카 국민이 국가를 정비하면서 볼리바르의 영광도 빛을 잃기 시작했다.

1826년, 볼리바르는 파나마 회의를 개최하여 남아메리카 대륙에도 미국처럼 연방정부를 수립하자는 의견을 내놓았다. 또한 베네수엘라, 콜롬비아와 에콰도르는 이미 볼리바르를 대통령으로 세워 대콜롬비아공화국을 세운 상태였다. 그러나 안타깝게도 회의에 참가한 것은 겨우 4개국뿐이었으며 나머지 국가들은 볼리바르의 의견에 관심을 보이지 않았다. 게다가 1828년, 볼리바르에게 불만을 품은 반대세력이 그를 죽이려는 사건이 발생했다. 비록 살인계획은 실패했으나 이 사건으로 볼리바르는 크게 상심했다. 1830년, 볼리바르가 심혈을 기울여 수립한 대콜롬비아공화국이 해체되었다. 4월, 낙담한 볼리바르는 공화국의 대통령을 내려놓고 고향을 떠나 콜롬비아의 카르타헤나(Cartagena)에서 말년을 보냈다. 2월 17일, 노년의 영웅은 라틴아메리카 국민에게 이름만 남긴 채 병으로 쓸쓸히 세상을 떠났다.

1812년 전쟁

1812년은 미국 독립 후 처음으로 영국과 전쟁을 벌인 해다. 토머스 제퍼슨 (Thomas Jefferson)이 대통령직을 내려놓은 후, 민주공화당의 제임스 매디슨(James Madison, 1751~1836)이 대통령 자리에 올랐다. 그는 제퍼슨이 대영對英정책에 실패한 것을 교훈으로 삼고 외교협상을 통해 미국 해운을 보호하려 했으나 실패했다. 당시 미국은 전쟁 여론이 들끓었고, 국회 내부에서도 전쟁 지지 세력이 영국과 결판을 내야 한다고 주장하고 있었다. 결국 1812년, 매디슨 대통령이 국내 여론에 힘입어 국회에 영국선전포고를 요청하면서 미-영전쟁이 발발했다.

앙숙이었던 미국과 영국

취임한지 6주도 채 되지 않았을 때 매디슨은 국민으로부터 위대한 평화주의자라고 추앙받고 있었다. 당시 국회는 제퍼슨의 무역금지령을 취소한 상태였고 매디슨은 영국과 프랑스에 대한 〈통상정지법안〉을 제정하여 영국과 프랑스 중 누구라도 먼저 미국의 무역을 가로막는 법령을 폐지한다면 그 국가와 통상무역관계를 회복할 생각이었다. 매디슨은 서둘러 영국과 의견을 조율하였으나 그의 노력도 양국 간의 갈등을 완전히 없애지는 못했다.

▼ 매디슨 초상화
제4대 대통령 매디슨은 '미국 헌법의 아버지'로 불린다. 그의 재임 기간에 미국과 영국 간에 1812년 전쟁이 벌어졌다.

1810년 4월, 매디슨의 화해요청을 영국이 거절하자 하원의원 외교위원회 의장 나다니엘 메이컨(Nathaniei Macon)이 내놓은 〈제2호 메이컨 법안〉이 통과되고 〈통상정지법안〉이 철폐됐다. 이 법안에 따르면, 영국 및 프랑스와 무역이 회복되더라도 1811년 3월 3일까지 영국 및 프랑스가 봉쇄명령을 수정하지 않을 경우 미국은 〈통상정지법안〉을 다시 시행하기로 했다. 또한 미국은 조난자나 긴급공문서를 소지한 자를 제외한 영국과 프랑스 함대의 미국영해 진입을 금지했다.

법안이 발표되자 프랑스는 긍정적인 반

응을 보였다. 우선 나폴레옹은 이 법안을 받아들였다. 당시 존 퀸시 애덤스(John Quincy Adams)는 매디슨에게 프랑스의 결정은 '미국과 영국을 전쟁으로 몰아넣으려는 음모'라고 경고했다. 그러나 매디슨은 그의 말에 귀 기울이지 않았다. 도리어 영국 측에 만약 3개월 안에 법안을 수정하지 않으면 통상무역을 중지하겠다고 경고하기까지 했다. 그리고 영국은 매디슨의 경고를 무시하고 계속 독단적인 태도를 유지했다. 결국 1811년 2월 11일, 미국은 영국에게 통상중지를 선언했고, 양국 관계는 더욱 악화되었다.

영국의 독단적인 태도에 대해 미국의 입장은 주전파와 주화파로 나뉘었다. 주전파인 집권당 민주공화당은 외교수단과 경제적인 제재로는 영국을 움직일 수 없으며 전쟁만이 유일한 방법이라고 주장했다. 제퍼슨 전 대통령은 "기다림의 시간, 인내, 평화수호에 대한 희망은 모두 끝났다. 전쟁을 택하지 않는다면 우리에게 남는 것은 치욕적인 굴복뿐이다."라고 말했고 영국의 봉쇄정책으로 고통을 겪어 온 대다수 국민 또한 이에 찬성했다. 그들은 영국에 굴복한다면

▼ **치페와 전투**
치페와 전투의 승리를 통해 미국 군대가 단순한 부족의 군대가 아닌 용맹스러운 군사임을 드러냈다. 이 전투로 영국은 미국 군대를 새롭게 보게 되었다.

공화제를 포기하고 식민주의를 다시 수용하는 것이나 마찬가지라고 생각했다.

매파(War Hawk)라고 불리는 주전론자들은 주로 젊은 의원들이었는데 켄터키 주에서 온 헨리 클레이(Henry Clay), 테네시 주의 펠릭스 그런디(Felix Grundy), 남캐롤라이나의 존 C. 칼훈(John C. Calhoun), 뉴욕에서 온 피터 포터(Peter Porter) 등으로 구성되었다. 이들은 대외확장을 주장하며 영국에게서 캐나다를 뺏고 다른 국가와의 전쟁을 통해 플로리다까지 차지하자는 의견을 내놓았다. 먼로(Monroe) 국무장관도 이 의견을 지지하며 "이번 전쟁의 만족스러운 결과는 캐나다를 차지하는 것이다."라고 의견을 내놓았다. 점차 국회는 젊은 '매파'가 주도권을 잡았고, 따라서 영국과의 전쟁도 눈앞으로 다가왔다.

미국의 선전포고

1811년 11월, 매디슨은 제20차 국회 회의에서 육·해군의 전쟁준비 계획에 관한 공문을 발표했다. 그리고 1812년 5월 1일에는 선전포고를 담은 공문을 국회에 제출했다. 공문의 내용은 다음과 같다. "미국의 통상무역이 모든 해역에서 설 자리를 잃고 있고, 주요상품이 합법적인 시장에서 차단되고 있다. 또한 농업과 해운업이 큰 타격을 받았다. …영국정부는 미국의 중립적인 무역수단을 훼손시켰을 뿐 아니라 치명적인 폐쇄정책을 단행했다." 국회와 하원의원의 투표결과 매디슨의 공문이 통과되었고 6월 18일에 미국은 영국에 선전포고를 했다.

영국은 오랫동안 전쟁을 일으키는 대신 경제적 수단으로 미국을 제압하려 했다. 당시 영국과 프랑스는 서로 눈치를 보며 전쟁이 다시 발발하지 않게 하려고 애쓰고 있었다. 그런데 미국시장으로의 길이 막히고 원자재 공급 또한 막히게 되자 영국 국내에서 원성이 늘어갔다. 국내 금지령을 철회하라는 요청이 거세지자 영국정부는 1812년 6월 23일, 미국에 대한 각종 의회법령을 철폐했다. 그러나 이미 5일 전에 미국은 선전포고를 마친 상태였다. 당시 통신이 발달하지 않아 영국은 이 사실을 몰랐던 것이다. 그런 이유로 두 나라는 전쟁을 피할 수 없게 되었다.

당시 영국은 경제적으로나 군사적으로 모두 미국보다 우세했다.

그러나 영국의 군사력은 주로 유럽의 대프랑스 전쟁에 집중되어 있었고, 캐나다 군대는 5천 명도 되지 않았다. 이에 반해 미국 인구는 725만 명, 정규군이 7천 명에 달했으며 민간병력은 70만 명이었다. 상대적으로 강한 군사력을 보유한 미국은 전쟁이 시작되자 캐나다에 주둔한 영국군을 공격하기 시작했다.

그러나 미국은 국내세력의 지지를 받지 못했다. 연방당은 국회에서 전쟁 관련 의안에는 모두 반대표를 던지는 등 이번 전쟁을 유독 반대했다. 뉴잉글랜드의 교회는 장례식 종을 치고 국기를 조기로 달면서까지 반대 의사를 표명했다. 게다가 연방당은 캐나다로 영토를 확장하는 것뿐 아니라 미국이 인디언인 크리크 족의 영토를 탐내는 것도 반대했다. 1812년 7월 6일, 국회가 휴정되면서 해군확충에 대한 어떤 결정도 내리지 못하자 연방당의 분노는 더욱 거세졌다. '자유 무역과 선원의 권리'를 보장하기 위해 해상강국과 전쟁을 벌인다고 하면서 정작 자국의 해군실력은 제자리걸음으로 놔둔다는 것은 위선이라고 생각했기 때문이었다. 매디슨 대통령과 그의 지지 세

▼ 1807년 전후의 캐나다 퀸스톤 (Queenston) 퀸스빌리지 (Queens Village)
1812년 10월, 나이아가라 폭포 근처에 있는 이 아름다운 마을에서 벌어진 퀸스톤 전투에서 영국과 캐나다가 연합하여 미국 군대를 몰아냈다.

력은 연방당의 반대에 반감을 표하며 이들을 영국의 개요, 매국노라고 비방했다. 심지어 연방당 의원 중 일부가 생명의 위협을 받는 일도 있었다.

캐나다 공격

비록 미국은 이미 영국에 선전포고를 마쳤지만, 그렇다고 치밀한 계획을 세운 것도 아니었다. 전쟁이 시작되자 전투는 엉망이 되었다. 선전포고를 하기 몇 주 전에 육군준장으로 임명된 미시간 주 총독 윌리엄 헐(William Hull)은 오하이오 주에서 디트로이트로 이동한 후 캐나다로 향했다. 1812년 7월 12일, 캐나다를 공격하던 윌리엄 헐은 서북지역에서 발생한 소규모 충돌 때문에 위기에 처했다. 결국 7월 17일, 맥키노 섬을 지키던 미국군은 영국군에게 항복했다. 윌리엄 헐의 군대는 황급히 디트로이트로 달아났고, 디어본(Dearborn)⁹⁾을 지키던 미국 사령관이 지원부대로 달려왔다. 태쿰세(Tecumseh)가 이끌던 인디언 부족까지 영국과 연합하자 독립전쟁에서 경험을 쌓은 윌리엄 헐도 더는 어쩔 수가 없었다. 1812년 8월 16일, 퇴로까지 차단된 윌리엄 헐의 항복으로 미국의 캐나다 침공은 실패로 끝났다.

패전한 윌리엄 헐이 디트로이트로 도망가자 매디슨 대통령은 5대 호湖가 얼마나 중요한 전략적 지점인지 깨달았다. 1813년 4월, 매디슨 대통령은 올리버 페리(Oliver Perry)를 파견해 캐나다의 수도 요크¹⁰⁾를 차지하라고 명했다. 8월, 페리는 이리 호湖 전투에서 영국 부대를 생포했다. 10월, 해리슨은 모라비아(Moravia) 전투에서 영국군을 무찌르고 영국과 인디언 사이의 연합을 깨뜨렸다.

당시 영국이 유럽에서 벌어지는 전투에 힘을 쏟고 있자 이때가 기회다 싶었던 미국 해군이 해상전투에서 기량을 발휘했다. 미국은 8월 USS컨스티튜션호를 이끌고 영국의 아마존호를 침몰시켰다. 그렇게 10월과 12월 두 달간 계속해서 영국 군함을 몇 척씩 무너뜨리면서 미국은 캐나다 변경에서 벌어진 피해를 만회할 수 있었다. 그러나 해군의 승리는 사실 이 전쟁에서 큰 의미가 없었다. 1812년부터 1813년 겨울까지, 항구로 돌아온 미국 전함은 다시는 출정하지 못했다. 영국의 항구봉쇄범위가 1812년 가을 델라웨어 만과 채서피크 만

---

9) 지금의 시카고
10) 지금의 토론토

에서 1813년 봄 뉴욕과 노퍽 남쪽 항구까지 이어지더니 11월에는 롱아일랜드해협까지 확산되었던 것이다. 1814년 봄에는 뉴잉글랜드도 봉쇄됐다. 모든 출로가 막혀버린 미국 해군은 영국과의 전투에 소극적으로 맞설 수밖에 없었다.

함락된 수도 워싱턴

1814년 4월, 나폴레옹이 자리에서 물러난 후, 캐나다에 영국 군대가 주둔하면서 전쟁의 불똥이 다시 미국으로 튀었다. 영국 육군은 나이아가라와 챔플레인 호湖, 뉴올리언스에서부터 미국을 침입하여 채서피크 만까지 차지할 계획을 짰다.

1814년 6월, 영국원정군이 미국군을 견제하며 채서피크 만으로 진입했다. 로버트 로스(Robert Ross) 장군이 이끄는 영국 군대는 패턱센트 강을 따라 후퇴하는 미국군을 추격하다가 워싱턴으로 가는 길목에 다다랐다. 영국군은 어떤 공격도 받지 않고 손쉽게 워싱턴으로 진격했다. 당시 워싱턴은 전쟁 준비가 한창이었는데 매디슨 대통령이 9만 5천 명의 군인을 소집했지만 실제 모인 인원은 7천 명에 불과했다. 이 부대는 전투가 시작된 후 얼마 되지 않아 66명의 사상자가 발생하자 사방으로 도망쳤다. 로버트 로스는 해병대와 함정의 포격공격으로 몇 시간 정도 지체했지만 1814년 8월 24일, 워싱턴에 성공적으로 입성했다. 매디슨 정부는 결국 어떤 사상자도 내지 않고 조용히 해체됐다. 그럼에도 국회의사당 같은 수도의 주요 건물들은 파괴되었고 대통령 관저도 불타버렸다. 1901년 26대 대통령 시어도어 루스벨트(Theodore Roosevelt)는 전쟁 후 흰색 페인트로 복구된 대통령관저를 '백악관'으로 명명했다. 영국군은 이틀간 워싱턴을 공격하고 다음 목표인 볼티모어로 향했으나 그곳에서 강한 저항세력을 만나 9월 중순 영국장군 로버트 로스가 전사하고 만다. 그렇게 채서피크 전투는 끝났다.

뉴올리언스 전투

남쪽 지방의 뉴올리언스를 지키기 위해 앤드류 잭슨(Andrew Jackson) 장군이 군대 지휘를 맡았다. 1813년 11월에서 1814년 초까지 양측은 승부를 가리기 위해 5차례 전투를 이어갔다. 1814년 후

반기에 영국은 뉴올리언스를 차지하기 위해 전열함 6척, 쾌속전함 14척과 수십 척의 선박들로 구성된 강력한 지원부대를 조직한다.

이에 반해 앤드류 잭슨 장군은 1815년 1월, 수하에 5천 명의 병사와 포함砲艦 7척, 그리고 10문이 조금 넘는 대포를 가지고 영국과 전쟁을 벌여야 했다. 그러다 미시시피 강 남쪽 기슭에서 영국군이 존 아델(John Adel) 준장이 이끄는 켄터키 민간부대를 무찌르자 미군의 양쪽 날개 세력이 무방비 상태로 노출되어 위기에 처했다. 그러나 영국 군대를 지휘했던 파켄함 장군은 절호의 공격 기회를 버리고 군대를 세로로 정렬하여 정면승부를 벌이는 길을 택했다. 결국 잭슨의 빈틈없는 수비에 파켄함 장군을 비롯하여 병사 2천 명이 사상 및 실종되었다. 반면에 미군의 사망자는 겨우 13명, 부상자는 58명에 불과했다. 양국 군대가 대치한 지 열흘 만에 영국군이 먼저 철수하면서 뉴올리언스 전투는 미국의 승리로 막을 내렸다.

사실 '뉴올리언스 전투'는 미국과 영국 사이에 이미 겐트 조약이 맺어졌기 때문에 어떤 군사적인 의의도 없었다. 하지만 이 전쟁을 통해 미래의 미국 대통령이 탄생했고, 미국은 과거 패전의 굴욕을 씻어내며 '두 번째 독립전쟁'을 영광스럽게 마칠 수 있었다.

▼ **대 화재로 타버린 미국 대통령 관저**
1812년 전쟁 때 미국의 가장 큰 피해는 바로 영국군에 의해 불타버린 대통령 관저였다. 이 그림은 대화재 직후 미국 대통령 관저 모습으로 벽은 다 허물어져 참혹한 모습만 남았다.

▲ 〈겐트 조약〉 체결식

〈겐트 조약〉은 영국과 미국 모두 더는 전쟁을 이어갈 수 없어 체결된 것이다. 더불어 나폴레옹의 재산을 나누어 가지려는 영국의 강렬한 열망도 한몫했다. 이 기회를 틈타 미국은 전쟁의 가장 실질적인 승자가 되었다.

겐트 조약

양국 간의 협상은 전쟁의 포화가 한창일 때 이미 시작되었다. 1813년 봄, 매디슨은 알렉산드리아 1세의 제의를 받아들여 영국과의 협상을 준비했지만 거절당했다. 미국이 제시한 '해상징용'[11]이 영국 국내 문제에 속했기 때문이었다. 9월, 러시아의 중재 하에 영국은 울며 겨자 먹기로 미국과의 접촉에 동의한다. 1814년 8월이 되어서야 양국 대표는 네덜란드 겐트에서 처음으로 만남을 가졌다. 이후 전쟁은 계속되었고 협상은 아무런 성과도 거두지 못했다. 미국대표단은 계속 '징발'과 중립교역 등의 문제를 해결해야 한다는 입장을 고수했고, 영국은 미국 북부 지역에 인디언과의 완충지대를 설립하고 미국과 캐나다 경계선 수정을 요구했다. 양측 모두 한 치의 양보도 없이 대립하자 협상은 도무지 풀릴 길이 보이지 않았다. 마침내 패전을 거듭하던 영국이 양보하기로 결정했다. 당시 빈 회의에 참석한 나라 대표들이 나폴레옹의 재기에 위협을 느끼고 있었고 영국도 예외는 아니었기 때문이었다. 1814년 12월 24일, 영국과 미국은 양국의 적대 관계를 해소하고 전쟁 전 상태를 회복한다는 내용을 담은 〈겐트 조약〉을 체결했다. 한편, 미국이 요구한 문제들은 해결되지 못해 추후에 전문위원회 토론을 거치기로 결정했다.

이 전쟁의 가장 큰 성과는 바로 미국이 독립 이후 처음으로 변경 지역 문제를 해결하고 국가의 안전을 지켰다는 데 있었다. 그래서 이 전쟁은 '제2차 독립전쟁'으로 불렸다. 또한 이번 전쟁을 통해 미국의 국가주의가 한층 강화되었다. 앨버트 갤러틴(Albert Gallatin)은 이 전쟁을 이렇게 묘사했다. "전쟁은 혁명 이후 약화될 수 있는 애국심을 회복시켰다. 전쟁을 통해 국민은 …미합중국 국민으로서의 정체성을 회복하고, 생각과 행동을 같이 했다. 이를 통해 미국 연방이 영원히 견고하길 바라는 바이다."

---

11) 영국군의 미국선원 강제징발

그리스 독립전쟁

산들 사이로 보이는 마라톤(Marathon) - 마라톤은 망망한 바다의 물결을 향하고 있었다. 나는 홀로 그곳에서 잠시 사색에 잠겼다. 꿈속의 그리스는 여전히 자유롭고 즐겁다. 페르시아 무덤 위에 선 내가 노예라고는 도저히 상상할 수 없을 정도로.

조지 고든 바이런(George Gordon Byron)의
《히브리 선율》(Hebrew Melodies) 중에서

이민족 통치 하의 400년

순백색의 파르테논 신전은 지중해의 따뜻한 햇볕 아래 서 있다. 서구 문명의 근간인 그리스 문화는 파르테논 신전의 하얀 기둥처럼 고귀하고 정결했다. 이 땅에서 일어난 눈부신 문화가 뿌리가 되어 서구 문명이 탄생했다.

그러나 13세기에서 14세기까지 중앙아시아 초원에서 등장한 튀르크의 후예가 말 위에서 채찍을 휘두르며 서구 국가를 침략했다. 그들은 서아시아 지역을 점령하고 거대한 오스만제국을 세운 후 지중해까지 세력을 확장하며 섬세하고 연약한 그리스의 영혼과 영토를 무참하게 짓밟았다. 비잔티움을 함락한 오스만 튀르크 술탄은 동로마제국을 차지한 후, 그리스 제도도 하나씩 점령하기 시작했다. 400년에 이르는 튀르크의 그리스 통치가 시작된 것이다.

오스만제국에서 노예로 전락한 그리스인의 고통은 이루 말할 수 없었다. 오스만제국은 반항할 기미가 조금만 보여도 피비린내 나는 도륙과 약탈로 이들을 짓밟았다. 1430년, 무라드 2세(Murad II)는 살로니카 성의 모든 그리스인을 노예로 팔아넘겼다. 술탄이 거대한 군대를 구성하려고 그리스인에게 징병의 의무를 지우자 절망에 잠긴 그리스의 어머니 중

BYRON
1788-1824

일부는 자신의 아들이 전쟁에 끌려나가 죽지 않도록 일부러 불구로 만들기도 했다. 그러나 징병의 의무에서 벗어난다 해도 무거운 세금과 봉건의무의 압박이 숨통을 조였다. 튀르크의 봉건귀족들은 그렇게 세도를 부리며 사람들을 억눌렀다.

19세기, 유럽 자본주의가 발전하면서 새로운 제도의 서광이 그리스의 어두운 하늘에 비추었다. 당시 그리스 민족의 자본주의 경제는 튀르크의 압박 속에서도 큰 발전을 이루어 민족 자산계급이 점차 성장하고 있었다. 진보적인 자산계급의 지식인들은 서유럽의 계몽사상의 영향을 받아 자유, 평등을 갈망하기 시작했고, 그리스의 독립을 꿈꿨다. 1814년 그리스 혁명주의자들은 비밀리에 그리스 독립을 위해 '친우회(Society of Friends)'라는 비밀조직을 결성하여 그리스 민족의 독립운동에 새로운 바람을 불어넣었다.

▼ 그리스 독립 영웅 라스카리아 부불리나(Laskarina Bouboulina)
부불리나는 그리스의 유명한 여걸로서 콘스탄티노플의 감옥에서 출생했다. 그리스 독립투사였던 부모님 아래 태어나는 그녀는 그리스의 독립을 이루기 위해 어떤 어려움에도 굴하지 않다가 그리스 독립 후 발생한 내전에서 목숨을 잃었다.

희망의 빛

1821년 3월 4일, 러시아 군대에서 장군으로 복무하던 알렉산드로스 입실란티스(Alexander Ypsilantis)가 친우회의 지도자로 추대되었다. 그는 러시아에서 고국 그리스로 돌아와 루마니아의 야시에서 봉기를 일으켜 그리스 민족에게 튀르크의 통치에 맞서 싸우자고 호소했다.

야시에서 일어난 봉기의 불길은 빠르게 그리스 전역으로 퍼져 나갔다. 3월 23일, 펠로폰네소스 반도에서 혁명이 일어났다. 혁명가들은 그리스를 압박해온 튀르크 귀족 지주들을 쫓아내고 노예문서를 불살라 노예를 해방시켰다. 그리스 국민은 자유를 얻기 위해 전에 없던 용기와 힘을 다하여 용감히 싸웠다. 4월 7일, 펠로폰네소스 반도의 봉기와 동시에 스페체스 섬에서도 혁명의 불길이 솟아올랐다. 22일, 프사라(Psara) 지역에서도 혁명이 시작되었다. 28일, 이드라 섬의 봉기군이 코린토스 지역을 점령했으며 5월 7일, 아티카(Attika)지역의 봉기로 일어난 국민이 아테네로 쳐들어왔고, 그리스인의 용맹한 공격을 받은 튀르크 군대는 패배했다. 당시 그리스의 대다수 지역과 에게 해의 섬은 혁명의 불길로 가득했다.

그러나 6월이 되어 알렉산드로스 입실란티스가 이끈 군대가 드라가사니(Dragashani)에서 벌어진 튀르크와의 격전 끝에 패배하고 만다. 입실란티스는 오스트리아로 도망치다가 생포되었고, 봉기는 잠시 침체에 빠졌다. 그러나 또 다른 혁명군 지도자 콜로코트로니스(Kolokotronis)가 10월에 그리스인을 이끌고 수도 트리폴리스(tripolis)로 진격했다. 결국 튀르크 총독의 자살로 혁명은 안정을 되찾았으며 펠로폰네소스 반도의 대부분이 억압에서 벗어났다.

1822년 1월, 승리를 눈앞에 둔 혁명군은 에피다브로스에서 제1차 국민의회를 열어 그리스 독립을 선언하고 국가 대표기관인 국민 정부를 수립했다.

◀ **키오스 섬의 학살**
키오스 섬은 에게 해의 한 섬으로 튀르크 해안과 7마일 정도 떨어져 있다. 1825년, 튀르크 제국은 그리스 독립운동에 대한 앙갚음으로 이 섬에서 4만 2천 명을 학살했다.

절망의 애가

그리스를 쉽게 포기할 수 없었던 튀르크의 술탄 모하메드 2세는 군대를 파견하여 그리스의 혁명봉기를 진압하기로 결정했다. 1822년 6월, 술탄은 드라마르 마흐뭇 파샤에게 2만 3천 명의 보병과 6천 명의 기병을 맡겨 독립군 진압에 나섰다. 그리스 남부 콜로니에 상륙한 이들은 현지 군사들과 연합했다. 그러나 콜린스를 점령한 튀르크 군은 겁도 없이 펠로폰네소스 반도로 깊이 진입하는 실수를 범했고 콜로코트로니스는 이를 놓치지 않고 알베스타와 데르베나키아에 병사들을 매복시켜 놓고 적을 유인했다. 전투가 벌어지자 튀르크 정규부대는 그리스 농민 독립군의 성난 공격에 맥없이 도망쳤고 남은 군사도 전멸했다. 또한 독립군은 해상에서도 공격을 감행하여 다르다넬스 해협에 이른 튀르크 술탄에게 큰 타격을 입혔다.

그러나 상황이 유리하게 돌아갔음에도 불구하고 독립군이 '민주파'와 '친유럽파'로 분열되면서 내부 분쟁 때문에 혁명에 쏟아야 할 힘이 낭비되었다. 1824년 4월, 제2차 국민의회에서 '민주파'의 지도자 콜르코트로니스가 총사령관의 직무에서 해임된 것에 분노한 민주파는 친유럽파로 구성된 정부를 인정하지 않았다. 두 분파의 갈등 끝에 결국 민주파가 패배하면서 콜르코트로니스가 체포되고 만다. 이에 독립운동 또한 큰 타격을 입었다.

덕분에 튀르크 지도자에게 기회가 돌아왔다. 모하메드 2세는 이집트 통치자 무함마드 알리에게 크레테 섬과 키프로스를 교환조건으로 내걸고, 이집트로부터 9만 명의 군사를 지원받았다. 1825년 초, 이브라함 파샤가 이집트 대군을 이끌고 펠로폰네소스 반도 남단 기슭으로 상륙하면서 그리스 독립군은 심각한 위기를 맞았다. 1825년 4월 25일, 3만 명의 튀르크 군대가 전함 40척의 보호를 받으며 그리스 서부의 주요항구인 메솔롱기온을 포위했다. 그리스 군대가 온 힘을 기울여 수비했지만 튀르크 군대도 공격을 늦추지 않았다. 엎친 데 덮친 격으로 9월에 이브라함이 이끄는 1만 9천 명의 이집트 병사들이 지원군으로 도착하자 그리스 독립군은 벼랑 끝에 몰리고 만다. 5개월 후, 전염병까지 유행하는 바람에 더는 버텨낼 수 없었던 그리스는 1826년 4월 22일에 결국 메솔롱기온을 내주고 말았다. 성 안에 있던 만여 명의 군인이 죽음을 맞았고 1,300여 명만이 겨우 목숨을 건졌다.

이렇듯 상황이 급변하면서 독립운동도 심각한 좌절을 겪었다. 튀르크–이집트 연합군이 그리스에서 횡포를 벌여 가는 곳마다 시체가 즐비했다. 수많은 남자와 노인, 어린아이가 죽어갔다. 키오스 섬에서만 무려 4만 2천 명의 그리스인이 사망했고 4만 7천 명이 노예로 팔려갔다. 그리스 독립운동은 절망의 나락으로 떨어진 상태였다.

그러나 이 같은 튀르크의 야만적인 행동에 분노한 유럽의 여러 국가와 민족은 뜻을 모아 그리스를 지지하는 '그리스 전우위원회'를 조직했다. 또 많은 사람이 그리스 독립전쟁에 자원하여 그리스 국민과 함께 싸웠다. 익히 잘 알려진 시인 바이론도 당시 그리스 독립을 위해 생명을 바쳤다.

험난한 여정

그리스 독립군이 변화를 맞자 그리스에 대한 국제사회의 관심은 더욱 커졌다. 영국, 프랑스, 러시아와 오스트리아는 각국의 입장에 따라 다른 반응을 보였다.

오스트리아는 그리스 혁명의 불꽃이 자국에까지 번질까 두려워 튀르크 정부를 지지했다. 하지만 신성동맹의 조약과 러시아 황제가 두려워 침묵을 지킬 뿐이었다. 유럽에서 나폴레옹과 같은 권세를 누리고 싶었던 러시아 황제 알렉산드르 1세는 발칸을 오랫동안 지켜보았다. 지중해의 여러 항구를 손에 넣어 다르다넬스 해협과 보스포루스 해협 사이를 다스리는 것이 그의 오랜 꿈이었다. 또한 종교적, 민족적인 이유로 러시아 황제는 그리스의 독립을 강력하게 지지하며 이를 통해 발칸 반도가 오스만 튀르크제국의 손길에서 벗어나길 희망했다. 이러한 목적을 이루기 위해 러시아 황제는 중동 문제에 간섭하고 있던 영국과 프랑스도 함께 튀르크를 압박하길 원했다. 1827년 7월 6일, 영국, 프랑스, 러시아는 〈런던협약〉을 체결하여 튀

▲ 혁명의 축복

수많은 고통과 독립투사의 피와 땀이 모여 그리스 독립이 이루어졌다. 이러한 혁명의 결과를 축하하는 것은 그리스인에게 매우 큰 의미가 있었다. 그러나 독립 후 대외문제가 해결되지 않은 상황에서 그리스는 내부 분쟁에 휘말렸다.

르크에게 전쟁을 멈추지 않으면 '평화봉쇄' 정책을 시행하겠다고
밝혔다.

튀르크 술탄이 세 나라의 위협에 아랑곳하지 않자 튀르크에게 압
박을 가하기 위해 영국, 프랑스, 러시아는 1827년 8월 그리스 서부
의 자킨토스 남쪽 지역에 각국의 함대를 집결시켜 무력으로 위협했
다. 10월 20일, 나바리노 만에서 영국, 프랑스, 러시아 연합함대와
튀르크-이집트 연합함대가 모여 전투를 벌였다. 튀르크-이집트 연
합군은 용맹스럽게 싸웠지만 낙후된 무기를 가지고 삼국에 대항하
기는 역부족이었고, 결국 4시간 만에 수많은 사상자를 내며 패배하
고 말았다. 이로써 그리스 혁명은 희망을 되찾았다. 1828년 4월, 튀
르크 주력군이 러시아의 견제를 받는 사이 독립군이 그리스를 해방
시켰다. 1830년 4월, 튀르크는 사방에서 밀려오는 압박 속에서 어쩔
수 없이 그리스의 독립을 인정했다.

힘든 투쟁 끝에 얻어낸 그리스의 독립은 다른 국가의 독립운동에
도 큰 영향을 끼쳤다. 그리스의 투쟁정신은 유럽 각국 국민에게 깊
은 영향을 끼쳤고, 자유와 평등을 향한 신념은 1848년 유럽대혁명의
씨앗이 되었다.

브라질 독립

정복자(총독, 대신, 병사, 신부, 탐험가와 재력가)는 라틴아메리카의 봉건제도
에 대해 진지하게 고민한 적이 없었다. 그들의 관심은 오직 금광이었다.

A.B.토머스(Alfred Barnaby Thomas)《라틴아메리카 역사》

십자가의 땅에서 자라난 홍목

안데스 산맥의 미스미 산꼭대기에서 흘러나오는 작은 냇물은 남
아메리카 북쪽 지역에서 천천히 동쪽으로 흘렀고, 이렇게 수백 갈래
의 냇물이 모여 아마존 강을 형성한다. 총 6,296킬로미터로 뻗어있
는 남아메리카의 아마존 강 주변에는 세계에서 가장 큰 열대우림이
우거져 있다. 우림 속에는 각양각색의 나무들이 자라났는데 그중에
서도 홍목은 매우 진귀한 품목이었다. 홍목은 느리게 자라지만 그
재질이 튼튼해서 고급 가구, 바이올린 활의 재료로 쓰인다. 또 나무
줄기에서 보이는 수용성 붉은 액체는 물감으로도 사용된다.

그래서 포르투갈 탐험가인 페드로 카브랄(Pedro Cabral)도 이토록
진귀한 홍목을 발견하고 욕심을 부렸다. 1500년 4월 24일, 페드로
카브랄은 탐험대를 이끌고 현재의 바이아 주 해안에 나타났다. 이
불청객은 곧 포르투갈 왕실휘장인 십자가를 땅에 꽂고 포르투갈 땅
임을 선포하며 '진정한 십자가의 땅(Terra de Vera Cruz)'이라고 명
했다. 그리고 무성한 밀림에서 홍목을 발견하고는 기쁜 나머지 '브
라사(brasa)'[12]라고 이름 붙였는데 현재 브라질의 이름은 여기에서
나온 것이다.

1532년, 포르투갈 왕실은 귀족 소사(Sosa)에게 이민자 400명과 흑
인 노예를 데리고 브라질로 이주하여 식민지를 구축하라고 명령했
다. 이민자가 점차 많아지자 소사는 브라질을 14개의 '분봉 지역'으
로 나눈 후 포르투갈에서 온 귀족들에게 나눠 주었다. 그리고 새롭
게 세워진 살바도르(Salvador)가 수도로 정해지면서 300년 동안 포
르투갈의 통치가 이어졌다.

브라질의 넓은 영토는 포르투갈인에게 무한한 가능성을 열어주었

---

12) 포르투갈어로 '잉걸불'이라는 뜻

다. 그들은 멋대로 원주민을 쫓아내고 영토를 차지한 후 수많은 농장을 세웠다. 농장주는 이윤을 최대화하기 위해 원주민을 잡아 노예로 삼고 죽음에 이를 때까지 잔혹하게 혹사시켰다. 결국 과도한 노동으로 노예들이 목숨을 잃으면서 원주민 인구가 급격히 줄어들었다. 결국 노예가 부족해지자 탐욕스러운 지주들은 이제 아프리카 흑인에게로 손을 뻗쳤다. 흑인 노예를 태운 배가 아프리카와 아메리카 대륙을 오가며 활동했다. 기록에 따르면 1585년 브라질의 흑인 노예 수는 이미 1만 4천 명을 넘어섰다고 전해진다.

▼ 브라질 개척자, 페드로 카브랄
(Pedro Alvares Cabral)

1694년, 미나스 제라이스 주에서 대규모 금광이 발견되자 사람들이 금을 캐기 위해 몰려들면서 브라질 인구도 급증했다. 1763년, 브라질의 백인, 원주민, 흑인 수는 총 335만 명에 달해 종주국인 포르투갈보다 훨씬 많은 인구를 기록했다.

내면의 분노

포르투갈 식민통치자들이 눈앞의 이익을 차지하기 위해 압제와 약탈을 일삼으며 브라질 주민을 괴롭히자 고통을 견디다 못한 이들이 모이기 시작했다. 이들은 비참한 운명에서 벗어나기 위해 함께 싸우자고 의지를 다졌다. 그리하여 압제를 받는 곳에서는 저항세력이 일어났고, 포르투갈 정복자의 잔혹한 통치로 말미암아 시작된 브라질 주민의 저항은 멈추지 않고 계속되었다. 브라질의 각계각층 사람들이 모두 모여 투쟁하며 브라질 독립운동의 역사를 만들어 갔다.

그중에서도 가장 큰 피해를 당했던 브라질 원주민들이 최초로 독립투쟁을 시작했다. 그리고 이 같은 투쟁에서 문명인이라고 자칭하는 유럽세력은 부락사회의 원주민보다 더 미개하고 야만적인 모습을 보여주었다. 1554년, 포르투갈 식민지 개척자가 원주민을 정복하며 대학살을 자행하고 1만 명의 원주민을 노예로 삼아 원주민 부락 하나가 사라지기도 했다. 또한 1629년, 포르투갈 식민지 개척자들은 과이라 지역의 인디언 부족을 공격한 후 그중 건장한 인디언 3만 명을 리우데자네이루로 끌고 가 노예로 팔아넘겼다. 정복자들은 계속해서 원주민을 총칼로 위협했고, 채찍을 휘두르며 강제노동을 시켰다. 절망에 빠진 원주민은 인간의 기본적인 생존권을 사수하기 위해 계속 투쟁했다. 1558년, 원주민의 연합 봉기가 일어난 곳에서는 포르투갈 통치자들이 물러나기도 했고, 1572년의 대규모 원주민 봉기로 300여 개의 마을이 자유를 얻었다. 1686년, 브라질 동북쪽 지역에 만 오천 명의 원주민이 같은 시기에 폭동을 일으키자, 이들의 분노에 놀란 개척자들이 화친을 요청했다. 1750년에서 1756년까지 과

▲ 전함 위의 브라질 국왕 페드루 1세

반란을 진압하기 위해 온 포르투갈 장군 조르제 장군이 전함에서 페드로 1세와 만나고 있는 장면이다. 조르제는 결국 브라질에서 참패하고 투항했다.

라니족은 개척자들을 공격하며 전쟁을 일으켰고, 예수회 선교사들은 원주민의 편에 서서 함께 싸웠다. 18세기 말, 포르투갈 왕실이 전쟁의 압박을 견디지 못하고 원주민 노예제도를 금지하면서 원주민의 투쟁은 승리를 거두었다.

원주민들의 투쟁정신에 고무된 흑인 노예들도 통치자의 횡포에 맞서 끊임없이 저항운동을 벌였다. 흑인 노예의 혁명은 1630년에서 1679년까지 이어졌고, 그 결과 아프리카 사회조직의 틀을 따른 팔마레스공화국이 페르남부쿠(Pernambuco)에 세워졌다. 공화국은 약 반세기 정도 이어졌으나 아메리카 개척자들의 연합공격을 견디지 못하고 무너졌다. 그러나 흑인 노예들은 팔마레스공화국의 정신을 이어받아 어떤 어려움에도 굴하지 않고 투쟁을 이어갔다.

원주민과 흑인 노예 외에도 똑같이 차별대우와 박해를 받았던 현지 출신 백인들도 저항의 물결에 뛰어들었다. 1666년에서 1669년까

지 리우데자네이루와 헤시피의 백인들이 봉기를 일으켜 단기간 내에 정권을 빼앗았다. 1684년, 마라냥 지역에서는 귀족, 승려, 상인으로 구성된 백인들이 저항조직을 결성했다. 1710년에서 1711년까지 페르남부크 지역도 현지 백인들이 일으킨 저항의 불길에 휩싸였다.

이렇듯 잇따른 좌절과 실패 속에서도 발전을 거듭하던 저항운동은 새로운 국면을 맞이하게 된다.

브라질 국부

미국이 독립전쟁에서 승리를 거둔 후 라틴아메리카의 민족해방운동도 새로운 단계에 접어들었다. 브라질에 새로운 영웅, 찌라덴지스(Tiradentes)가 나타난 것이다. 그는 브라질 출신의 백인으로 본명은 실바 샤비에르(Joaquim José da Silva Xavier)였으나 사람들은 치과의사였던 그를 찌라덴지스(치과의사라는 뜻)라고 불렀다.

아메리카 대륙으로 계몽사상과 미국의 승리 소식이 전해지자 찌라덴지스도 포르투갈의 통치에 맞서서 브라질의 독립을 꿈꾸기 시작했다. 1787년, 리우데자네이루에서 공부하던 찌라덴지스는 영미에서 유학했던 마시엘(Maciel)의 제의를 받고 지식인, 하층 군인, 진보적인 신부들과 함께 포르투갈에 대항하기 위한 비밀조직을 만들어 혁명을 준비했다.

1789년, 미나스 금광이 바닥났음에도 포르투갈 정부는 여전히 거액의 황금세를 징수했다. 기한 내에 세금을 내지 못한 주민들은 재산을 빼앗기고 노예로 전락했다. 식민 통치자의 만행에 대한 브라질 국민의 분노가 거세지자 찌라덴지스는 혁명을 일으키기로 결정하고 다음과 같은 봉기강령을 제시했다. "식민 통치를 무너뜨리고 공화국을 건립한다. 민병대를 새롭게 구성하여 병역 의무제를 시행한다. 각종 공장을 건설하여 자유무역을 발전시킨다. …" 그러나 배신자의 밀고로 찌라덴지스와 서른 명의 동지들은 의거를 일으키기 전날 당국에 체포된다. 다른 사람들을 보호하기 위해 찌라덴지스는 모든 책임을 혼자 뒤집어썼다. 3년이 지나도 찌라덴지스가 뜻을 굽히지 않자 포르투갈 왕실은 그에게 사형을 명했다. 1792년 4월 21일, 찌라덴지스는 정의를 위해 목숨을 바쳤다. 포르투갈은 아홉 갈래로 찢긴 그의 시신을 공개하여 사람들을 위협했다.

그러나 혁명에 실패한 후 브라질 민족 해방운동은 더욱 활발하게 진행되었고, 최초로 브라질 독립 구호를 내건 찌라덴지스는 '브라질 국부'로 존경을 받았다.

그 후 1798년에는 재봉사 데우스와 병사 곤자가가 함께 '불꽃기사단'을 조직해 자유를 얻기 위한 싸움을 이어갔고 1816년에는 공제조합을 이끌던 마틴스와 리마가 함께 무장 세력을 조직하여 봉기를 일으켰다. 브라질 동북부 성에 연달아 공화국을 수립하여 포르투갈에게서 벗어나고자 했던 이들의 봉기는 실패로 끝났지만, 계속된 저항 속에 포르투갈의 통치는 나날이 위태로워졌다.

섭정왕의 독립선언

1820년, 자산계급들이 봉건 전제왕권을 강화하려는 포르투갈 국왕 페르난도 7세(Fernando VII)에게 반기를 들고 혁명을 일으켰다. 1821년, 입헌의회가 새 헌법을 승인하면서 브라질 국왕 주앙 6세가 자리에서 물러났다. 권모술수에 능했던 주앙 6세는 고국으로 돌아가기 전 아들 페드루를 브라질 섭정왕으로 세운 후 몰래 그에게 당부했다. "만약 브라질이 포르투갈의 통치에서 벗어날 것 같으면, 반드시 탐험가들보다 먼저 왕관을 차지해야 한다."

포르투갈로 돌아온 주앙 6세는 의회의 요구를 받아들여 나폴레옹

▼ 유화 〈독립 아니면 죽음〉
브라질 국왕 페드루 1세가 자신의 군대 상황을 점검하는 모습이다. 브라질은 이 섭정왕의 지휘 하에 포르투갈의 통치에서 벗어나 완전한 독립을 이루었다. 군대 앞에서 페드루 1세가 위풍당당한 모습을 보이고 있다.

과 전쟁하는 동안 허락했던 브라질 국민의 독립권을 취소하고 해당 정부기관을 철수시켰다. 그는 브라질 각 성을 포르투갈 리스본의 직속관할지역으로 배치한 후 페드루를 포르투갈로 불러들였다. 이에 분노한 리우데자네이루 주민은 왕궁 앞으로 달려가 페드루에게 입장표명을 요구했고, 페드루는 주민의 뜻에 따라 브라질 독립을 위해 힘쓰겠다고 선언했다.

1822년 1월 11일, 포르투갈 군대와 브라질 군대 사이에 격한 충돌이 일어났다. 페드루의 지휘 하에 브라질 군사들은 힘을 모아 브라질에서 포르투갈 군대를 몰아냈다.

1822년 9월 7일, 페드루는 이피랑가 강변에서 브라질의 독립을 선언했다. 10월 12일, 브라질제국이 수립되자 페드루는 브라질의 왕 페드루 1세가 되었다. 1824년에 브라질이 남은 포르투갈 세력을 모조리 몰아냈고, 어쩔 도리가 없어진 포르투갈은 1825년 8월에 브라질의 독립을 인정했다.

과야킬 회담의 비밀

에콰도르 남부에 있는 과야킬은 '태평양 해변의 진주'라고 불리며 그림 같은 풍경과 멋진 날씨로 유명하다. 그러나 세계가 그를 주목한 것은 주변 환경 때문이 아니었다. 1822년 7월 26일에서 27일까지 라틴아메리카 독립운동의 두 거장이 이곳에서 비밀리에 만남을 가졌다. 이것이 바로 역사적인 '과야킬 회담'이다.

베일에 싸인 과야킬

1810년부터 시작된 라틴아메리카의 독립운동은 1821년까지 이어졌다. 산 마르틴이 이끄는 해방군이 아르헨티나와 칠레, 리마를 독립시켰고, 7월에 페루가 산 마르틴을 '페루의 보호자'로 추대하면서 그가 페루의 완전한 독립을 이뤄낼 것이라는 기대가 커졌다. 한편, 라틴아메리카 북부에서 혁명을 이끈 볼리바르 역시 여러 국가를 독립시켰고 '대콜롬비아공화국'을 세웠다. 남북 양쪽지역의 독립운동이 함께 진행되자 라틴아메리카에서 스페인의 식민통치는 완전히 막을 내렸다.

1822년 7월 13일, 볼리바르가 먼저 과야킬에 도착했고, 26일에 산 마르틴의 배가 도착했다. 수많은 사람이 지켜보는 가운데 두 독립투사가 악수했다. 그때부터 시작된 두 사람의 회담은 약 4시간 가까이 계속되었고, 다음 날까지 이어졌다. 이틀간의 회담은 산 마르틴과 볼리바르 외에는 누구도 참석하지 않은 채 극비로 진행되어 누구도 그 내막을 아는 이가 없었다.

회담이 끝난 후 산 마르틴과 볼리바르는 말을 아꼈다. 게다가 28일 새벽 2시에 산 마르틴이 연회 장소를 조용히 떠나자 사람들의 호기심은 더욱 커졌다. 9월 22일,

▼ 영웅의 만남
과야킬에서 남아메리카의 두 영웅인 산 마르틴과 볼리바르가 만났다. 회의를 마친 후 산 마르틴은 유럽으로 돌아가버렸다. 두 사람 사이에 어떤 이야기가 오갔는지는 오직 그들만이 알뿐이다.

페루에 돌아온 산 마르틴은 국회에 '페루의 보호자'를 포기하겠다고 선언한 후 아르헨티나로 돌아갔다. 1824년, 그는 딸 메르세데스를 데리고 유럽으로 돌아간 후 다시는 라틴아메리카로 돌아오지 않았다.

산 마르틴의 은퇴 소식에 과야킬 회담에 대한 논쟁은 가열되었다. 하지만 어떤 문건도 남기지 않았고, 증인도 없었기 때문에 회담 내용을 알아낼 방법이 없었다. 지금까지도 과야킬 회담은 역사의 수수께끼로 남아 있다.

고통스러운 포기

누군가는 회담 이후 산 마르틴과 볼리바르의 상반된 표정을 바탕으로 추측하기도 했다. 엄숙한 표정에 말이 없던 산 마르틴은 실망하며 충격을 받은 듯했고, 얼굴에 미소가 만연했던 볼리바르는 승리감에 발걸음이 가벼웠다는 것이다. 상황을 미루어 짐작해 볼 때 산 마르틴이 괴로워하면서도 어쩔 수 없이 자신의 자리를 포기했을 것이라는 주장이었다.

당시 산 마르틴의 나이는 마흔넷, 군대에서 오랜 시간을 지낸 그의 건강은 심각한 상태였다. 그가 오이긴스(O' Higgins)에게 보낸 편지를 보면 이런 모습이 잘 나타난다. "자네는 어쩌면 내가 중간에 포기했다고 비난할지도 모르겠네. 자네는 늘 이치에 맞는 말만 하니까 말일세. 하지만 나도 자네만큼 생각을 안 한 것은 아니라네. 그러나 지금은 건강이 너무 심각한 상태야. 이곳의 날씨가 나를 죽음으로 몰고 있네. 결국 나는 내 젊은 시절을 다 바쳐 스페인을 위해 일했고, 내 중년 시절은 조국을 위해 바쳤네. 이제는 나를 위해 쉴 때가 된 것 같아." 사실 당시 볼리바르는 산 마르틴과 그리 차이가 나지 않는 서른아홉 살이었지만 여전히 원기 왕성했고 투지에 차 있었다.

또한 '페루의 보호자'였던 산 마르틴은 계속 군주제를 고집하며 유럽의 왕자가 나서서 페루를 통치해주기를 바라기도 했다. 그러나 그를 따르던 하층민들이 그의 생각에 반대하면서 산 마르틴의 위신도 떨어지기 시작했다. 아르헨티나와 칠레 정부는 더 이상 그를 지지하지 않았다. 그래서 페루를 완전히 해방시킨 후 스페인 정복군과의 결전을 기다리던 산 마르틴은 볼리바르에게 기대를 걸고 있었다.

그러나 공화주의자였던 볼리바르는 독립 국가, 그 중에서도 페루에 군주제를 시행하려는 산 마르틴의 주장을 받아들일 수 없었고, '대콜롬비아공화국' 의회가 비준을 거부했다는 이유로 산 마르틴을 적극적으로 지원하지 않았다. 그래서 어떤 이들은 너무도 미미한 지원에 의기소침해진 산 마르틴이 조용히 자리를 떠날 수밖에 없었던 게 아니겠느냐고 추측하기도 하였다.

숭고한 인품

반면에 다른 의견도 있다. 식민통치자들과 오랜 전쟁을 치르면서 산 마르틴의 훌륭한 인품은 이미 증명된 바 있다. 잠시 좌절을 맛보았다고 투쟁 의지를 꺾을 인물이 아니므로 그의 은퇴는 바로 고귀한 인품 때문이었을 것이라는 주장하는 이도 있다.

산 마르틴은 생전에 이렇게 말했다. "나는 결코 명예를 추구하는 것이 아니다. …나는 권력을 얻기 위해 검을 뽑지 않았다." 볼리바르에게 지원을 거절당한 산 마르틴은 실제로 '페루는 볼리바르와 나 두 사람을 동시에 받아들일 수 없다.'라고 생각했다. 토마스 귀도(Thomas Guido)의 《산 마르틴과 위대한 서사시》에서는 이를 두고 다음과 같이 분석했다. "볼리바르는 페루 독립전쟁에서 산 마르틴이 이루어낸 승리를 못마땅해했다. 최후의 승리와 남아메리카 대륙의 최고 권력을 얻기 위해 볼리바르는 대담하게도 자신의 군대와 산 마르틴의 군대를 충돌시켜 전투를 벌였다. 두 혁명군이 충돌하자 산 마르틴은 '세상에서 가장 부끄럽고 수치스러운 이름을 남기게 되었다'라고 생각했다."

그리하여 아메리카 대륙의 독립을 진심으로, 강하게 열망했던 산 마르틴은 혁명에서 손을 떼기로 했다는 것이다. '아메리카 대륙의 승리를 위해, 그들에게 양보하자!' 실제로 후일에 산 마르틴은 볼리바르에게 서신을 보냈다. "장군, 이제 당신에게 영광스러운 전쟁을 맡깁니다. 당신은 아메리카 독립의 마지막 장을 기록하게 될 거요."

그래서 숭고한 성품을 지닌 산 마르틴이 라틴아메리카의 독립을 위해 은퇴를 선택했다는 미담도 전해 내려온다.

제 3 장

변혁과 정복

먼로주의

먼로주의는 메테르니히(Metternich)와 신성동맹 국가들에게는 심각한 충격이었고, 이제 힘을 얻기 시작한 미국에게는 승리의 소식이었다. 라틴아메리카를 호시탐탐 노리는 열강으로부터 보호해줄 방침이었으므로 라틴 아메리카 국가들에게도 유리한 소식이었다.

포스터(William Z. Foster), 《아메리카 대륙 정치사》

라틴아메리카 혁명

1817년 1월, 라틴아메리카 혁명가인 호세 데 산 마르틴은 3,500명의 병사를 데리고 안데스 산을 넘은 후 차카부코에서 스페인 군대를 물리치고 칠레를 해방시켜 공화국을 수립했다. 동시에 라틴아메리카의 또 다른 혁명가인 시몬 볼리바르도 혁명의 불꽃을 오리노코 강 북쪽으로 확산시켜 베네수엘라공화국을 수립했다. 이렇게 아이티, 칠레, 베네수엘라에 세워진 신생 공화국은 모두 미국의 독립인정을 기다리고 있었다.

라틴아메리카 혁명에 대한 미국 국내의 여론은 매우 다양했다. 우선 신생국을 어떻게 처리할 지가 시급한 문제였다. 미국 국무장관 존 퀸시 애덤스는 "이들이 자유 혹은 자유주의에 입각해 정부 제도를 수립했다고 볼 수 없다. …그들의 문화와 제도에는 군대와 교회 권력의 낙인이 찍혀 있다. 또한 그들의 기본 원칙은 전부 내부 분쟁에 휘말려 있다."라고 말한 바 있다. 미국정부는 새롭게 탄생한 국가가 미국의 방어벽 역할을 해줄 수 있다는 생각에 라틴아메리카의 독립을 바랐지만 전쟁의 위험을 불사하면서까지 결정 내리려고 하지는 않았다. 미국의 5대 대통령 제임스 먼로(James Monroe, 1758~1853)는 유럽이 무리하게 간섭하지만 않으면 스페인과 라틴아메리카 사이에 벌어진 혁명 결과를 수용하겠지만, 유럽 강대국들이 라틴아메리카를 간섭하려 든다면 미국도 가만히 있지만은 않겠다고 밝혔다. 1818년, 먼로는 영국에 함께 신생국가를 인정하자고 제안했으나 영국정부는 라틴아메리카에서 오는 이익을 잃게 될까 두려워 제의를 거절했다.

미국은 플로리다 문제도 해결되지 않은 상황에서 일방적으로 신생국을 인정하고 싶지 않아 일단 결정을 유보했다. 그리고 1821년 2월, 미국과 스페인 간에 조약이 체결되어 플로리다 문제가 해결되자 다시 라틴아메리카 문제로 관심을 돌렸다. 당시 라틴아메리카는 페루, 콜롬비아, 브라질, 멕시코가 독립에 성공하여 벨리즈[13), 볼리비아, 가이아나만 독립하지 못한 상태였다.

1822년 3월 8일, 먼로 대통령은 국회에서 공문을 발표했다. 라플라타(La Plata)[14), 칠레, 페루, 콜롬비아와 멕시코 등은 '완전한 독립국'이며, 이 독립을 '빼앗기는 미래'는 없을 것이라고 선언했다. 미국은 5개국의 독립을 정식으로 인정한 후 각국과 외교 관계를 수립하였다. 이 소식을 들은 주미영국대사가 미국 국무장관 애덤스에게 물었다. "애덤스, 지금 대영제국을 무시하는 거요?" 애덤스가 답했다. "그렇소! 얼마 전에 미국과 함께 행동하자고 제의했을 때 거절한 것은 영국정부였소. 영국이 미국과 같은 길을 갈 것인지 지켜보겠소." 그 후 영국정부는 여러 차례 동요하다가 결국 라틴아메리카 국가들의 독립을 인정했다.

▼ **미국 대통령 제임스 먼로**
먼로 대통령은 미국 역사에 큰 공적을 세운 것은 아니지만 먼로주의를 통해 그 이름을 충분히 알렸다.

캐닝의 음모

1823년, 스페인을 침입한 프랑스는 이 모든 것이 스페인 왕 페르디난도 7세를 자유주의자들의 속박에서 벗어나게 하기 위함이라고 선언했다. 당시 프랑스와 스페인이 동맹을 맺고 '신성동맹'의 지지를 받아 라틴아메리카를 침략할 것이라는 소문이 돌았다. 만약 소문이 사실이라면 영국은 라틴아메리카에서의 모든 이권을 잃을 판이었다. 이에 영국 외무대신 조지 캐닝(George Canning)은 "만약 이대로 라틴아메리카가 침략당한다면 영국은 방향을 돌려 대서

---

13) 지금의 온두라스
14) 아르헨티나

▲ 영국 총리 조지 캐닝

▲ 캐닝의 생각은 사실 단순했다. 대영제국의 권한을 아메리카 대륙으로 확장시키고자 한 것이다. 그러나 안타깝게도 존 퀸시 애덤스가 그의 속셈을 꿰뚫고 있었다.

양을 장악해야 할 것이다."라고 말했지만 당장 뾰족한 해결책을 찾지 못하는 상황이었다.

이때 캐닝의 머릿속에 번뜩이는 묘책이 떠올랐다. 만약 그가 영미연합성명을 발표하여 외교적 간섭을 반대한다면, 라틴아메리카 혁명에 관여하려는 '신성동맹'의 의도도 깨뜨릴 수 있을 뿐 아니라 라틴아메리카에 대한 영국의 이익을 보호하게 되며 라틴아메리카 공화국 간의 갈등도 초래할 수 있었다. 이 목표를 실현하기 위해 1823년 8월 16일, 캐닝은 런던에 있는 미국대사 리차드 러시(Richard Rush)에게 이렇게 물었다. "영국과 미국이 함께 프랑스에 남아메리카 내정에 간섭하지 말라고 경고하는 방안에 대해 어떻게 생각하십니까?" 3일 후 러시는 미국 정부의 이름으로 만약 영국이 당장 라틴아메리카공화국의 존재를 인정한다면 미국은 이에 동참할 것이라는 의사를 전달했다.

캐닝의 제안은 매우 신속하게 미국에 전해졌다. 먼로 대통령은 제안서를 복사하여 전 대통령 재퍼슨과 매디슨에게 보내 제안을 받아들이는 것이 좋을지 의견을 물었다. 당시 여든의 노인이었던 매디슨은 이렇게 답했다. "아메리카, 북아메리카, 남아메리카는 모두 유럽과는 다른 그들만의 특징을 가지고 있네. 그러니 각 나라의 체계 역시 유럽과 다르게 수립해야 할 것이네. …유독 우리를 방해하던 한 나라[15]가 도리어 지금은 우리를 도우며 따르고 있네. …그러니, 우리도 좋은 마음으로 우정을 표현해야 하지 않겠나. 공동의 목표를 향해 함께 전쟁에 나가는 것만큼 우리의 우의를 돈독하게 해줄 만한 것은 없을 것이네." 두 대통령 모두 캐닝의 제안에 대해 긍정적으로 답했다.

애덤스의 계획

사실 미국 국무장관 존 퀸시 애덤스는 캐닝의 제안을 처음 들었을 때 매우 미심쩍게 여겼다. 애덤스는 라틴아메리카에 더는 무장간섭의 위협이 없을 것이라는 사실을 잘 알고 있었다. 또한 영국은 강력한 해군을 보유하고 있었으므로 무장간섭이 일어난다 해도 충분히 막을 수 있었다. 이런 사실을 생각해볼 때 캐닝의 제안은 의심스러울 수밖에 없었다.

▶ **먼로의 동상**
먼로주의는 먼로의 집권 시기 가운데 가장 큰 성과였다. 그가 제시한 원칙에 따라 미국은 유럽 열강이 아메리카 대륙에 간섭하는 것을 막았고, 미국은 먼로주의에 근거하여 남아메리카 대륙으로 그 세력을 확장시켰다.

1823년 11월 7일, 내각회의에서 애덤스는 자신의 의견을 밝혔다. "영국 전함의 꽁무니만 쫓아갈 바에야 차라리 러시아와 프랑스에 공개적으로 우리의 의견을 솔직하게 밝히는 것이 국가의 존엄을 지키는 일이라고 생각합니다." 애덤스는 이 문제를 유럽과 아메리카의 미래가 달린 중대한 사안으로 보고 일전에 러시아의 황제 알렉산드르 1세에게 '신성동맹'에 관해 설교를 들었던 기억을 되살렸다. 그리고 미국 정부가 당면한 네 가지 문제에 대해 생각해보았다. 첫째, 영미 협력 제안의 처리, 둘째, 유럽이 라틴아메리카를 간섭할 것이라는 소문, 셋째, 러시아 식민지 확장이 미국 이익에 미칠 영향, 넷째, 러시아 황제가 이미 라틴아메리카의 신생국가를 간섭하기 시작했다는 사실이었다. 미국 정부가 단번에 결론을 내릴 수도 있었

---

15) 영국을 가리킴

던 이러한 문제들에 대해 애덤스는 다음과 같이 밝혔다. "얼마 전 러시아 대사로부터 통지를 받았습니다. …제 생각에 이 일이야말로 미국에 주어진 적절한 기회인 것 같습니다. 이 기회에 '신성동맹'의 입장을 반대하고 영국의 제안을 거부합시다."

먼로의 교서敎書

애덤스의 제안은 당시 미국에 유리한 듯 보였지만 실제로는 그렇지 않았다. 당장 미국 내각에만 해도 캐닝의 의견에 찬성하는 세력도 있었고, 쿠바와 텍사스를 포기하지 못하는 세력도 있었다. 그리고 먼로는 이 두 의견 사이에서 흔들리고 있었다. 그는 '신성동맹'을 두려워했지만, 동시에 튀르크와의 전쟁을 통해 그리스를 돕고 국제사회에서 미국의 명성을 드높이고 싶어했다. 결국 애덤스는 미국 정부가 유럽 사안에 간섭하는 것을 강력하게 반대하면서 이틀 동안 내각회의에서 먼로 대통령을 설득한 끝에 겨우 허락을 얻게 된다.

1823년 12월 2일, 먼로 대통령은 연두교서에서 유명한 '먼로주의'를 발표했다. 먼로주의는 크게 두 가지 내용을 포함한다. 첫째, 적극성의 원칙이다. 1) 이후 유럽 열강 중 누구도 아메리카 대륙의 자주독립국을 식민지로 삼을 수 없다. 2) 동맹국(신성동맹을 가리킴)의 정치제도 …는 미합중국과 근본적으로 다르다. …우리는 열강 세력이 그들의 정치제도를 서반구 지역으로 확산하려 하는 것이 우리의 평화와 안전을 위협하는 행위라고 생각한다. 둘째, 소극성의 원칙이다. 1) 우리는 과거, 현재, 미래에도 유럽 열강의 식민지와 보호국에 간섭하지 않는다. 2) 유럽 국가 간에 전쟁이 발생했을 때 미국은 자국 정책에 근거하여 참전하지 않았다.

먼로의 교서는 발표 후 큰 반향을 불러일으켰다. 하지만 먼로의 반대파들은 이미 영국 해군의 위협적인 힘 앞에 유럽의 간섭이 사실상 멈춘 상태이므로 그의 교서가 단순한 선언에 불과하다고 여겼다. 또한 선전포고는 국회의 권한이므로 대통령의 성명만으로는 라틴아메리카의 독립을 보장할 수 없다고 생각했다. 이렇게 평가절하당했던 '먼로주의'가 뿌리내리는 데는 애덤스 국무장관의 공이 컸다. 애덤스는 민족의식에 뿌리를 두는 모범적인 외교정책을 선보였다.

러시아-튀르크전쟁

혹자는 약 14개월 전에 이미 〈파리 조약〉을 체결함으로써 동방문제가 전부 해결되었다고 한다. 그러나 콘스탄티노플의 외교활동이 중단되자 동방문제는 다시 현안으로 떠올랐다. 프랑스, 러시아, 프로이센과 사르데냐의 대사관이 이곳에서 국기를 내리고 튀르크 정부와 관계를 단절했다.

마르크스 《동방문제》

제3의 로마

9세기, 러시아 평원에 최초의 국가 키예프루스(Kiev Rus)가 세워졌을 때, 당시 군왕들은 이 나라가 넓은 토지를 기반으로 장차 세계에서 중요한 역할을 하게 되리라고는 상상조차 못했다. 높이 솟은 산은 보이지 않고 오직 시야가 탁 트인 드넓은 평원에서 자라난 이 민족은 땅에 대한 갈망이 대단했다. 그리하여 나라가 세워진 날부터 더 넓은 국토를 차지하고자 나라 밖으로 뻗어 나갔다.

1453년, 동로마제국의 수도 콘스탄티노플이 오스만 튀르크의 공격을 받고 불타올랐다. 제국의 황실은 이리저리 도망가는 사람과 시체로 가득했고, 천 년의 역사를 지닌 제국은 그렇게 한 줌의 재로 변했다. 로마로 피신한 콘스탄틴 황제의 조카 소피아 공주는 교황의 보호를 받으며 자라났다. 1472년, 소피아 공주는 정략결혼을 하기 위해 멀리 떨어진 모스크바로 떠났다. 모스크바 대공 이반 3세는 이 결혼으로 젊고 아름다운 소피아 공주를 얻었을 뿐 아니라 그녀가 가지고 온 귀중한 '비잔틴제국의 쌍두독수리 휘장'도 손에 넣었다. 이반 3세는 큰 보물을 얻은 듯 자신만만하게 자신을 '차르(Tsar)'[16]로 칭하며, 동시에 자신이 비잔틴제국의 계승자라고 선언했다. 그리고 모스크바를 '제3의, 그리고 영원한 로마'라고 부르며 비잔틴을 위해 오스만 튀르크에 복수하겠노라 굳게 맹세했다.

그 후 세월이 흐르면서 러시아도 새로운 황제들을 맞이

▼ 키오스 해전

1770년의 키오스 해전은 러시아제국과 오스만 튀르크제국 사이의 전쟁이다. 이 전쟁을 시작으로 러시아와 튀르크 양국의 결사적인 전쟁이 시작되었다.

16) 러시아 황제

133

했다. 1698년, 러시아 황제 표트르 1세가 서유럽 여행을 마치고 돌아와 대신들의 안부 인사를 받던 중 갑자기 칼을 꺼내 자신의 아름다운 수염을 잘라냈다. 이때부터 러시아 역사상 가장 중요한 첫 번째 개혁이 시작되었다. 서유럽의 열강을 목표로 삼은 표트르 1세는 정치, 경제, 전통문화 전반에 걸쳐 대담한 개혁을 단행하고자 했다. 그는 대내적으로 중앙집권을 강화하고 상공업을 발전시켰다. 대외적으로는 더 많은 영토에 욕심을 부리며 해상 영역에까지 눈을 돌렸다. 북쪽의 발트 해, 남쪽의 흑해와 지중해가 모두 그가 목표하는 지역이었다. 표트르 1세의 이 강렬한 열망은 후대 러시아 왕들에게 대대로 이어졌다.

유연족의 노예생활

5세기, 오스만 튀르크의 조상인 돌궐족은 멀리 동방지역에서 생활하며 중국 북방 소수민족 유연족의 노예로 살고 있었다. 이들은 유연족의 철을 단련하는 노예라 해서 '단노'라고 불렸다. 오랫동안 철을 만들면서 돌궐족은 건장한 신체와 더불어 무기를 만드는 기술을

▼ 플레벤 부근의 그리빗사에서의
  전투 정경

134

체득하였고 이를 기반으로 6세기에 이르러서는 노비에서 벗어나 강력한 독립 국가인 돌궐한국을 세운다. 그러나 중원에는 이미 강력한 나라가 사방으로 세력을 확장하고 있었기 때문에 돌궐족은 계속 시쪽으로 이동했다. 몽골 고원에서 중앙아시아로, 다시 서아시아로 간 돌궐족은 결국 소아시아에 이르렀다.

12세기에 돌궐족 가운데 오스만 1세가 이끌던 카유 족이 비옥한 땅 아나톨리아에 들어와 정착한 후 오스만 튀르크 왕조의 600여 년의 역사가 시작되었다. 물과 풀을 찾아 유목생활을 했던 이들은 늘 땅을 갈망해서 뛰어난 무기와 건장한 체구를 앞세워 동서를 다니며 땅을 정복했다. 우선 소아시아 주변에서부터 정복전쟁이 시작되었다. 1354년, 오르한(Orhan)이 다르다넬스 해협을 건너 발칸을 공격했고, 1453년에는 모하메드 2세가 8만 대군을 이끌고 콘스탄티노플을 공격하자 천 년 로마제국의 시대도 끝이 났다. 1517년에 이집트 맘루크(Mamluk) 왕조를 무너뜨리면서 오스만제국은 지중해 동부 지역의 가장 강력한 국가가 되었다. 1521년, 베오그라드와 헝가리도 오스만제국 아래 무릎을 꿇었다. 헝가리에 이르러 동쪽을 바라보니 러시아 영토가 어렴풋이 보이기 시작했다. 땅을 정복하고 확장하는데 둘째가라면 서러워할 러시아와 오스만 튀르크 이 두 나라의 전쟁은 그 뒤로 몇 세기 동안 이어졌다.

17세기 드네르프 강에서 아조프 해까지

17세기, 러시아제국과 오스만 튀르크는 드네르프 강가에서 우크라이나를 놓고 처음 전쟁을 벌였다. 1672년, 오스만 튀르크는 페트로 도로셴코(Petro Doroshenko)를 드네르프 강 오른쪽에 있는 우안 우르카이나의 '헤트만(Hetman)'[17]으로 키워 우크라이나를 지배하려고 했다. 그러나 우크라이나의 보호국을 자처하는 러시아제국이 이를 용납할 리 없었다. 1674년, 러시아 황제의 지지를 받은 사모이로비치(Samoylovich)가 우크라이나 총 헤트만으로 임명되었다. 이 사실을 받아들이지 못한 도로셴코와 튀르크족은 1676년에 1만 2천 명의 부대를 이끌고 사모이로비치를 공격했다. 사모이로비치는 러시아제국의 도움을 받아 연합군을 꾸린 후 드네르프 강을 무사히 건너

---

17) 군사사령관

▲ 플레벤 전투 모습

1877년, 러시아제국과 오스만 튀르크는 불가리아의 플레벤을 둘러싸고 전투를 벌였다. 이 전투를 통해 오스만 튀르크의 노예로 전락했던 불가리아는 마침내 독립하여 자유를 얻게 되었다.

키히린을 점령한 후 도로셴코를 붙잡았다. 이로써 우크라이나의 내부 분쟁은 끝났지만 배후세력의 싸움은 쉽게 끝나지 않았다. 전쟁은 4년 동안 양측 모두 더는 싸울 기력이 남지 않을 때까지 이어졌다. 1681년, 세력이 약해진 튀르크는 어쩔 수 없이 러시아와 〈바흐치사라이 조약〉을 맺어 우크라이나를 포기하고 우크라이나와 러시아의 합병을 인정했다.

1686년, 5년 전 우크라이나와의 합병에 관여했던 오스만 튀르크에게 여전히 불만을 품고 있었던 러시아제국은 튀르크를 반대하는 '신성동맹'의 힘을 빌려 두 차례 튀르크 원정을 나섰다. 러시아는 크림과 아조프 지역을 목표로 잡았지만 동맹국들에 배신당하고 러시아 북쪽에서 스웨덴과 전쟁이 발발하자 어쩔 수 없이 1700년에 튀르크와 〈콘스탄티노플 화약〉을 맺었다. 이 조약으로 러시아는 아조프 요새를 얻어 아조프 해역으로의 길을 열었다.

18세기 흑해 북쪽

18세기에 들어서서 러시아와 튀르크의 관계는 더 악화되었다. 18세기 초, 북방전쟁으로 러시아제국의 힘이 약해진 틈을 노린 튀르크가 1713년에 아조프 해를 다시 뺏어오면서 러시아 황제의 심기를 건드렸다.

1735년 러시아가 오스트리아와 동맹 조약을 체결한 후 1736년에 러시아 미니흐 지휘관이 드네프르 강에 집단군을 모아 아조프 해를 되찾고, 이어서 튀르크 군대를 공격했다. 그러나 동맹국인 오스트리

아가 튀르크의 타타르 기병대에게 연패하면서 전세가 불리하게 돌아갔다. 오스트리아가 어쩔 수 없이 퇴각하자 이번에는 스웨덴이 다시 러시아 북방지역을 위협하기 시작했다. 1739년, 러시아와 튀르크가 〈베오그라드 화약〉을 맺으며 전쟁이 끝났고, 아조프 해는 결국 러시아에 돌아갔다.

1768년, 튀르크는 러시아의 폴란드 침략을 반대한다는 이유로 프랑스와 오스트리아의 지지를 받으며 러시아에 선전포고 했다. 이에 여제 예카테리나는 폴란드를 얻어 더욱 강해진 러시아의 세력을 자신하며 전쟁에 응했다. 이 전쟁에서 러시아 역사상 가장 유명한 원수, 표트르 루체프 자두나이스키(Pyotr Rumyantsev-Zadunaisky)가 등장했는데 그가 지휘한 러시아 군대는 육군과 해군이 힘을 합쳐 새로운 형식의 분산형 전술을 이용하여 승리를 거두었다. 1774년, 전쟁에 패한 튀르크와 정전 협약을 맺은 러시아는 두 해협의 통행권을 획득했다.

그러나 1787년, 계속된 실패를 견디지 못한 튀르크가 크림지역과 그루지야 문제로 러시아를 도발하면서 그간 정비해온 20만 대군을 앞세워 결전을 치르게 된다. 그러나 이 전쟁은 튀르크 군대의 약점만 보여주었을 뿐이었다. 포화가 빗발치는 전쟁터에서 용맹하고 지략이 뛰어난 러시아의 원수 수보로프(Suvorov, Aleksandr Vasilievich)의 활약은 더욱 빛을 발했고 결국 전쟁은 러시아의 승리로 끝났다. 1791년 〈야시 조약〉을 맺으며 러시아는 크림과 그루지야의 통치권을 차지했고 흑해 북안지역을 모두 러시아가 차지하게 되었다.

19세기 흑해 동서지역

상황은 계속 불리하게 돌아갔으나 튀르크는 현실을 인정할 수 없었다. 그러던 중 1806년, 프랑스 황제가 된 나폴레옹이 러시아와의 전쟁을 준비하면서 꾀를 내어 튀르크가 먼저 러시아와 전쟁을 벌이도록 유도한다. 러시아와 튀르크 사이에 전쟁이 벌어지면 프랑스는 어부지리로 이득을 챙길 수 있기 때문이었다. 결국 튀르크는 국토를 재정비하는 데 급급한 나머지 점점 힘을 잃어가는 자국의 사정을 뒤로하고 러시아제국에 다시 선전포고를 보냈다. 러시아는 짧은 시간 안에 미헬슨 장군이 이끄는 몰다비아(Moldavia) 집단군을 조직하여 연승을 거두었다. 12월 말, 중동지역을 노리던 영국과 러시아가 동맹을 맺자 튀르크는 전쟁터에서 더욱 힘을 잃었다. 그러나 이 동맹은 해체되었고 싸움에 지친 양측은 평화 조약을 맺었지만 안타깝게도 2년 후 불안했던 평화는 다시 깨어지고 말았다. 그 틈을 타 나폴레옹이 강하게 공격해오자 러시아는 이에 맞서기 위해 많은 군대를 서쪽으로 배치했고, 이에 전쟁의 부담이 덜어진 튀르크가 계속 승리를 거두었다. 그러나 오스만 튀르크의 술탄이 득의양양하고 있는 사이, 러시아의 '외눈 장군' 쿠투조프가 지휘권을 넘겨받았다. 그리고 1811년 7월과 12월, 슬로보지아 전투와 루스 전투에서 튀르크는 쿠투조프 장군에게 완패하고 만다. 그 후 쿠투조프의 뛰어난 외교 활약 덕분에 튀르크와 러시아 사이에 〈부카레스트 조약〉이 체결되었다. 이 전쟁으로 러시아는 발칸의 베사라비아와 남코카서스 지역의 대부분을 차지했다.

1821년, 그리스에서 튀르크의 압제에 저항하는 독립전쟁이 발생했으나 튀르크는 잔인한 진압으로 그리스의 독립을 가로막으려 했다. 러시아는 이 기회를 놓치지 않고 영국, 프랑스와 함께 반대동맹을 결성한 후 튀르크가 그리스 통치를 포기하도록 함께 압박하면서 군사를 동원하여 튀르크와 이집트 연합군을 공격했다. 1829년, 승리를 거듭하던 러시아 군대가 이스탄불에 이르자 보스포루스 해협과 다르다넬스 해협이 봉쇄되었다. 사방에 적군으로 둘러싸인 튀르크는 어쩔 수 없이 〈아드리아노플 화약〉을 체결했다. 전쟁이 끝난 후 도나우 강 유역과 흑해 동안지역의 대다수 영토가 러시아의 수중으로 들어갔다.

러시아와 튀르크의 전쟁은 그 후에도 계속되었다. 반세기 후에 발발한 크림전쟁에서 튀르크는 러시아와 전쟁을 벌인지 3세기 만에 처음이자 마지막으로 승리를 거둔다. 그러나 그 후 1877년에 발발한 러시아-튀르크전쟁에서 러시아가 다시 승리하면서 베사라비아가 넘어갔다. 이에 튀르크가 쇠퇴와 몰락의 길을 걸으면서 러시아의 국토는 그 어느 때보다도 넓어졌다. 남으로 흑해, 서쪽으로는 프루스 강, 동쪽으로는 코카서스 산맥까지 이어지는 대제국은 오스만 튀르크제국의 멸망 속에서 더욱 밝게 빛났다.

영국 의회의 개혁

대의정치 민주제도는 영국에서 시작된 것으로 현대 사회의 민주주의를 잘 나타내고 있다. 영국 의회의 시작과 발전의 역사를 살펴보면 의회는 국가의 상황에 따라 발전하는 것으로 새로운 의원들이 국가권력에 동참하는 중요한 수단이자 형식이었음을 알 수 있다.

〈영국대헌장〉과 의회

최초의 의회모형은 국왕 앞에서 열린 회의로 국왕, 대법관, 귀족들이 함께 회의에 참석하여 국사를 논했다. 1215년, 여러 차례의 전쟁으로 많은 영토를 잃은 불쌍한 '실지失地왕 존'은 더 많은 전쟁비용을 얻기 위해 영국 국민이 신성하게 여기는 습관법을 무시하고 협의도 없이 독단적으로 세금을 부과했다. 이에 분노한 봉건귀족과 성직자, 기사와 시민의 압박을 받은 왕은 결국 〈대헌장〉에 서명해야 했고 왕권은 많은 제약을 받게 되었다. 그 후, 영국의 권력층들이 〈대헌장〉에 근거하여 왕권과 대등한 권력을 휘둘렀다.

▼ 〈영국대헌장〉 원본

그러나 대헌장은 주로 국왕의 세금징수 권리에만 제한을 둘 수 있었다. 사실 영국 왕의 특권은 매우 다양했다. 가령 1258년, 헨리 3세가 자신의 아들을 너무나 사랑한 나머지 시칠리아 섬의 왕위를 선사해주고 싶은 마음에 전쟁을 일으킨 적이 있었다. 그는 귀족들에게 소득의 삼 분의 일을 군비로 충당하라고 요구했는데 이에 분노한 귀족들이 국왕의 무리한 요구에 거세게 반발하며 옥스퍼드 조례를 통과시켰다. 조례규정에 따르면, '의회'는 정치계에 처음 나온 표현으로 15명의 귀족으로 구성된 회의기관이며, 국왕의 모든 결정은 반드시 의회의 승인을 얻어야 했다.

1265년, 시몽 드 몽프르(Simon de Montfort)가 왕이 일으킨 내전에서 헨리 3세를 포로로 붙잡은 후 섭정이라는 명목으로 왕권을 행사했다. 그가 소집한 백작 5명과 남작 17명이 주요구성원이 되어 '대의회'를 구성했는데 국가권력 대행기구인 이 대의회가 탄생하면서 대의 정치가 시작되었다. 또한 소수의 기사와 낮은 계급의 성직자 및 부유한 시민도 대의회에 가입할 수 있었다. 이들은 대의회를 통해 처음으로 국가권력을 누리는 기쁨을 맛보았다.

1295년, 국왕 '긴 다리 에드워드(Edward Longshanks)'는 '모범의회'를 열어 기사와 시민대표도 국가업무를 함께 토론할 수 있도록 권리를 보장해주었다. 의회는 귀족들로 구성된 상원과 상대적으로 낮은 계급의 대표로 구성되는 하원으로 나누어지면서 형식적으로는 점차 모양새를 갖추어 갔다.

그리고 이후 300여 년 동안 의회를 통해 세금이 결정되고 법률이 반포되었다. 그러나 국왕의 권력이 조금씩 의회로 넘어가면서 절대 군주제도를 추구하는 국왕과 의회 사이에 충돌이 발생했다.

〈권리장전〉과 의회

17세기 중엽, 영국 상공업이 발전하면서 하원에 들어온 신흥 자산계급에서 강력한 반왕권 세력이 형성되었다. 1640년, 스튜어트 왕조의 찰스 1세와 의회 사이에 협의가 결렬되면서 발생한 내전은 봉건 왕조의 실패로 끝났다. 그러나 이미 각성한 민중을 두려워한 신흥귀족과 자산계급은 1688년 네덜란드 국왕 윌리엄과 여왕 메리를 공동 왕으로 추대하는 '명예혁명'을 일으켰다. 그리하여 1689년, 〈권리장전〉을 통해 의회가 왕권보다 우선한다는 원칙이 법률로 확정되면서 영국의 의회제도가 구성되었다.

그러나 대의제 민주주의가 적용되는 범위가 넓다고 해도 전반적인 사회 발전 수준보다 훨씬 뒤처져 있었다. 신흥 자산계급이 겨우 통치자 계급으로 분류되기는 했지만, 상하원 모든 의원이 귀족출신이었기 때문에 여전히 귀족들이 국가권력을 차지하고 있었다. 그래서 귀족들 마음대로 선거권의 재산 자격에 제한을 두고 선거구를 나누며 의원 수를 할당했다. 귀족들은 의회진입 특권을 보장받기 위해 아무리 인구가 적고 협소한 지역이라고 해도 의원 좌석을 여러 개 배정하여 귀족들만을 배려하는 '포켓 선거구'를 시행했다. 어떤 선거구는 너무 많은 변화를 겪다 보니 사람도 살지 않는 '쇠퇴한 선거구'가 되기도 했다. 하지만 정권을 잡은 귀족들은 자기 이익만을 챙기기 위해 사람을 동원하여 자신들이 필요로 하는 의원을 뽑게 했다.

18세기 중후반에 영국에서 처음으로 산업혁명이 일어나면서 자본주의 경제가 급속도로 발전하기 시작했다. 새롭게 일어난 산업도시

▲ **영국 총리 로버트 필(Sir Robert Peel)**

영국 19세기의 뛰어난 인물 중 하나였던 로버트 필은 훌륭한 연설가이기도 했다. 그는 영국 총리를 두 번 역임하였으며 보수당을 만들었다.

의 공장 굴뚝에는 연기가 솟아났고 기계 소리가 울려 퍼졌다. 새로운 기회를 잡기 위해 사람들이 도시와 공장으로 몰려들었고, 이전에는 사람도 없고 쓸쓸했던 지역이 변하기 시작했다. 영국은 곧 세계의 공장이 되었다. 밤낮의 구별 없이 돌아가는 기계들은 상품을 대량으로 생산했고, 새로운 자본가도 탄생했다. 이러한 '벼락부자'들은 많은 돈을 가지고 경제를 마음대로 주물렀지만 귀족들이 꼭 붙잡고 있는 정치권력에까지 손을 뻗치지는 못했다. 그래서 자본가들은 돈만큼이나 번쩍이는 정치권력을 차지하기 위해 적극적으로 의회개혁 운동에 참여했다.

1763년 4월, 런던 거부의 아들이자 하원의원인 존 윌크스(John Wilkes)는 부패한 의회선거제도를 공격하는 글을 발표했다. 유명한 정치평론가 토마스 본은 《인권론》을 통해 불합리한 선거제도의 개혁을 부르짖었다. 1830년 초, 은행가였던 토머스 애트우드(Thomas Attwood)는 버밍엄 정치동맹을 조직하여 귀족들은 하원에서 특권을 누리면서 공업과 상업에 종사하는 이들을 배제했다는 점을 강력하게 비판했다. 자산계급의 활발한 활동에 고무된 많은 노동자와 시민도 투쟁에 참여하기 위해 시위와 집회로 모였고, 노동 계급 연맹을 수립하여 더욱 급진적으로 보통 선거권을 요구했다.

1832년의 개혁

웰링턴 내각과 그레이 내각이 모두 의회개혁 문제로 붕괴한 상황에서 개혁을 촉구하는 민중투쟁의 목소리는 영국의 주요 정당 토리당(보수당)과 휘그당(자유당)에게 큰 부담으로 다가왔다. 몇 번의 회의와 반복된 검토 끝에 1832년 의회 개혁방안이 상원과 하원에서 통과되었고, 영국 왕 윌리엄 4세의 비준을 얻어 완성되었다.

이번 개혁은 크게 두 가지 내용을 담고 있다. 첫째, 의회 좌석을 새롭게 배치하며 선거구를 재조정한다. 하원의원의 좌석은 군 의원 인구수 188명에서 253석으로 증가시키고, 시 대표는 465석에서 399석

으로 감소시킨다. 특히 '인구가 2천 명이 안 되는 56
개의 소도시는 하원 의석에서 제외되며, 2천 명에서
4천 명 사이에 달하는 31개 도시에는 한 좌석만 배정
된다.'라는 규정이 제정됨에 따라 143개의 쇠퇴한 선
거구 및 포켓 선거구의 의석은 제외되거나 줄어들었
다. 또한 40개의 신흥지역과 산업도시가 선거구에 포
함되면서 신흥 자산계급에게 의회로 가는 길을 열어
주었다. 둘째, 선거권의 재산자격 제한을 조정했다.
'도시 선거구의 유권자는 1인당 매년 최소 집세 10파
운드를 낼 수 있어야 한다. 시골 선거구의 유권자는
1인당 매년 최소 토지세 10프랑을 내야 하며 임대계
약은 60년이다.' 1831년과 비교해 볼 때, 유권자 수
는 51만 명에서 81만 명으로 증가했으며 사실상 거의
모든 중산계급이 선거권을 획득하게 되었다.

▲ 영국 〈권리장전〉 표지

이렇듯 영국의 의회선거제도가 평화로운 방식으로
발전해가면서 귀족 보수세력은 약해졌다. 자산계급
은 총과 칼 없이, 피 한 방울 흘리지 않고 토지귀족과 금융과두제로
이루어진 정책결정 체제에 참여하게 되었다.

그러나 이번 권력투쟁으로 국민이 받은 혜택은 별로 없었다. 10파
운드는 일반 영국시민에게 여전히 큰돈이었고, 노동자, 소작인, 여
성은 정치에서 배제되었다. 선거 자격의 변화는 신분차별에서 빈부
차이의 차별로 바뀌었을 뿐, 하층계급은 여전히 차별대우를 받으며
생활해야 했다.

계속된 개혁

1832년 이루어진 첫 번째 개혁을 통해 사회는 한 걸음 더 발전했
고, 사람들은 평화로운 투쟁을 통해서도 승리의 기쁨을 누릴 수 있
음을 깨달았다. 그리고 1836년, 영국 노동자 계급이 자신의 정치권
을 보장받기 위해 '국민헌장'이라는 청원서를 국회에 제출했다. 그
들은 십몇 년간 투쟁을 벌였지만 권력을 장악한 의회는 최종적으로
노동자 계급의 요구를 거절했다. 그러나 계속해서 압박이 밀려오자
선거제도를 조금씩 수정하여 국민의 마음을 달래려고 했다.

1867년 7월 15일, 영국 역사상 두 번째 의회 개혁방안이 통과되었

▲ 〈선거법〉 초안
권리장전 지지자협회 지도자인 존 혼 투크(John Horne Tooke)와 작가 존 그린(John Glynn), 정치가 존 월크스(John Wilkes)가 함께 〈선거법〉을 살피고 있다.

다. 개혁내용은 1차 개혁의 연장선상에 있었다. 첫째, 선거구를 합리적으로 조정했다. 46개의 '쇠퇴한 선거구'를 철폐하고 신흥도시 선거구로 대체했다. 52개의 빈 의석은 맨체스터, 버밍엄 등 대도시와 랭커셔, 요크 등의 지역에 할당되었다. 둘째, 재산자격 제한을 더 낮추었다. '도시에서 단독 주택을 소유한 자(주택의 가치와 무관함)와 매년 집세를 10파운드 이상 내는 세입자, 선거구 내 1년 이상 거주한 자는 모두 선거권을 행사할 수 있다. 각 군에서 매년 토지세를 12파운드 이상 내는 소작인과 매년 소득이 5파운드 이상인 토지소유자는 선거권을 가진다.' 이로써 소자산계급과 고위층 노동자가 모두 선거권을 갖게 되었다.

그 후 의회개혁을 통해 점차 민주주의가 발전해 나갔다. 1884년, 3차 의회개혁에서는 기존 내용에 덧붙여 선거구를 더욱 자세하게 나누었고, 유권자 자격 조건을 낮추었다. 1918년에 의회 개혁이 이루어진 후 성인여성도 선거권을 얻게 되었다. 1928년이 되자 보통선거권의 범위가 성인 전체로 확대되었다.

프랑스 7월 혁명

파리 사람들이여, 가장 용맹스러운 용사인 여러분은 이전에 영광스러운 프랑스 혁명을 일으킨 후 계속해서 그 발걸음을 이어갔다. 그리고 이제 여러분은 든든한 혁명의 성과를 거두었다. …어제는 지난 40년 가운데 가장 아름다운 날이었다. 다른 어떤 민족의 역사에서도 이런 날은 찾아볼 수 없을 것이다. 오늘 위대한 민족의 선봉에 선 여러분이야말로 가장 진취적이고 용맹스러운 자들이다. …끝까지 싸우자! 반드시 승리할 것이다. …

프랑스 7월 혁명 선언문(1830년 7월 29일)

1814년 헌장

라이프치히 전투로 프랑스 제1제국은 붕괴 위기에 처했다. 나폴레옹 황제가 믿었던 외무장관 탈레랑(Talleyrand)도 대 프랑스 동맹의 편에 섰다. 1814년 5월 3일, 외무장관의 계획 하에 루이 18세는 20년간의 유랑생활을 마치고 파리로 돌아온 후 '정통주의 원칙'에 따라 부르봉 왕가를 회복했다.

그러나 20년 동안 많은 변화를 겪은 프랑스에서는 이미 새로운 전통이 생겨난 상태였다. 한동안 고통스러운 시간을 보냈던 루이 18세는 더는 갈등을 빚고 싶지 않았기 때문에 새로운 변화와 체제를 받아들이고 과거 '정통 왕조'와는 다른 현실을 인정했다. 6월 4일, 루이 18세는 총 7장 74개 항으로 이루어진 '헌장'이라고 불린 새 헌법을 제정했다. 이것이 바로 역사에서 말하는 〈1814년 헌장〉이다. 〈헌장〉은 자유와 평등을 보장하고 재산 불가침 원칙을 규정했다. 이에 따라 대혁명 이후 재산과 개인 지위가 달라진 경우 반드시 승인을 받아야 했

▼ **루이 필리프의 황궁 입성**
루이 필리프는 프랑스의 마지막 황제다. 7월 혁명으로 그가 왕좌에 오르면서 프랑스의 7월 왕정 시대가 시작되었다.

▲ 유화 〈민중을 이끄는 자유의 여신(Liberty Leading the People)〉

이 작품은 페르디낭 들라크루아(Ferdinand-Eugène-Victor Delacroix)의 낭만주의 작품 중 하나로, 1830년의 혁명을 보여준다. 화가는 자유로운 화풍과 열정으로 프랑스 1830년 7월 혁명의 격동적인 모습을 재현함으로써 당시 노동자, 소자산계급과 지식인이 함께 혁명에 참여한 것을 칭송했다.

다. 또한 프랑스를 입헌군주제 국가로 규정하고, 상원과 하원으로 구성되는 의회는 법률 개정과 예산심사 등의 권리를 가졌다. 선거와 피선거권은 재산에 따라 엄격한 제한을 두었으며 사법권의 독립이 보장되었고, 대법관의 임기는 종신제로 정해졌다.

이렇듯 법의 형태로 이루어진 헌장을 통해 혁명의 성과가 일목요연하게 정리되었다. 대혁명의 자유평등 사상이 인정되었을 뿐 아니라, 의회의 의정 참여권이 보장되었고, '민법전과 본 〈헌장〉과 대립하지 않는 현행 법률은 유효하다.' 라는 규정에 따라 대혁명으로 얻어진 법적 성과가 자리를 잡았다. 이후 〈1814년 헌장〉은 의회가 자산계급의 이익을 보호할 방법이자 왕권을 향한 투쟁의 무기가 되었다.

그러나 〈헌장〉에서는 국왕 지상주의도 규정하여 국왕에게 많은 국가권력을 부여했다. 왕은 정권政權, 군권軍權을 비롯하여 관리 임명권을 행사할 수 있었고, 법률 반포 및 의회의 입법과정에 참여할 권리도 가지고 있었다. 심지어는 유사시에 의회를 해산시킬 수도 있었다.

부르봉 왕가를 회복한 국왕은 〈헌장〉이 부여한 왕권을 바탕으로 '신성불가침한 왕권'을 꿈꾸며 과거 부르봉 왕가의 '정통' 통치를 부활시키고자 노력했다.

샤를 10세

'합법적인 백색테러'를 자행하고 신성불가침의 세습왕권을 회복하려다 '유일한 의회'와 갈등을 빚었던 루이 18세가 1824년에 그 생을 마감했다. 그리고 예순일곱 살의 아르투아(Artois) 백작이 왕위에 올라 샤를 10세가 되었다. 그는 형 루이 18세가 못다 이룬 꿈을 이루기 위해 반혁명 정책을 시행하고 지주들이 토지를 되찾을 수 있도록 힘을 쏟았다. 그는 "장작을 패는 생활로 전락한다 해도 절대 영국 국왕처럼 통치하지는 않겠다."라고 굳게 맹세했다.

1825년 4월 27일, 샤를 10세는 군주파와 결탁하여 대혁명 중 도망간 귀족의 재산을 배상해주는 〈망명자 배상 10억 프랑 법령〉을 통과시키면서 공개적으로 〈1814년 헌장〉원칙을 위배했다. 그 후 샤를 10세는 가톨릭 보호 조례를 발표하고, 출판법을 개정하여 엄격한 검열을 시행함으로써 언론의 자유를 제약했다. 뿐만 아니라 그에게 저항한 하원을 해산시키고, 자신의 수족들을 새 의원으로 임명했다. 이에 국왕의 압박정치를 주시하던 자산계급들이 의회를 중심으로 샤를 10세와 격렬하게 부딪치면서 프랑스 정치는 심각한 위기에 빠졌다.

프랑스의 불행은 이뿐만이 아니었다. 1825년, 영국에서 발생한 경제위기가 프랑스에 영향을 끼치면서 금융계가 타격을 받았고, 산업생산도 위축되었다. 뿐만 아니라 1826년에서 1829년까지 이어진 농업위기로 프랑스는 감자, 곡물 생산량이 급격히 줄어들어 국민의 생활은 더욱 힘들어졌다. 이런 상황임에도 세금은 전혀 줄어들지 않아 국민의 불만은 더욱 커져만 갔다. 이렇게 각종 위기가 몰려오면서 프랑스의 상황은 더욱 불안해졌다.

7월 칙령

의회가 거세게 저항해오자 분노한 샤를 10세 프랑스 사회의 심각한 위기 따위는 아랑곳하지 않고 계속 강압 정치를 이어갔다. 더는 참을 수 없었던 의회가 반격을 시작했고 1830년 3월 18일, 국왕에게 상정할 결의문을 작성한다. 이 결의문은 의회에서 221표를 얻고 통과되어 〈221인의 결의문〉으로 불리게 되었는데 특히 '왕정국가에서 정부의 관점은 반드시 국민의 희망에 부응해야 하며 〈헌장〉에서도 공공업무를 위해 이를 필요조건으로 규정하고 있다.'라고 강력하게 주장했다.

샤를 10세는 분노를 참지 못하고 의회를 해산시켰다. 그러나 선거를 통해 다시 구성된 의회에서도 여전히 반대파가 대다수였다. 결과에 불만을 품은 국왕은 정치적인 생명을 걸고 모험을 단행했다. 7월

25일, 왕궁은 잇따라 네 가지 칙령을 전달했다. 첫째, 출판의 자유를 억제한다. 신문과 20장 이하의 출판물은 반드시 사전 허가를 받아야 한다. 둘째, 새로 치른 선거는 무효이며 새 의회도 해산한다. 셋째, 새로운 선거법을 시행하여 세금을 가장 많이 내는 지역 유권자들이 하원의 4분의 1을 선출한다. 선거 자격은 납세액을 기준으로 계산하며, 토지세와 그 외의 재산세 등을 포함한다. 영업세와 창문세 (Window Tax)[18]는 포함되지 않는다. 넷째, 9월 6일부터 13일까지 선거구 지역의 유권자들을 소집하고 9월 28일에 상하원 회의를 개최한다. 이것이 바로 역사에 기록된 〈7월 칙령〉이다. 샤를 10세는 이를 통해 반대파를 압박하고, 왕권을 강화하려 했다. 그러나 선거권을 상실한 대다수의 중산계급이 불만을 품으면서 갈등의 골은 더욱 깊어져만 갔다.

영광의 사흘

혁명이 일어나기 전, 왕에게 일말의 희망을 품었던 자산계급은 합법적인 수단으로 투쟁하기를 원했다. 7월 26일, 파리 시청에서 회의를 개최한 상공업자들은 왕에 대한 항의 표시로 다음날부터 파업을 결정했다. 《르 나시오날》 편집부는 신문을 계속 발행하면서 항의문

---

18) 영국에서는 창문의 숫자에 따라 세금이 늘어났고, 프랑스에서는 창문 폭에 비례해 세금을 물렸다. 국가가 세금을 더 많이 거두기 위해 기울인 노력이었다.

을 작성하여 〈7월 칙령〉을 정면으로 공격했다. 저녁 무렵 일부 인쇄소 노동자와 학생들이 루아르 궁 주변으로 모여 시대의 흐름에 역행하는 정부의 처우에 반대의 목소리를 냈다. 집회의 열기가 가열되자 사람들이 돌을 집어 들고 재무장관 사무실의 유리창을 깨뜨리면서 프랑스의 '7월 혁명'이 시작되었다. 혁명은 3일간 이어져 '영광스러운 사흘'이라고 기록되었다.

27일, 일부 공장과 상점이 영업을 중지했고, 파업한 노동자와 수업을 거부한 학생이 거리로 나와 시위를 벌였다. 분노에 휩싸인 사람들은 왕실휘장을 부수고 무기를 강탈했으며 거리에는 바리케이드가 세워졌다. 샤를 10세가 군사를 동원하여 진압하자 시위는 혁명으로 이어졌다.

▲ 하원에서의 오를레앙 공

오를레앙 공은 일부 귀족들의 요청으로 하원에 들어왔다. 〈파리 선언문〉 하나로 혁명의 열매는 모두 대 자산계급에 넘어가면서 프랑스 7월 왕정이 시작되었다.

28일, 대규모 혁명이 시작되었다. 노병과 자위대 군인이 노동자와 학생 세력과 합류하면서 약 8만 명에 달하는 시민이 모였다. 격분한 민중은 돌, 뒤집힌 마차, 가구와 나무를 모아서 바리케이드를 쳤고, 파리 노트르담 성당에 솟아오른 삼색기는 왕의 백색기와 선명한 대조를 이루었다. "부르봉 왕가 타도!", "자유 만세!", "공화국 만세!"의 목소리가 파리 하늘에 울려 퍼졌다. 마르몽(Marechal Marmont)이 이끄는 왕실군대가 민중을 진압하러 나왔다가 혁명에 깊은 감명을 받고 민중의 편으로 돌아서기까지 했다. 29일, 민중이 루브르 궁전과 튈르리 궁전을 공격하자 왕의 군대는 단번에 무너졌다. 혁명군이 파리를 점령함과 동시에 다른 도시의 혁명 소식도 빠르게 전해졌다. 사흘 동안 이어진 7월 혁명은 700명의 희생자를 낸 후 승리를 거두었다.

7월 왕조

수많은 피와 생명을 대가로 치른 국민은 공화국 제정을 강력하게 요구했다. 그러나 자산계급은 혁명이 다시 사회불안을 일으킬까 두려워 다른 계획을 짜고 있었다. 국민이 처절한 싸움을 벌이고 있을 때, 이들은 비밀리에 모여 혁명이 더 이상 확산되지 않도록 제재할 방안을 논의했다. 28일, 외지에서 온 의원 라피트(Laffitte)와 라파예트(Lafayette)는 오를레앙 공에게 파리 섭정을 맡기자고 주장했다. 29일, 라파예트 집으로 모인 하원의원들은 혁명세력 앞에서는 시정부 위원회를 조직하면서 동시에 라파예트를 사령관으로 하는 국민자위대를 구성하기로 결정했다. 혁명의 승리는 결국 자산계급의 손으로 넘어갔다.

　7월 31일, 오를레앙 공 루이 필리프는 삼색기를 들고 왕좌에 올랐다. 라파예트는 의회를 대표하여 그에게 '섭정관'의 직위를 수여했다. 8월 7일, 상하원은 공동으로 〈1830년 헌장〉을 통과시키며 루이 필리프를 국왕으로 임명했다. 이로써 대 자산계급을 중심으로 한 '7월 왕정'이 정식으로 시작되었다.

텍사스 쟁탈전

텍사스공화국

1835년 12월 20일, 텍사스는 코아우일라 지역과 공동으로 독립성
명을 체결한 후 멕시코 정부에 대등한 위치를 지닌 독립국으로 대우
해줄 것을 요구했다. 이를 단번에 거절한 멕시코 정부가 곧이어 노
예 금지령을 발표하자 텍사스 대농장의 노예 주인들은 강하게 반발
했다. 그리고 1836년 3월 2일, 텍사스는 정식 독립을 선언하고 텍사
스공화국을 건립했다. 국기에 별이 하나만 새겨져 있어 '론스타
(Lone Star)공화국'으로 불렸다.

텍사스공화국을 인정하지 않던 멕시코는 3월 6일 텍사스로 군대
를 출동시켰다. 2주 후 알라모 지역이 멕시코 군대에 포위되면서
200여 명의 텍사스 군사가 목숨을 잃었다.

그런 텍사스의 어려운 상황과 그들의 저항정신이 자유와 민주주
의를 추구하는 국가들에 전해지면서 상황은 반전되었다. 1836년 4
월 21일, 미국, 오스트리아, 캐나다, 영국, 프랑스, 독일, 아일랜드,
이탈리아, 멕시코, 폴란드, 포르투갈과 스코틀랜드 등에서 텍사스를
돕기 위한 지원군 800여 명이 모였다. 샘 휴스턴의 지휘 하에 지원
군은 멕시코의 산타안나(Santa Anna) 장군이 이끄는 1,200명의 군대
와 샌 재신토에서 대치하여 짧지만 격렬한 전투를 벌였다. 지원군은
적군을 기습하여 20분 만에 630명을 몰살하고 산타안나를 포함한
멕시코 병사들을 생포했다. 아군의 희생은 9명뿐이었으며 이 전투
를 통해 텍사스공화국의 독립이 확정되었고, 산타안나 장군은 어쩔
수 없이 텍사스공화국을 인정하는 조약에 서명했다.

미국-멕시코전쟁

하지만 그 후로도 미국과 멕시코는 독립한 텍사스공화국을 호시

▲ 율리시스 그랜트(Ulysses Simpson Grant) 장군의 일생
그랜트는 웨스트포인트사관학교를 졸업한 후 미국 멕시코 전쟁에서 처음으로 두각을 드러냈고, 이후 미국 내전에서도 대단한 활약을 펼쳤다. 훌륭한 정치가라고 할 수는 없지만, 뛰어난 군인이었음은 분명했다.

탐탐 노렸다. 멕시코는 항상 텍사스를 자국의 영토로 여기며 텍사스공화국이 확정한 그랜드 강의 국경을 인정하지 않았고 텍사스를 다시 멕시코로 영입하리라고 호언장담했다. 그러나 1845년 미국이 그랜드 강 국경선을 미끼로 텍사스를 끌어들여 미국의 28번째 주로 만들면서 멕시코의 야망은 좌절되었다.

텍사스라는 넓은 영토를 손에 넣은 미국은 영토 확장에 더 욕심을 부리기 시작했다. 1846년 5월 13일, 미국은 정식으로 멕시코에 선전포고를 했고, 제임스 녹스 포크(James Knox Polk) 대통령의 명령으로 여러 지역경로를 통해 멕시코를 침공했다.

미 해군 존 스롯(John D. Sloat)의 군대는 앵글로색슨계 이주민의 지지를 받아 세워진 캘리포니아공화국을 침공했고, 스티븐 와츠 커니(Stephen Watts Kearny)의 부대가 산타페를, 로버트 F. 스톡턴(Robert F. Stockton)의 해군은 산티애고와 로스앤젤레스를 점령했다.

또 다른 곳에서는 랜드 강을 넘어온 재커리 테일러(Zachary Taylor) 군대가 1846년 9월 몬터레이를, 11월에는 살티요를 점령했다. 1847년 2월, 테일러가 이끄는 미국 군대는 부에나 비스타에서 1만 4천 명의 멕시코 군대와 격전을 벌여 승리를 거두었다. 곧이어 미국의 윈필드 스콧 핸콕(Winfield Scott Hancock)의 군대가 멕시코 수도 멕시코시티로 진군했다. 8월 6일, 만 명의 미국군이 멕시코시티를 포위했다. 많은 희생을 대가로 치른 후, 9월 14일 새벽 미국은 멕시코시티로 들어갈 돌파구를 찾아낼 수 있었다. 그러나 자신에 차 있던 미국 군대는 진군하던 중 매복한 멕시코 저격수들의 공격을 받는 바람에 860명의 사상자를 내고 말았고, 결국 멕시코 시의회가 휴전을 선언한 후에야 간신히 멕시코의 수도를 차지할 수 있었다.

　허둥대며 전쟁에 대처하던 멕시코 정부는 다급하게 미국과 강화 협상에 들어갔다. 1848년 2월 미국은 〈과달루페-이달고 조약〉을 맺었다. 이 조약에서 멕시코는 55%의 토지를 미국에게 양도했다. 해당 토지는 캘리포니아 주, 네바다 주, 유타 주, 애리조나 주, 뉴멕시코 주, 콜로라도 주와 와이오밍 주 일부분이 포함되었다. 미국은 이에 대한 보상금으로 멕시코에게 1,825만 달러를 지급했다.

　멕시코는 이 전쟁에서 많은 토지를 잃고 세력이 약해졌다. 이에 반해 강한 군사력을 뽐내며 승리한 미국은 이 전쟁으로 230만제곱킬로미터의 토지를 얻고 북아메리카의 대국으로 등극했다.

유럽의 할머니

그들의 행복은 바로 짐의 힘이요, 그들의 만족이 짐의 안전이며, 그들의 감사는 짐이 받은 최고의 보답이다. 전능하신 신이 짐과 짐이 다스리는 이들에게 힘을 주셔서 전 국민이 행복하기를 바라노라.

영국 빅토리아 여왕 공문

소녀 계승자

1819년, 이제 오십 살이 된 켄트(Kent) 공은 조지 3세의 넷째 아들이자 당시 영국 국왕의 동생이었다. 갓 결혼하여 임신한 그의 아내는 독일 명문가 작센 코버그 출신의 빅토리아 공주였다. 그녀는 켄트와 결혼하기 위해 고향을 떠나 영국 런던으로 건너왔다. 5월 24일, 공작부인이 아름답고 건강한 딸을 낳자 켄트 공은 기쁨을 금할 수가 없었다. 켄트 공의 첫 딸이었던 이 아이는 미래의 영국 여왕이 될 인물이었다.

당시 유일한 왕위계승자는 영국 국왕 조지 4세의 딸 샬롯(Charlotte)이었다. 그러나 1817년 11월 6일, 샬롯 공주는 불행히도 아이를 낳다

▼ 빅토리아 여왕의 소녀 시절

가 세상을 떠났다. 왕실 전통에 따라 조지 4세의 조카 가운데 왕위계승자를 찾아야 했지만 조지 4세의 형제자매들은 자녀가 없거나 있다 해도 왕실혈통 규정에 맞지 않았다. 결국 켄트 공의 딸이 왕위계승자가 될 확률이 높아졌다. 또 그녀의 경쟁자라 할 수 있는 켄트 공 형제의 자녀가 잇따라 요절하는 바람에 결국 이 건강한 아기가 영국 왕실의 계승자가 되었다.

켄트 공은 딸에게 큰 기대를 걸고 있었다. 심지어 아기 이름을 지을 때도 머리를 쥐어짜며 고민하다가 알렉산드리아 빅토리아라고 이름 지었다. 그녀의 대부인 알렉산더 1세에 대한 존경의 의미와 더불어 그녀의 어머니에 대한 고마운 마음을 담은 이름이었다.

그러나 빅토리아가 아버지의 사랑을 제대로 느끼기도 전에 켄트 공은 생후 8개월 된 아기를 뒤로하고 갑작스러운 병으로 사망하고 말았다. 남겨진 아기와 어

머니는 가족을 잃은 고
통과 함께 그가 남긴 거
액의 빚을 떠안아야 했
다. 어려운 가정환경 속
에서 빅토리아는 근검
절약하며 어린 시절을
보냈다. 미래의 영국여
왕이었지만 가난했던
빅토리아는 옷도 몇 벌
없었다. 게다가 그녀의
어머니가 항상 '여자가
옷과 장신구를 자주 바
꾸는 것은 낭비를 일삼
는 품위 없는 행동' 이
라고 가르쳐왔기 때문

▲ 빅토리아 여왕 가족
빅토리아 여왕 가족을 그린 초
상화. 빅토리아 여왕과 앨버
트 공은 슬하에 9명의 자녀를
두었고, 이들은 유럽 왕실과 사
돈 관계를 맺었다.

에 그녀의 근검절약하는 모습은 여왕이 되어서도 변함이 없었다.

열두 살이 되던 해에 빅토리아는 외삼촌인 벨기에 국왕 레오폴드
(Leopold) 1세의 궁에서 교육을 받고 왕실예절을 배우면서 왕위에
오를 준비를 시작했다. 백성과 말을 해서는 안 되었고, 쉽게 감정을
드러내서도 안 되었다. 규칙을 지켜야 하고, 자기 취향에 따라 책을
읽는 것도 금지되었다. 심지어 단 음식을 많이 먹는 것도 금지하는
등 까다로운 규칙과 금지사항들은 천진난만한 소녀를 속박했다. 이
렇게 엄격한 교육을 통해 빅토리아는 자신만의 독특한 품격을 지니
게 되었다.

왕위 등극

1830년, 조지 4세가 세상을 떠나고 빅토리아의 숙부인 윌리엄 4세
가 영국 왕위에 올랐다. 그러나 얼마 지나지 않은 1837년에 연로한
윌리엄 4세가 세상을 떠났다. 영국은 젊은 국왕을 필요로 했고, 이
때 만 18세가 된 빅토리아에게 시선이 집중되었다.

윌리엄 4세의 유서에 따라 빅토리아는 왕위를 계승했다. 1837년
6월 28일, 여왕은 웨스트민스터 사원에서 대관식을 치르고 버킹엄 궁
전으로 들어갔다. 작고 가냘픈 소녀였던 빅토리아는 이날부터 64년

동안 여왕생활을 이어갔다.

비록 영국은 1688년부터 입헌군주제를 시행했지만 영국을 대표하는 인물인 국왕은 여전히 국민의 존경을 받았고, 정치적 영향력 역시 무시할 수 없었다. 국왕은 자신의 권리를 잘 이해하고 행사해야 하며 자신의 의무도 명확하게 파악하고 있어야 했다. 의회와 정부 간의 미묘한 관계를 조정하는 위치에 서서 국가기관을 순조롭게 돌아가게 하면서도 왕으로서의 권위와 명예를 놓쳐서는 안 됐다.

빅토리아는 이런 이치에 밝은 여왕이었다. 그녀는 긴 정치 생애 중 한 번도 헌법에 저촉되는 행위를 한 적이 없었으며 정부의 권리를 존중했다. 여왕은 자신의 좋고 싫음에 상관없이 항상 총리와 협조관계를 유지했다. 그녀는 멜버른 경(Lord Melbourne), 벤저민 디즈레일리(Benjamin Disraeli), 솔즈베리(Robert Salisbury)와 챔벌레인(Chamberlen) 같은 신하들을 총리로 두면서 함께 대영제국의 국내외 정책을 추진함으로써 영국의 독보적인 발전을 이루었다.

해가 지지 않는 나라

1764년 제임스 하그리브스(James Hargreaves)는 아내의 방적기계를 넘어뜨렸다가 영감을 얻어 '제니 방적기'를 발명했다. 이 발명 덕분에 영국의 모든 산업이 날개를 단 듯 빠르게 발전했다. 산업혁명이 시작되면서 영국은 새로운 시대로 접어들었다. 밤낮없이 거대한 증기동력기를 돌려댄 덕택에 빅토리아 여왕 시대가 되자 산업혁명이 이룬 결실을 맛볼 수 있게 되었던 것이다. 1848년, 영국의 철강 산업규모는 세계 모든 국가의 총합을 넘어섰다. 석탄 생산량은 세계 총 생산량의 3분의 2, 면직물은 2분의 1 이상을 차지했다. 1860년, 영국 인구 1인당 평균소득은 44파운드에서 46파운드로 증가했다. 이는 19세기 초의 두 배 수준이며 18세기 중엽의 4배에 가까운 수치였다. 19세기 중엽, 영국은 이미 세계 최고의 산업국가가 되어 있었다. '영국의 공장은 매일 가동되었고, 영국의 선박은 밤낮없이 달렸다. 대형 원양어선은 수많은 제품을 세계 각지로 이송하고, 대량의 원자재를 영국으로 가져왔다.' '세계의 공장'인 영국은 상품을 대량 생산하며 부를 축적했고, 강대국으로 성장했다.

그러나 강대국이 된 영국도 의지할 만한 체계가 필요했다. 바로 '해가 지지 않는 나라'가 되는 것이었다. 1588년의 해상 전투에서 스페인의 '무적함대'가 박살 나고 영국이 스페인을 대신하여 해상 전쟁의 일인자가 되면서 '해가 지지 않는 나라'의 활약이 시작되었다. 1805년, 유럽에서 종횡무진 하던 나폴레옹의 행진조차 해상의 '워털루 전쟁', 트라팔가르 해상 전투 앞에서 멈췄다. 이 전투로 코르시카 출신 황제의 빛나는 명성은 육지로 제한되었다. 그리고 전쟁에서 승리를 거둔 영국은 누구도 넘어뜨릴 수 없는 바다의 제왕이 되었다.

빅토리아 여왕은 유약해보이는 외모와 달리 내면에는 대단한 야심을 숨기고 있었다. 목적을 달성하기 위해서 신속하게 행동했으며 사사로운 정에 끌려다니지 않고 냉정한 태도를 유지했다. 1875년, 국가 채무 위기를 맞은 이집트가 지중해와 인도양을 잇는 수에즈 운하의 44% 지분을 매매한다고 선언했다. 이 소식을 접한 영국 총리 디즈레일리(Benjamin Disraeli)

▲ 왕위에 오른 빅토리아 여왕
빅토리아 여왕의 이름은 한 시대를 상징한다. 빅토리아 여왕의 통치 아래 영국은 강대국으로 발전했다.

는 여왕의 뜻을 받들어 정부 차관의 관례를 깨고 프랑스보다 먼저 수에즈 운하 통제권을 획득했다. 전략 요충지를 얻어내기 위한 두 국가의 경쟁에서 프랑스는 실패했고, 영국은 광대한 동방지역으로 갈 수 있는 티켓을 얻었다. 그리고 1876년, 빅토리아 여왕의 칭호가 '대영제국과 아일랜드 연합국 여왕 겸 인도 여황'으로 바뀌면서 인도는 '해가 지지 않는 나라'의 중요한 일부분이 되었다. 1877년, 대대로 깊은 원한관계였던 러시아와 튀르크 사이에 다시 전쟁이 발발했는데 야심 가득한 러시아제국은 낡은 장비를 가진 튀르크제국을 완전히 밟아버리고 발칸 반도를 차지했다. 러시아 황제는 계획대로 전쟁이 진행되자 이제 이스탄불을 노리기 시작했다. 그러나 빅토리아 여왕은 발칸 반도가 러시아에 넘어가는 것을 두고 볼 수 없었다.

▲ **빅토리아 여왕의 함선**
함선에서 관악대의 음악 소리가
흥겹게 울려 퍼지고 대영제국의
깃발이 뱃머리에서 펄럭였다.
이는 빅토리아 시대의 특징을
잘 드러내는 모습이다.

빅토리아 여왕은 온화하게 러시아 황제에게 군대철수를 제의하면서 뒤로는 영국함대의 대포와 장총을 보이며 말 없는 위협을 가했다. 결과는 빅토리아 여왕의 바람대로였다.

　빅토리아 여왕 집권 당시 영국의 국민경제 총생산이 증가했고, 식민주의 및 제국주의가 확산되었다. 다음은 영국 경제학자 지번스(Jeavons)의 의견이다. "북아메리카와 러시아의 평원은 영국의 옥수수 재배지, 캐나다의 발트 해는 영국의 임업지역, 오스트리아는 영국의 목장이다. 페루는 은광, 남아프리카와 오스트레일리아는 영국의 금광이다. 인도와 중국은 영국의 찻잎 재배농장이고, 동인도제도는 사탕수수, 커피, 향료재배지이며 미국 남부는 영국의 목화 재배지다."

평범한 여인

　사람들은 "왕위에 오른 여성 가운데 빅토리아 여왕처럼 여왕의 책임을 다하면서도 평범한 여성으로서의 행복을 누린 인물은 극히 드물다."라고 평가한다. 강력한 권력과 위엄을 지닌 여왕의 삶과 친

절하고 사랑이 많은 평범한 여성의 삶을 동시
에 누리기는 사실 쉽지 않은 일이기 때문
이다.

　1839년 빅토리아 여왕은 스무 살
생일에 처음으로 가슴 두근거리는
상대를 만났다. 바로 여왕의 생
일을 축하하기 위해 왕실에서
개최한 성대한 파티에 초대받
은 스물한 살의 러시아 황태자
였다. 훗날 알렉산드르 2세가
될 이 젊은이는 잘생긴 외모
에 군복을 차려입고 용맹한 모
습으로 등장해 위풍당당한 기
상을 뽐냈다. 여왕은 무도회의
첫 곡과 마지막 곡을 모두 이 젊
은이와 춤을 추면서 호감을 표현
했다. 그러나 정치적 이유로 영국
정부는 여왕에게 러시아와의 관계를
신중히 고려해달라고 요청했고 결국 빅토
리아는 이제 막 꽃피기 시작한 풋사랑을 접을
수밖에 없었다.

▲ 빅토리아 여왕과 베아트리스
공주
이 작품은 여왕의 삶의 일면을
보여준다. 그림 속에는 여왕과
공주가 아닌 어머니와 딸의 모
습만 보일 뿐이다.

　1840년 1월, 영국 왕실에서 빅토리아 여왕의 결혼소식이 들려 왔
다. 그녀의 결혼상대는 다름 아닌 그녀의 사촌 앨버트(Albert) 공이
었다. 이들은 빅토리아 여왕이 열여섯 살 때 처음 만난 사이였는데
1839년에서야 겨우 두 번째 만남을 가졌다. 여왕은 곧 박학다식하고
진중하며 사려 깊은 앨버트 경에게 마음을 빼앗겼다. 결혼 후 이들
부부는 서로 사랑하며 아름다운 결혼생활을 이어갔다. 사람들이 가
장 이상적인 부부라고 생각할 정도로 여왕 부부는 서로 믿고 존중하
면서, 때로는 연인처럼, 때로는 친구처럼 지냈다.

　빅토리아 여왕은 앨버트 공에게 여왕의 배우자로 인정하는 프린
스 콘서르트(Prince Consort) 지위를 줄 만큼 남편을 깊이 사랑했다.
1861년 앨버트 공이 세상을 떠나자 빅토리아 여왕은 깊은 슬픔에 잠
겨 헤어 나오지 못했다. 그녀는 편지에서 "세상이 무너진 것 같다."

고 표현하기도 했다. 슬픔을 이기기 어려웠던 그녀는 런던을 떠나 상복을 벗지 않고 사람들과 접촉을 피하며 홀로 지냈다. 그렇게 마음을 달래며 차츰 남편을 잃은 슬픔에서 벗어난 빅토리아 여왕은 1970년대에 들어서자 정계로 돌아왔다.

유럽의 할머니

▼ 노년의 빅토리아 여왕
남편 앨버트 공이 세상을 떠난 후 빅토리아 여왕은 다시는 화려한 옷을 입지 않았다. 상복을 입고 세상을 떠난 남편을 그리워하고 있는 모습이다.

부부간의 깊은 사랑을 증명하듯 빅토리아 여왕과 앨버트 공은 슬하에 9명의 자녀를 두었다. 그 중 왕자가 4명, 공주가 5명이었다. 왕자와 공주들은 모두 명문 귀족 자제와 결혼했고, 이들이 낳은 자녀가 전 유럽 왕실과 결혼하면서 자연스레 빅토리아 여왕은 '유럽의 할머니'라는 칭호를 얻게 되었다.

장남 에드워드 왕자는 영국 왕위를 계승하여 훗날 에드워드 7세가 되었다. 그의 부인은 덴마크 국왕 크리스티안 8세의 딸 알렉산드라 공주였다. 이들 부부의 아들은 영국 왕 조지 5세가 되었고, 딸은 노르웨이 국왕과 결혼했다.

차남 알프레드(Alfred) 왕자의 부인은 알렉산더 2세의 딸 마리 공주였다. 이들의 딸은 후에 루마니아 국왕과 결혼했다.

삼남 아서(Arthur) 왕자는 프로이센 공주 마거릿(Margaret)과 결혼했다. 이들의 딸인 마거

릿 공주는 스웨덴의 왕세자비가 되어 후에 스웨덴 여왕이 되었다.

막내 레오폴드(Leopold) 왕자는 헬레나(Helena) 공주와 결혼했다. 그의 아들은 후에 작센 코부르크 고타(Saxe-Coburg-Gotha) 공작이 되었다.

장녀 빅토리아는 프로이센 왕자와 결혼했다. 그 아들이 바로 유명한 빌헬름 2세다. 딸 소피는 그리스 왕비가 되었다.

차녀 앨리스 공주의 남편은 헤센 다름슈타트(Hessen-Darmstadt) 대공 루트비히였다. 딸 빅토리아 공주의 장녀 루이스가 후일에 스웨덴 왕후에 등극했고, 차녀는 필립 공의 어머니가 되었으며 막내는 러시아의 마지막 황제의 부인이 되었다.

삼녀 헬레나 공주는 슐레스비히 홀슈타인(Schleswig-Holstein) 공작 크리스티안과 결혼했다.

사녀 루이스 공주는 영국의 아가일 공작(9th Duke of Argyle) 존 캠벨(John Campbell)과 결혼했다.

막내 베아트리스(Beatrice) 공주는 바텐베르크(Batternberg)의 헨리(Henry) 왕자와 결혼했다. 이들의 딸은 나중에 스페인 알폰소 13세(Alfonso XIII)의 왕후가 되었다.

그러나 사촌지간이었던 빅토리아 여왕과 앨버트 공의 근친혼으로 발생한 혈우병 유전자가 자녀와 그 후손에게 이어지면서 혈우병이 전 유럽 왕실로 확산되었다. 때문에 나중에 사람들은 '혈우병'을 '왕실병'으로 칭하기도 했다.

1900년 유럽의 할머니는 여든한 살이 되었다. 나날이 쇠약해지는 빅토리아 여왕은 와이트 섬으로 거처를 옮겨 생의 마지막 시간을 보냈다. 1901년 1월 22일, 여왕은 그토록 그리던 남편의 품으로 돌아갔다.

이집트-튀르크전쟁

14세기, 15세기에 나일 강 유역에서 탄생한 고대문명은 이집트의 맘루크 (Mamluk) 왕조의 통치 아래 점차 쇠락해 갔다. 사회는 불안했고 자연재해와 전염병이 유행했다. 경제 역시 급속하게 침체되어 이집트인들은 빈곤과 재해에 맞서 힘겨운 싸움을 이어갔다.

정복

당시 소아시아의 고원에서는 중앙아시아에서 온 돌궐족의 후예가 활약하고 있었다. 이들은 전쟁에 능했을 뿐 아니라 토지에 대한 욕망이 대단해 오스만 튀르크제국을 건립한 후에도 종횡무진 새 영토를 찾아다녔다. 결국 1453년, 로마의 천 년 제국이 튀르크 술탄의 손에 무너지면서 오스만 튀르크는 유라시아 양 대륙에서 가장 거대한

▼ 현대 이집트의 창시자 무하마드 알리

제국으로 성장한다. 이렇듯 무력을 과시하며 하늘을 찌를 듯한 세력을 자랑하던 튀르크 인들은 홍해 건너편에서 통치세력은 쇠약해졌지만 여전히 넓은 영토를 자랑하는 이집트를 향해 군침을 흘리고 있었다.

그리고 1512년, 이집트를 오랫동안 노려왔던 셀림 1세 (Selim I)가 튀르크 술탄의 자리에 올랐다. 셀림 1세는 왕위에 오르자마자 바로 이집트가 다스리는 페르시아를 공격했다. 페르시아 수도 타브리즈를 점령한 셀림 1세는 메소포타미아 평원과 아르메니아 지역을 차례차례 손에 넣었다.

페르시아를 빼앗긴 이집트 알 그후리 술탄은 셀림 1세와의 전쟁을 통해 치욕을 씻어내고 이집트의 명성을 회복하고자 했다. 그리하여 1516년 8월 24일, 이집트와 튀르크 군대가 마르지 다빅에 모였다. 그러나 이집트 군대는 병사 수만 많았지, 정작 무기가 구식이었고 병사들의 사기도 떨어져 있어 강한 튀르크 군대를 당해내지 못했다. 설욕을 씻기는커녕 오히려 카이로가 점령 당하면서 이집트는 로마에 이

어 두 번째로 튀르크에게 패한 대제국이 되었다. 패전 후 이집트는 오스만 튀르크의 행정구역에 포함되었다.

그러나 고대문명에서부터 이어진 이집트인들의 강한 응집력은 그리 쉽게 이민족에게 정복되지 않았다. 17세기 중엽, 튀르크 술탄이 이집트로 총독 파샤를 파견했으나 실권을 잡고 있던 이집트의 맘루크 세력이 이들을 배척하면서 걸핏하면 교체되거나 파면되기 일쑤였다. 이집트 세력은 점차 힘을 모아 독립할 기회를 노리고 있었다.

1804년, 총독으로 추대된 무하마드 알리(Muhammad Ali)가 부국강병을 이루기 위해 대규모의 정치·경제 개혁을 단행하여 큰 성과를 거두었다. 여러 지역에 흩어져 있던 이집트의 맘루크 세력을 확실하게 제압하여 사회를 안정시켰고, 생산력도 증강했다. 국력이 부강해지자 이집트는 중동지역에서 무시할 수 없는 강대국으로 발돋움했지만 여전히 명목상으로는 오스만 튀르크의 지배 아래 있었다.

제1차 이집트-튀르크전쟁

1821년, 그리스에서 오스만 튀르크 통치를 거부하는 저항운동이 거세게 일어났다. 부패에 찌든 튀르크 군대는 300년 전 이집트 맘루크 군대를 무찔렀던 방식을 또 사용하여 결국 완패했다. 결과에 승복할 수 없었던 튀르크 통치자 마하무드 2세(Mahmud II)는 염치도 없이 속국인 이집트에게 도움을 요청했다. 그가 이집트에 크레타 섬과 키프로스를 주겠노라 약속하자 무하마드 알리는 1만 9천 명의 군대로 튀르크 군을 도와 그리스 혁명을 진압했다. 그러나 영국, 러시아 등 강대국들의 간섭으로 튀르크는 결국 그리스를 잃고 말았다. 이집트는 튀르크에게 시리아 지역을 요구했지만 마하무드 2세는 약속을 지키지 않았다. 분노한 무하마드 알리가 1831년 10월 3만 대군을 시리아로 출동시키면서 제1차 이집트 전쟁이 발발한다.

16세기에 벌어진 전쟁과는 반대로 이번에는 오스만 튀르크 군대가 이집트군의 공격을 견디지 못하고 연이어 패했고, 이집트 군대는 계속 승리를 거두었다. 1832년, 이집트의 정예부대가 튀르크 군대 6만 명을 공격하자 튀르크의 수도인 이스탄불이 위기에 처했다. 궁지에 몰린 튀르크 술탄은 대대로 원수 사이인 러시아에 도움을 청했다. 러시아가 전쟁에 개

▼ **이집트 총독 무하마드 알리**
무하마드 알리는 현대 이집트의 실제적인 창시자다. 튀르크에게서 이집트가 독립을 이루자 그의 지위도 이집트 총독에서 이집트의 개국자로 바뀌었다.

163

입하자 튀르크의 영토를 노리고 있던 영국과 프랑스도 가만히 있을 수 없어 무하마드 알리에게 전쟁을 멈추라고 요청했다.

1833년, 이스탄불에 도착한 무하마드 알리는 화친에 동의했고, 튀르크와 이집트는 〈운키아르-스켈레시 조약〉을 맺었다. 이 조약으로 이집트는 독립을 이루어 아시아와 아프리카를 넘나드는 대제국의 지위를 회복했다.

제2차 이집트-튀르크전쟁

1830년대 말, 각 주요 자본주의 국가가 식민지를 차지하려고 중동 지역으로 진출하기 시작했다. 1838년 8월, 영국은 튀르크와 통상조약을 체결함으로써 튀르크제국 내의 통상특권을 획득했다. 이로 말미암아 자국 민족의 경제발전에 위협을 받은 무하마드 알리는 강하게 반발했다. 이에 교활한 영국은 뒤에서 제1차 이집트-튀르크전쟁을 복수해야 하지 않겠느냐며 튀르크 술탄을 충동질했고 결국 1839년, 튀르크가 이집트에 선전포고를 하면서 제2차 이집트-튀르크전쟁이 발발했다.

초반에 당황한 이집트가 연달아 패전하면서 4월에 시리아를 빼앗겼으나 냉정을 되찾은 무하마드 알리는 빠르게 이집트 군대를 조직하여 반격했고 6월이 되자 강한 세력을 자랑하던 튀르크 군대도 타격을 받았다. 그 후 이집트의 거센 공격에 놀란 술탄은 서둘러 화친을 준비했다.

열강들이 앞다투어 이 전쟁에 간섭하려 했지만 의견을 하나로 모으지 못했고 1840년, 영국, 러시아, 오스트리아, 프로이센은 프랑스의 입장을 무시하고 〈런던 조약〉을 체결했다. 프랑스의 지지를 받던 무하마드 알리가 이 조약을 거부하자 영국, 러시아, 오스트리아, 튀르크 연합군이 이집트를 공격했다. 게다가 시리아에서 또다시 반 이집트 봉기가 일어나자 내우외환에 시달리던 이집트는 결국 〈런던 조약〉의 모든 규정에 동의했다. 이때부터 이집트는 열강의 반식민지로 전락하게 되었다.

프롤레타리아의 각성

공산주의라는 하나의 유령이 유럽을 배회하고 있다. 이 유령을 사냥하려고 …구 유럽의 모든 세력이 …신성한 동맹을 맺어 연합했다. …이제 공산주의자들이 전 세계를 향해 자신의 견해와 목적, 경향을 공개적으로 밝히고, 당의 선언으로 공산주의 유령이라는 신화를 대체해야 할 때가 왔다.

공산당 선언(Manifest der Kommunistischen Partei)

세 차례에 걸친 노동자 계급 투쟁

1830년대 산업혁명이 전 유럽을 휩쓸었다. 대영제국에서 라인 강에 이르는 모든 곳에서 공장의 검은 연기가 솟아오르는 모습을 볼 수 있었고, 기계 가동소리가 웅장하게 울려 퍼졌다. 선진화된 기술이 가져다 준 풍성한 성과를 맛볼 수 있게 되었을 뿐 아니라 많은 생산을 통해 더 많은 재물을 소유하게 되면서 생활의 질도 한 단계 높아졌다. 그러나 정작 이러한 재물을 생산하는 당사자인 노동자는 하층민 계급에서 벗어나지 못하고 고통 받았다. 산업혁명은 그들에게 아름다운 삶을 가져다주지 못했다. 나날이 빨라지는 기계 운행속도는 도리어 노동자를 채찍질하고 노예처럼 부리는 데 일조했다. 당시 노동자들은 공장의 열악한 환경 속에서 밤낮없이 매일 13~14시간을 일하면서 겨우 먹고 살 만큼의 돈을 벌었고, 한밤중에 일이 끝나면 낡은 빈민굴에서 잠을 청했다. 결국 심각한 빈부차이와 생활고로 고통 받은 노동자의 항쟁이 시작되었다. 이들은 자본가에게 임금상승과 더 나은 업무 조건을 주장하며 공장기계를 부수고 파업에 돌입했다.

그 중에도 프랑스 리옹의 방직공장의 노동자가 가장 선두에 나섰다. 1831년 10월, 초라한 차림의 노동자 대표와 노동자가 만든 멋진 옷을 두른 공장주가 만나 협상을 시작했다. 노동자 측은 최저임금 기준을 높여달

▼ 《공산당 선언》 인쇄본

▲ 1차 산업혁명 후 영국광업 생
산 정경

1차 산업혁명은 영국 산업발전
에 유례없는 발전 동력을 제공
했다. 영국의 광공업은 밤낮을
가리지 않고 생산을 계속하며
빠르게 발전했다.

라고 요구했다. 협상이 진행되는 장소 바깥에서는 노동자들이 〈라 마르세예즈(La Marseillaise)〉[19]를 부르며 사기를 북돋았다. 교활한 자본가들은 이들의 압박 앞에서 노동자의 요구를 들어주는 척했지만 3주가 지나도 노동자의 임금은 전혀 변화가 없었다. 정부의 힘을 뒤에 업은 자본가 측은 거만하게 소리쳤다. "노동자가 아무리 발버둥 쳐봤자 별 소용도 없는 짓이지." 11월 21일 새벽, 격분한 노동자가 기계를 멈추고 거리로 나서면서 파업이 시작되었다. 그러나 이미 만반의 준비를 마친 군대는 무기도 없는 노동자를 향해 총을 겨누었고, 파업은 혁명으로 이어졌다. "이렇게 사느니 싸우다가 죽자."라며 노동자와 군인 사이에 격전이 벌어졌다. 노동자들은 거리에 바리케이드를 세우고 군대 진영을 점령하여 화약고를 탈취했다. 23일이 되자 리옹도 노동자의 차지가 되었다. 그러나 7월 왕정은 6만 대군을 파견하여 이들을 진압했다. 수적으로 불리했던 노동자들은 피바다 속에서 한 명씩 쓰러졌고, 혁명은 실패로 끝났다. 1834년에 다시 노동자 혁명이 일어났으나 실패하고 말았다.

19) 프랑스 국가

반면에 영국은 세계 최초로 자산계급 혁명과 산업혁명을 함께 이룬 국가였다. 1830년대 영국은 '세계의 공장'이라고 불릴 만큼 높은 생산력을 자랑했고, 노동자는 무시할 수 없는 세력으로 떠올랐다. 그러나 자본가는 노동자 계급을 이용하여 정치적, 경제적 목적을 이루려 했고, 정작 노동자 자신은 어떤 이익도 얻지 못했다. 1836년, 런던 노동자는 영국 최초의 노동자조합을 구성한 후 이듬해에 국회로 청원서를 제출했다. 이들은 만 21세 이상의 남성에게 보통 선거권과 비밀 투표권을 보장해주고 의회후보자의 재산자격 제한을 철폐하라고 요구했으며 매년 1회 선거를 시행하고 선거구를 균형적으로 배당해 줄 것을 주장했다. 이 청원서는 〈인민헌장〉으로 명명되었으며, 노동자의 투쟁은 '차티스트 운동(헌장운동)'으로 불렸다. 이 운동은 약 십몇 년 동안 계속되었다. 1839년, 차티스트 세력은 런던에 전국대표대회를 개최하여 노동자 계급에 청원서 서명을 호소한 후 125만 명의 노동자의 서명을 받은 청원서를 국회에 제출했다. 그러나 국회는 노동자의 요구를 거절했을 뿐 아니라 많은 차티스트 지도자를 구속시켰고, 이 때문에 헌장운동은 침체기를 맞았다. 1842년, 영국에 경제위기가 닥치면서 노동자 계급의 투쟁은 다시 뜨거워졌다. 노동자의 정치 권리를 보장받기 위해 330만 명이 서명한 청원서가 다시 국회로 제출되었으나 국회는 여전히 거부했다. 분노한 노동자의 파업이 시작되었고 각 지역에서는 노동자와 군대 사이의 충돌이 이어졌다. 결국 1,500여 명의 차티스트가 구속당하면서 제2차 차티스트 운동의 기세도 꺾였다. 차티스트 운동은 하니(Harney)와 존스(Jones)의 지도 아래 투쟁을 이어가다가 1848년 유럽혁명의 물결 속에서 제3차 투쟁을 시작했다. 197만 명의 노동자들이 서명한 헌장 청원서가 다시 국회로 제출되었고 각 지역의 노동자 중심으로 대규모 거리시위도 진행되었다. 그러나 국회는 헌병대의 공격으로 대답했다. 500여 명이 체포되면서 전국의 차티스트 협회는 해산되었고, 차티스트 운동은 점차 힘을 잃어갔다.

　프로이센 슐레지엔은 오랫동안 방직업을 발달시켜온 곳으로 프로이센 방직산업의 중심지였다. 그러나 영국에서 기계로 생산한 방직제품이 슐레지엔 방직업을 심각하게 위협하자 공장주는 기술을 개발할 생각은 하지 않고 도리어 노동자의 임금을 낮추고 업무시간을 늘림으로써 모든 손해의 책임을 노동자에게 돌렸다. 1844년 6월, 압박을 견디다 못한 노동자들이 임금을 올려달라며 자발적으로 봉기를 일으켰다. 깊은 산골 마을인 페테르스발다우와 랑겐빌라우의 노동자들이 혁명에 앞장섰다. 그 뒤를 이어 3,000명의 노동자가 낡은 무기를 들고 나와 정부가 보낸 기병대, 포병과 전투를 벌었다. 그러나 노동자 수가 너무도 적었던 탓에 결국 6월 6일 혁명은 실패로 끝났다.

이렇게 세 번에 걸친 노동운동을 통해 노동자 계급이 역사무대에 새롭게 등장했다. 이때부터 노동자 계급은 구체적인 목적과 조직력을 갖추고 정치 및 경제에서 누려야 할 권리를 요구하기 위해 투쟁했다. 그러나 평화로운 방법을 사용하든, 무력을 동원하든 상관없이 모든 노동운동은 실패로 끝나고 말았다. 가장 효과적으로 승리를 거둘 방법을 찾는 것이 노동자들에게 주어진 숙제였다.

세 가지 고전 사상의 기원

18세기 말부터 19세기 초까지 독일 자본주의 경제가 발전하면서 자산계급의 반봉건 투쟁이 더욱 격렬해졌다. 이러한 경향을 가장 먼저 드러낸 것이 고전철학이었다. 그 중 유명한 철학자 헤겔은 보편적으로 존재하는 모순은 모든 발전의 원동력이며, 모순이 존재하기에 세계는 변화를 거듭하고 인류사회도 더 나은 방향으로 발전하게

되다고 주장했다. 절대정신의 인식에 기초한 헤겔의 방대한 철학은 객관적 관념론의 체계를 이루었다. 이와 반대로 루트비히 포이어바흐(Ludwig Andreas Feuerbach)는 세계는 물질로 이루어졌으며 자연계는 인간의 의식에 의해 변하지 않는다고 주장했다.

17세기 후반은 영국 자본주의의 전성기였다. 많은 경제학자가 자본주의를 발전시키고자 봉건체제와 비교했을 때 자본주의 경제의 우수성을 연구하고 자유로운 경제활동을 주장했다. 윌리엄 페티(William Petty), 애덤 스미스(Adam Smith), 데이비드 리카도(David Ricardo) 등이 노력을 기울인 덕분에 고전경제학 체계가 갖추어졌다. 이들은 노동 가치론 학설을 제시하며 노동이 가치의 원천이고, 소모된 노동이 상품의 가치를 결정한다고 주장했다. 고전경제학파는 이러한 학설을 기초로 이윤, 토지세, 이율 등을 포함하

는 잉여가치의 구체적인 형태를 연구하기 시작했다.

그리하여 19세기 초, 여러 가지 방식을 통해 유럽의 주요 국가에서 자본주의가 발전하기 시작했지만 갈수록 커지는 빈부격차로 인해 사회 양극화 현상이 심해졌다. 부유한 생활을 누리는 부자와 먹을 게 없어 배를 곯는 빈민 사이에 갈등과 충돌이 이어졌다. '자본주의'라는 새로운 사회형태는 모든 사람에게 평안한 생활을 안겨주지 못했다. 일부 공상적 사회주의자는 어떻게 하면 이 새로운 제도의 압박에서 사람들을 해방시켜 이상적인 세계 '유토피아'를 실현할 수 있을지 고민했다. 그 중 가장 뛰어났던 인물은 프랑스의 생시몽(SaintSimon)과 푸리에(Fourier), 영국의 로버트 오언(Robert Owen)이었다. 이들은 경제가 바탕이 되어 정치제도를 이루는 것처럼 자본주의의 사유재산 제도가 착취계급과 피착취계급을 만들어냈다고 생각하여 사유제도를 완전히 철폐하고 '모든 사람이 평등하고 행복한' 유토피아를 이루고자 했다. 심지어 오언은 자신의 모든 재산을 쏟아 부어 1824년에 미국 인디아나 주에서 3만 에이커의 땅을 매입한 후 사회주의 이상촌인 '뉴하모니(New Harmony)'를 건설했다. 그러나 재정적인 문제를 해결하지 못해 4년 후 '뉴 하모니'는 사라지고 말았다.

위대한 두 영혼

실천과 이론 측면에서 자본주의 제도의 폐단이 분명하게 드러났지만 억압받는 노동자 계급의 저항투쟁은 늘 실패했다. 이제 사람들에게 필요한 것은 자본주의에 대한 깊고 정확한 분석과 이론적인 가르침이었다.

1815년 5월 5일, 독일 프로이센 라인 주 트리어 지역에서 카를 마르크스가 태어났다. 본 대학과 베를린 대학에서 공부한 그는 전공인 법학 외에 철학에도 관심을 보였고, 1841년 논문 《데모크리토스와 에피쿠로스 자연철학의 차이》로 예나 대학에서 박사 학위를 받았다. 졸업 후 마르크스는 《라인신문》의 주필로 일하면서 많은 사회문제를 접하게 되었는데 이때부터 자본주의 사회의 심각한 폐단을 인식하기 시작했다. 마르크스는 《라인신문》에 글을 발표하여 사회문제를 비판하기 시작하면서 프로이센 보수정권에 박해를 받았다.

1820년 11월 28일, 마르크스와 마찬가지로 유대인이었던 프리드

▲ 엥겔스가 살았던 집

리히 엥겔스(Friedrich Engels)는 라인주 바르멘의 부유한 방직공장 주인의 아들로 태어났다. 엥겔스의 아버지는 그를 중학교에서 중퇴시킨 후 공장에서 경영관리를 가르쳤는데 그곳에서 노동자 계급의 열악한 근무환경과 가난한 생활을 직접 보게 된 엥겔스는 민주주의를 주장하게 되었다. 1844년 8월, 엥겔스는 영국 맨체스터에서 독일로 가기 위해 파리를 경유하던 중 망명한 마르크스를 방문하게 된다. 이야기가 잘 통했던 두 사람은 서로에게 호감을 표하며 에펠탑 아래에서 후세에 길이 빛나는 우정을 다졌다.

엥겔스의 도움으로 마르크스는 정치경제학 연구와 프랑스 사회운동 및 역사 연구에 몰두하여 《철학경제학 원고》를 완성했고, 1845년 12월, 엥겔스와 함께 《독일 이데올로기》를 완성했다.

두 사람은 헤겔의 변증법과 포이어바흐의 유물론을 바탕으로 마르크스주의를 창시했다. 마르크스 철학은 변증법과 유물론을 결합한 것으로 생산력과 생산의 관계, 경제기초와 상층구조의 모순을 발견하고, 사회의 변증법적 발전과정을 밝혀냈다. 이 철학이론은 프롤레타리아 계급의 눈을 열어주었고, 사회 변화를 추진하는 강력한 사상적 무기가 되었다.

그 후, 마르크스와 엥겔스는 마르크스주의에 따라 영국의 고전정치 경제학을 연구했다. 두 사람은 이전 연구를 바탕으로 노동의 가치창조론을 발전시키고 노동력의 가치를 발견함으로써 추상적 노동이 상품의 가치를 결정하고 구체적 노동은 상품의 사용가치를 결정한다고 주장했다. 또한 잉여가치를 발견하여 자산계급의 노동자 착취에 대한 비밀을 밝혀냈다. 이것은 경제학 규칙을 이용하여 자산계급은 반드시 사라지고 무산계급(프롤레타리아)이 승리할 것이라는 논

▲ 독일 베를린, 마르크스와 엥겔
스 조각상

리를 증명한 프롤레타리아 정치경제학으로 프롤레타리아의 방향,
방침, 정책의 주요 근거가 되었다.

이와 함께 마르크스와 엥겔스는 공상적 사회주의 이론 연구를 통해
사회주의와 노동자 운동을 결합시켜 과학적 사회주의를 만들었다.

프롤레타리아 선언

1833년 파리에 망명 중이던 독일 노동자가 모여 비밀조직인 인민
동맹을 결성했다. 이듬해 인민동맹은 망명자동맹으로 이름을 바꾸
었고 회원 수는 몇백 명으로 불어났다. 1836년, 일부 급진적 성향의

회원들이 탈퇴한 후 정의자동맹을 결성하면서 망명자 동맹은 서서히 해체되었다. 정의자동맹은 비밀리에 재산을 공유하는 새로운 사회를 세우려고 했다. 1839년 5월 12일, 정의자동맹 회원들은 루이 블랑키(Louis Blanqui)의 계절사[20]가 일으킨 봉기에 참여하지만 결국 실패하여 정의자동맹의 지도자 샤펠(Chappell)과 파웰(Powell)이 잇따라 체포된 후 추방되었다. 이들은 런던에서 유랑하다가 다시 동맹조직을 결성한 후 1840년 2월에 구성된 독일노동자교육협회와 통합한다. 그 후 프랑스, 스위스와 독일 등지에서 동맹지부들이 다시 일어나기 시작했고 정의자동맹은 국제적인 프롤레타리아 조직이 되었다.

1847년 노동자 사이에서는 유명한 인물이었던 마르크스와 엥겔스가 정의자동맹의 초청을 받고 가입하면서 조직의 핵심 인물이 되었다. 정의자동맹은 두 사람의 도움으로 과학적 사회주의 이론을 받아들였고 그 후 구조조정을 위해 1847년 6월 공산주의동맹(Communist League)으로 이름을 바꾸었다. 공산주의동맹은 그해 말에 열린 2차 대표회의에서 마르크스와 엥겔스에게 동맹 강령을 써달라고 부탁했고, 이로써 과학적 공산주의의 탄생을 알린 《공산당 선언》이 탄생했다.

《공산당 선언》은 서문과 4장의 본문으로 구성된다. 서문에서는 《공산당 선언》이 탄생한 역사적 배경과 임무를 설명한다. 1장은 계급투쟁이론을, 2장은 프롤레타리아계급 정당의 본질과 특징, 목적과 임무 및 공산당의 이론과 강령을 설명한다. 3장은 당시 여러 가지 형태의 가짜 사회주의를 비판하고, 4장은 공산주의자의 혁명투쟁 사상방침을 서술한다.

《공산당 선언》은 자본주의가 사라지고 사회주의가 승리를 얻게 되는 길을 제시하며 자본주의의 파멸 과정에서 프롤레타리아가 해야할 역할과 책임을 명확하게 밝혔다. 또한 혁명이 승리를 거둔 후 반드시 생산성을 발전시켜 사회를 개선해야 계급 간의 대립과 계급 자체를 소멸시킬 수 있다고 설명했다. "전 세계의 프롤레타리아들이여 단결하라."라는 전 세계를 향한 호소로 끝나는 《공산당 선언》이 등장한 이후부터 프롤레타리아 운동은 새로운 단계로 접어들었다.

---

20) 1837년 설립된 프랑스의 비밀 결사

1848년 혁명

다시 세워진 정부는 자산계급의 이익을 최우선으로 두려고 하지 않았다. 오히려 이들의 이익을 공개적으로 무시하기까지 하며 홀대했다. …그러나 당시 자산계급의 힘은 그 어느 때보다 강력했다. 상업과 공업이 모든 영역으로 확장되면서 자산계급은 더욱 부유해졌다. …그들은 더 이상 한 계급의 통치를 견뎌낼 수 없었다. …자산계급과 귀족 간의 투쟁은 피할 수 없는 것이었다. …

《마르크스 엥겔스 전집》 제2권

혁명 전야

　19세기 전반기에 산업혁명이 전 유럽을 휩쓸 때, 유럽 주요 국가의 산업생산 규모는 더욱 확대되었고 끊임없이 울리는 기계 소리는 자본가에게 더 많은 재산을 보장해주었다. 그러나 정치권력을 장악하던 봉건귀족에게 자본가는 그저 허리춤에 돈줄을 꿰고 있는 벼락부자에 불과했다. 경제를 좌우할 수는 있어도 정치에는 참여할 수 없었던 자본가는 가진 재산만큼의 권리를 누리는 대신 봉건왕조의 국고를 채우기 위해 돈을 바쳐야 했고, 썩을 만큼 썩은 특권계층의 멸시도 온몸으로 받아야 했다. 이렇게 자산계급의 인내심은 한계에 이르렀고, 빈 체제로 억지스레 이어지던 평화 뒤로는 혁명의 씨앗이 움트고 있었다. 결국 시칠리아에서 발발한 혁명이 불씨가 되어 유럽 전역으로 혁명의 열기가 퍼져 나갔다. 프랑스, 프로이센, 오스트리아, 헝가리 등 어느 국가도 예외는 아니었다.

▼ 이탈리아 군사 전략가이자 이탈리아 통일의 일등공신인 주세페 가리발디(Giuseppe Garibaldi)

시칠리아 섬에서 시작된 이탈리아 혁명

　1830년대 장화모양의 이탈리아 반도에서는 자본주의 경제가 크게 발전하면서 부유한 중산계급이 빠르지는 않지만 안정적으로 성장하고 있었다. 당시 많은 봉건국가로 분열되었던 이탈리아 반도는 전쟁이 끊이지 않았고, 각 국가는 직간접적으로 오스트리아의 영향권 아래 있었다. 섬의 중산계급은 봉건제도, 분열된 국가, 오스트리아의 통치 때문에 많은 압박에 시달렸지만 압박이 심해질수록 저항은 더욱 거세졌고, 결국 온화한 지중해 기후의 나라에서 처음으로 혁명의 불길이 타올랐다.

1847년 훗날 사르데냐왕국의 총리가 된 카밀로 카보우르(Camillo Benso Conte di Cavour)는 신문 《리소르지멘토(Risorgimento)》를 창간하여 봉건 전제정치를 비판하고 군주입헌 사상을 전파하며 이탈리아 반도의 통일과 독립을 통한 부흥을 꿈꿨다. 마치니(Giuseppe Mazzini)가 결성한 카르보나리당과 청년 이탈리아당이 중산계급 사이에 널리 유행한 《리소르지멘토(Risorgimento)》와 뜻을 같이하여 이탈리아 통일을 선언하면서 잠들어 있던 이탈리아 민족의식이 깨어나기 시작했다.

1848년 1월, 시칠리아 국왕 페르디난도 1세(Ferdinand I)의 전제정치가 국민의 가슴에 혁명의 불을 붙였다. 왕의 군대에 대항해 승리

▼ 1848년 헝가리 혁명 전투 모습

를 거둔 혁명세력은 신속하게 자산계급 임시정부를 수립하고 헌법을 제정했다. 그 후 밀라노와 베니스 등지에서 혁명이 일어났다. 밀라노의 혁명군은 국내에 주둔한 오스트리아 군대를 쫓아냈고, 베니스의 공화주의자는 오스트리아 군대를 추방하여 베니스공화국을 회복했다. 승리 소식에 고무된 롬바르디아, 베네치아, 파르마, 투스카니 등 지역에서도 혁명이 일어났다. 3월 24일, 사르데냐왕국과 나폴리왕국은 혁명 세력의 압박을 받고 오스트리아에게 선전포고를 하지만 각국 왕이 자유파 자산계급과 결탁하는 바람에 오스트리아를 향한 투쟁은 실패를 거듭했다. 민주파 자산계급이 혁명 지도세력으로 떠오른 후 1849년 마치니와 가리발디(Garibaldi)가 이끄는 군대가 로마로 진격하여 로마공화국을 수립했으나 2개월 만에 프랑스, 오스트리아, 시칠리아 국왕의 연합군에게 진압당했다. 8월 28일, 베니스공화국 역시 무너졌고, 가리발디가 미국으로 망명하면서 1848년 이탈리아 혁명은 끝이 났다.

굴곡 많은 프랑스 혁명

1830년, 7월 혁명으로 프랑스 복고 왕정 부르봉 왕가의 통치가 끝나고 금융 자산계급에게 조종당하던 오를레앙(Orleans) 가가 정권을 잡았지만 혁명으로 큰 희생을 치른 시민은 어떤 혜택도 받지 못했다. 게다가 오를레앙 왕가는 금융 자산계급의 이익을 보호하는 데만 집중해서 여러 계층에서 불만의 목소리가 터져 나왔다.

엎친 데 덮쳐 프랑스와 기조(Francois Guizot) 수상이 '무능한' 정책을 펼쳐 정부에 대한 좋지 못한 소문이 퍼지면서 중산계급과 자유주의자의 원성이 끊이지 않았다. 이들은 온건한 개혁을 통해 선거권을 확대하고 중산계급에 더 많은 정치권력을 보장하고자 했다. 당시 프랑스에서는 사회주의 사상이 점차 노동자 계급으로 확산되고 푸리에, 생시몽 등 사회주의자가 제시한 유토피아에 대한 갈망이 프롤레타리아의 혁명의식을 강화하는 등 사회 저변의 변화가 이루어지고 있었다. 이러한 상황 속에서 오를레앙 왕가의 존재는 그야말로 눈엣가시였고, 심지어 프랑스 정통주의자들조차 루이 필리프가 부르봉 왕가의 왕권을 빼앗아갔다고 생각했다. 또한 나폴레옹 제국의 영광을 경험했던 나폴레옹파는 평범하고 위엄도 없는 오를레앙 왕조를 우습게 여겼다. 결국, 금융계급 이외의 모든 세력에게 오를레앙 왕조는 공공의 적이었다.

1848년 2월 22일, 파리의 노동자, 학생, 국민이 가랑비를 뚫고 거리로 나와 기조 수상의 저택 앞에 모였다. 오를레앙 왕조가 군사를 동원해 진압하자 시위는 혁명으로 변했고, 진압하던 군대가 혁명의 열기에 영향을 받아 루이 필리프를 반대하는 쪽으로 합류했다. 루이 필리프는 황급히 기조 수상을 사임시키고 새로운 수상을 세웠지만 때는 이미 늦었다. '7월 혁명'을 이미 겪어 본 시민은 공화국을 실현하기 위해 전투를 멈추지 않았고 결국 모든 것이 끝났다고 생각한 루이 필리프가 영국으로 도주하면서 오를레앙 왕조는 막을 내렸다. 2월 25일, 프랑스 제2공화국이 정식으로 선포되면서 2월 혁명은 승리로 끝났다.

▲ 1848년 혁명 중 프랑스 국민 방위대의 병사

그러나 자산계급이 실권을 장악하고 승리의 열매를 빼앗으면서 혁명의 주역이었던 절대다수의 노동자들은 또다시 나락으로 굴러떨어졌다. 혁명이 성공하자 자산계급은 국민에 대한 신의를 저버린 채 공장을 해산시키고 노동자를 입대시키거나 외지로 보내 중노동을 시켰다. 파리의 프롤레타리아가 6월에 다시 혁명을 일으켰으나 처참하게 진압당하고 말았다. 1848년 11월 12일, 공화국에 〈1848년 헌법〉이 반포되면서 프랑스는 자산계급 공화당 통치로 들어갔다.

통일의 꿈, 독일 연방공화국 혁명

독일 연방공화국은 당시 이탈리아 반도와 유사한 구조로 되어 있었다. 무려 35개의 연방과 4개의 자유시로 구성되어 있었으며 백 년 가까이 통일을 이루지 못했다는 점이 그랬다. 국가의 분열은 자본주의 경제 발전을 방해하는 요소였으므로 모든 이가 통일을 꿈꿨다. 1840년 프로이센의 진보적인 군주 프리드리히 빌헬름 4세가 자유주의에 공감하며 언론, 출판의 제한을 완화했다. 그러나 1847년에 각 지역 의회대표에게 법률 제정 등의 권리도 주지 않는 이름뿐인 국회를 조직하면서 빌헬름 4세의 본색이 드러났고, 자유주의자들은 크게 실망하고 말았다.

그러던 중 1848년 3월 프랑스의 '2월 혁명'의 승리 소식이 전해지면서 독일 연방공화국 국민은 희망을 품게 되었고, 이내 파리를 이어 베를린 시의 노동자, 학생, 시민이 혁명을 일으켰다. 이 혁명의 영향으로 빌헬름 4세는 새로운 입헌회의 개최에 동의했고, 연방제 통일을 선언했

▲ 1848년에서 1849년까지의 혁명 후 '자유군' 기념증서

다. 3월 말, 약 5천 명의 자유주의 지도자가 프랑크푸르트에 모여 독일 통일 문제를 논의했다. 5월 18일부터 이듬해 4월 21일까지 이어진 회의에서 대표들은 오스트리아가 이끄는 대독일주의와 프로이센이 이끄는 소독일주의 사이에서 끊임없는 논쟁을 펼쳤고 결국 소독일주의가 통과되었다. 1848년 3월, 의회는 제국헌법을 통과시켜 프로이센 국왕 프리드리히 빌헬름 4세를 통일된 독일제국의 황제로 선출했다. 하지만 빌헬름 4세는 오스트리아의 심기를 건드릴까 두렵기도 했고 헌법에서 황제의 법안 부결권을 부여해주지 않은 것이 마음에 들지 않아 황관을 거절했다. 결국 각 연방정부가 회의에 참석한 의원들을 소환하고 남은 의원들도 뷔르템베르크 군대에 의해 해산되었다. 7월, 프랑크푸르트 의회가 해산을 선포하자 한바탕 소란스럽던 통일회의와 함께 독일 연방공화국의 혁명도 막을 내렸다.

다민족 국가 오스트리아 혁명

19세기 중엽 오스트리아는 여전히 유럽의 중요한 다민족 국가로 자국뿐 아니라 보헤미아, 헝가리도 다스리고 있었다. 해당 지역의 주민과 오스트리아인은 서로 다른 민족이었지만 1848년 혁명의 바

람이 불자 약속이라도 한 듯 하나가 되어 합스부르크 왕가의 보수정 치에 대항했다.

1848년 3월 13일, 파리와 베를린에 이어 오스트리아의 수도 빈도 혁명의 중심에 섰다. 시위대는 "자유, 헌법", "메테르니히 (Metternich) 타도"를 외치며 바리케이드를 치고 정부의 군대와 격렬 한 육박전을 벌였다. 이렇게 거센 분노에 사로잡힌 민중이 오스트리 아 왕가에 메테르니히의 사임을 요구하자 항상 메테르니히에게 휘 둘려 왔던 페르디난도 1세도 그 요구를 거절할 수 없었다. 궁지에 몰린 메테르니히는 변장을 한 후 몰래 빈을 탈출했다. 그러나 이런 상황 속에서도 3월 17일에 조직된 새로운 내각은 여전히 혁명세력 과 반대 입장을 고수했고 결국 5월 15일 혁명이 다시 일어나면서 오 스트리아 황제도 도망 길에 올랐다.

1848년 3월, 보헤미아의 '청년체코당'이 프라하에서 회의를 열고 평등한 지위를 요구했다. 6월 12일, 프라하 시민이 봉기를 일으켰 지만, 오스트리아 군대가 진압하면서 혁명은 5일 만에 실패로 돌아 갔다.

1848년 3월 15일, 헝가리 페스트에서 페테피(Petofi)의 지휘 하에 혁명이 일어났다. 혁명 세력은 개선된 자산계급 혁명 강령을 제정했 고, 치안 위원회를 설립하여 페스트 지역을 관리했다. 오스트리아 황제는 혁명 세력의 요구에 동의하는 척하면서 뒤로는 진압할 군대 가 올 때까지 시간을 벌고 있었다. 12월, 빈에서 혁명을 진압한 오스 트리아 군대는 헝가리로 향했고, 1849년 5월에 러시아에서도 14만 대군이 헝가리 혁명 진압을 위해 달려왔다. 혁명 세력은 9월 27일까 지 대항했지만 결국 거점인 코마롬 요새가 함락되자 헝가리 혁명은 핏빛 진압으로 끝이 났다. 이로써 1848년에 일어났던 모든 혁명이 마침표를 찍었다.

흑선사건

19세기 무렵, 해가 뜨는 나라 일본은 바다로 둘러싸여 세상과 단절된 섬에 불과했다. 태양신의 자손인 천황이 살았던 웅장하고 화려한 교토의 궁전은 아름다운 풍경 뒤로 권력 암투를 숨기고 있었다. 1185년 미나모토 요리토 모가 일본의 첫 씨족 헤이지 가문을 무너뜨리자 '천자를 끼고 제후들을 호령'하는 일본 최초의 무신정권 막부가 등장했다. 그 후 19세기까지 700년 동안 천황은 그저 꼭두각시처럼 무신에게 조종당했고, 진정한 권력은 교토의 호화로운 성안에서 생활하는 장군들에게 있었다. 그러나 암울한 처지의 천황이나 권력을 거머쥔 막부 장군이나 외부와 단절된 채 세계에서 일어난 놀라운 변화를 알지 못하기는 마찬가지였다.

흑선의 최후통첩

19세기에 미국이 대서양 연안에서 태평양 연안으로 영토를 빠르게 확장하면서 태평양은 미국의 천연 어장이 되었다. 이곳에서 물고기를 잡는데 열중하던 어선이 멀리 아시아 대륙이 보일 정도로 태평양 깊숙한 곳까지 들어가는 경우가 종종 있었는데, 멀리 떨어진 곳으로 나오다 보니 어선의 연료, 식량, 물이 부족한 것이 큰 문제였다. 이런 문제를 해결하기 위해 미국은 지도에서 가장 적합한 보급지점을 찾았고, 가장 먼저 눈에 들어온 곳이 일본이었다. 하지만 도쿠가와 막부가 철저한 쇄국정치를 펼쳐 미국은 일본을 멀리서 바라볼 수밖에 없었다.

우수한 문화와 민주주의를 주장했던 미국은 처음에는 점잖은 태도와 일반적인 방식으로 일본과 외교관계를 맺으려 했다. 그러나 1846년 3척의 함대를 이끌고 간 제임스 비들(James Biddle) 제독의 통상 요구가 무례하게 거절당하자 이에 분노한 미국은 목적을 이룰 때까지 절대 물러나지 않겠다고 다짐했다.

1853년 8월 7일은 미국과 일본 두 나라의 역사에서 매우 중요한 날이었다. 거대한 4척의 군함이 검은 연기를 내뿜으며 망망대해를 넘어와 우라가 항에 들어와 그 위용을 뽐냈다. 군함을 이끌고 온 미국의 동인도 함대 사령관 매슈 페리(Matthew Calbraith Perry)는 포화를 동원하여 에도 막부를 위협한 후 미합중국의 요구를 받아들이게 하려 했다. 4척의 군함이 모두 검은색이었기 때문에 겁에 질린

▼ 페리 동상

페리 장군이 이끈 미국 함대는 굳게 닫혀 있던 일본을 개방시켰다. 흑선의 충격으로 일본의 지식인은 부국강병을 꿈꾸게 됐다.

179

일본인들은 이 사건을 '흑선사건'이라고 불렀다.

페리호는 미국의 13대 대통령 밀러드 필모어(Millard Filmore)가 일본 막부를 향한 통상 요구를 담은 친필 서신을 전달하면서 만약 막부가 제안을 받아들이지 않을 시 대포의 포구를 해안가 포대를 향해 발사될 수 있음을 암시했다. 에도의 이에요시 장군은 미국의 요구를 거절할 수 없었지만 또 요구를 수용하면 전 국민의 비난을 살까 두려워 쉽게 결정하지 못했다. 진퇴양난의 처지에서 그는 로중[21]아베 마사히로에게 도움을 요청했다. 아베 마사히로는 원칙적으로는 미국의 요구에 동의했지만 세부적인 문제는 어느 정도 조정이 필요하다고 생각해 회답을 다음 해로 미루었다. 7월 17일, 페리는 에도 만 깊은 곳에 있는 물길을 측량한 후 함대를 이끌고 떠났다.

굳게 닫힌 문이 열리다

밀러드는 미국의 공세에 200년간 굳게 문을 닫아온 일본도 흔들리기 시작했다. 다급하게 공격을 이어간 이에요시 장군은 병상에서 목숨을 잃었고, 능력이 모자란 그의 아들이 뒤를 이어 장군 자리에 올랐다. 로중들은 어찌할 바를 몰라 쩔쩔매다가 교토에 있는 천황에게 이 문제를 넘겨버렸으나, 고메이 천황도 결정을 내리지 못하기는 마찬가지였다. 결국 아베 마사히로가 각 지역 제후에게 의견을 물었지만 다들 자기 욕심을 채우려는 생각만 가득해 문호개방에 대해 의견 일치를 보기가 어려웠다.

게다가 1854년 2월 13일, 반년이 조금 지나자 더 이상 기다리지 못하고 페리 함대가 다시 일본 해역으로 들어오면서 상황은 더 어려워졌다. 페리는 4척의 군함과 2척의 순양함, 수송선 1척을 이끌고 에도 항구를 지나 요코하마에 도착했다.

3월 31일, 페리와 함께 무장한 미국 병사 500명이 상륙하여 막부에서 보낸 관료와 협상을 진행했다. 페리의 완강한 태도에 막부는 결국 그의 요구를 받아들일 수밖에 없었고, 양측은 〈가나가와 조약〉이라고 불리는 〈미일친선조약〉을 체결했다. 이 조약으로 일본은 시모다와 하코다테 항구를 개방하고 항구에 정박한 미국 함선의 식수, 연료, 기타 생필품 조달을 허가했으며, 관리 및 협상 중 발생할 수

---

21) 막부의 관직

▲ 일본과 미국의 〈가나가와 조약〉
체결지역

〈가나가와 조약〉체결로 인해
굳게 닫혀 있던 일본이 서구 열
방에게 문호를 개방하면서 일본
의 새로운 시대가 도래했다.

있는 문제를 해결하기 위해 두 항구에 영사관을 설치하도록 했다.

그 후 몇 달 동안 영국, 러시아, 네덜란드 등 여러 나라가 일본에
미국과 유사한 친선조약을 맺자며 압박을 가했다. 대포도 쏘지 않은
함선의 압박에, 일본의 문호가 열린 것이다.

크림전쟁

이제 우리는 그리스도교도가 함께 성지에서 드리는 기도의식이 여러 교파 사이에서 벌어지는 끝없는 논쟁으로 변해가는 이유를 알게 되었다. 한편, 이러한 신성한 논쟁은 각 국가와 민족 간의 세속적인 싸움을 가려준다. 서구에서는 이해할 수 없지만 동방에서는 무엇보다도 중요하게 여기는 이 성지 보호권 문제는 툭하면 발생하면서도 늘 가려져서 영원히 해결되지 않는 동방의 고질적인 문제 중 하나다.

마르크스 《선전포고 – 동방문제 역사》

성지 문제

예수 그리스도가 예루살렘의 십자가에 달린 후 예루살렘과 예수가 태어난 베들레헴은 그리스도교의 성지가 되었고, 후손들은 이 지역에 웅장한 교회를 세웠다. 그러나 1054년, 교리에 대해 의견이 달랐던 동서교회는 끊임없이 분쟁을 이어가다가 로마교회(가톨릭)와 그리스 정교로 분리되었다. 신의 은총 아래 있던 세속 사회도 함께 분리되어 각자가 따르는 신성한 교리를 보호했다. 결국 신앙의 차이와 세속적인 이익이 맞물려 그리스도교 국가였던 영국, 프랑스, 러시아 등 국가 간의 싸움이 더욱 치열해졌다.

14세기에 오스만 튀르크제국이 비잔틴제국을 무너뜨리고 예루살렘과 베들레헴을 손에 넣었다. 오스만 튀르크는 이 성지를 미끼로 분열된 그리스도교 세력과 협상을 하려 했다. 그러나 얼마 지나지 않아 세력을 키운 유럽 열강이 들고 일어나 튀르크제국은 점차 쇠퇴해 갔고, 성지는 더욱 강한 세력의 손에 넘어가게 되었다.

1852년 12월, 루이 보나파르트가 튀르크제국의 술탄을 굴복시키고 성지를 다시 차지한 덕분에 프랑스는 가톨릭을 보호한다는 명예도 얻으면서 중동지역에서의 영향력도 확장했다. 그러나 이 지역을 호시탐탐 노리던 러시아로서는 속이 타는 일이었다. 러시아 황제는 즉각 튀르크 국내의 그리스 정교 신자들을 위해 보호국을 세우겠다고 나섰지만 튀르크 술탄이 이를 거절하면서 양국 관계가 매우 위태로워졌다.

그리하여 튀르크를 지지하기 위해 프랑스군과 영국군이 나섰고 각각 에게 해와 다르다넬스 해협으로 진입했다. 이에 질 수 없었던 러시아도 튀르크 변경지역으로 군대를 집결시켰다. 영국, 프랑스, 러시아는 말로는 신성한 교리를 수호하겠다며 나섰지만, 사실 이들이 전쟁을 일으킨 가장 큰 이유는 몰락해 가는 튀르크제국이 남길 어마어마한 유산을 차지하기 위해서였다. 이들 모두 튀르크의 '동방' 영토 중 가장 큰 몫을 차지하려고 혈안이 되어 있었다.

1853년 7월, 수만 명의 러시아 대군이 도나우 강의 몰도바와 왈라키아 공국을 공격했다. 10월 9일, 튀르크제국은 러시아군에게 철수를 명령했지만 거절당했다. 16일, 튀르크는 러시아에 선전포고를 전달했고, 러시아는 튀르크, 영국, 프랑스 연합군과 전쟁을 시작했다. 이 전쟁은 주요 전투지가 모두 크림지역에 집중되어 있어 '크림전쟁'으로 불린다.

▲ 크림전쟁 정경

고독한 전투

1853년 11월 1일, 러시아는 튀르크와의 전쟁을 선언한 후, 융기 지역과 해상에 병력을 배치했다. 러시아와 튀르크 양측은 세 지역에서 대치했다. 우선 도나우 강 유역에서 러시아의 미하일 드미트리예비치 고르차코프(Mikhail Dmitriyevich Gorchakov) 장군이 지휘하는 8만 2천 명의 대군과 크림 지역 총사령관인 오메르 파샤가 이끄는 15만 대군이 대치했다. 코카서스 지역에서는 산지 주민이 봉기를 일으켜 러시아 군대를 막아내자 러시아는 재빨리 3만 명의 병사를 조직하여 베바토프에게 맡긴 후 아부디 파샤가 이끄는 10만 대군과 맞

▲ 판화 〈죽은 말〉

이 판화는 크림전쟁에서 러시아 군의 험난한 행군 상황을 보여 준다. 군수물자를 옮기며 진흙탕에서 행군하는 러시아 군대 옆 눈밭 위로 죽은 말의 시체가 보인다. 총칼의 공격보다 더욱 참혹한 전쟁 상황을 여실히 드러내는 장면이다.

서게 했다. 흑해 지역은 부패한 튀르크 함대와 러시아 함대는 언뜻 보아도 상당한 차이가 났기 때문에 전체적으로 러시아에 유리했다. 러시아는 해상 전투의 강한 세력을 바탕으로 육지 전투에서도 충분히 승리를 거둘 수 있으리라 자신했다.

그러나 막상 전쟁이 시작된 후 11월 내내 양측은 제대로 된 전투가 아닌 소규모 전투만 몇 차례 치렀을 뿐이었다. 겉으로는 대규모 전쟁을 할 것처럼 서로 위협했지만 별다른 진전이 없었다. 당시 러시아는 대규모 전쟁은 피할 수 있겠다는 생각에 빠져 있었고, 튀르크제국은 동맹국인 영국, 프랑스의 지원을 기다리고 있었다. 그리고 영국과 프랑스는 지중해에서 러시아와 튀르크의 상황을 지켜보고 있었다. 결국 전쟁 초반에 당장 공격을 시작할 것 같은 분위기에서 도리어 서로 눈치만 보고 있는 기이한 현상이 벌어졌다.

11월 30일, 드디어 전쟁의 가닥이 잡히기 시작했다. 육지에서 팽팽한 신경전을 벌이던 러시아와 튀르크는 해상전에서 승패를 결정했다. 그 결과, 러시아 해군은 시노프 해전에서 튀르크를 무찌르고 지휘관 오스만 파샤를 생포하면서 흑해를 차지했다.

열강과의 전쟁

동맹국인 튀르크가 패배하자 영국과 프랑스는 더 이상 구경만 하고 있을 수 없었다. 1854년 1월 1일, 영국-프랑스 연합군이 튀르크를 보호하기 위해 흑해로 진입하자, 전쟁이 다시 시작되었고, 2월 21일에 러시아는 영국과 프랑스에게 전쟁을 선언했다.

러시아는 100만 명에 이르는 연합군 군대보다 적은 70만 대군을 이끌고 전쟁에 나섰는데 군사 장비가 영국과 프랑스보다 훨씬 뒤떨어진데다 구식 함대를 보유하고 있었고 러시아 군대의 구식무기인 조총 역시 사정거리와 위력 모두 영국과 프랑스의 강선총에 못 미쳤다.

그러나 러시아 황제 니콜라이 1세의 명령을 받든 러시아 군대는 발칸 반도에서 기선을 제압했다. 3월에서 5월 사이에 러시아 군대는 잇따라 승리를 거두면서 우선 이삭체아, 툴체아, 미질을 점령했고, 불가리아에 도착하자 큰 환영을 받았다. 코카서스에서 전투가 시작된 후, 6월 16일 안드로니코프 지휘관은 초루 강에서 러시아보다 3배나 많은 튀르크 군을 무찔렀다. 7월 29일, 3,500명 규모의 러시아 군대가 깊은 계곡에서 바야지트가 이끄는 튀르크 군을 격파했다. 8월 5일, 쿠레크데레(Kurekdere)에서 다시 격전이 벌어졌고, 알렉산드로폴[22]에서 러시아군대 2만 명의 공격을 받고 6만 명에 달하는 튀르크 군대가 무너지고 말았다. 러시아 군대는 육지뿐 아니라 해상에서도 큰 승리를 거두면서 여름을 맞았다. 8월이 되었지만 영국과 프랑스 연합군은 올란드 제도 외에는 어떤 곳도 점령하지 못한 상태였다.

그러나 승승장구를 거듭하던 러시아도 위기를 맞았다. 러시아는 수적인 열세를 피하기 위해 군대를 분산시켜 싸웠으나 지역 전투에서 패배한 영국과 프랑스가 크림 지역으로 집결했던 것이다.

세바스토폴 전투

1854년 9월 14일에서 18일까지 연합군은 89개의 전함과 300척의 수송함으로 구성된 함대를 이끌고 크림 반도 에우파토리아에 상륙했다. 그리고 20일, 전투에 패한 러시아 장군 멘시코프가 군대를 이끌고 아리마 강에서 세바스토폴 요새로 이동했다. 당시 러시아 군사력으로는 크림 지역에서 우크라이나로 통하는 동선은 지킬 수 있었지만 세바스토폴 요새는 위태로웠기 때문이었다.

연합군은 우회 전략을 펼쳐 세바스토폴 요새를 포위하기 시작했다. 9월 25일, 영국 군대가 발라클라바를 장악하고, 프랑스 군대가 카메쉬 만에 기지를 세우자 세바스토폴 요새는 계엄 상태에 돌입하

---

22) 현재 기우므리(Gyumri)

▲ 크림전쟁 기념비

면서 약 349일 동안 세바스토폴 전투가 이어졌다. 1만 8천 명의 러시아 해군과 보병이 6만 명의 영국-프랑스 연합군과 사투를 벌였다.

1854년 10월 17일, 연합군은 해상과 육지에서 대포 120문, 함포 1,340문을 동시에 발사하여 세바스토폴 요새의 방어벽을 부수려고 했다. 러시아가 반격할 수 있는 대포는 고작 268문이었다. 그러나 놀랍게도 견고한 방어벽과 훌륭한 반격으로 연합군의 공격은 수포로 돌아갔다. 몇 차례의 공격을 받았지만 러시아는 끝까지 요새를 지켜냈다.

10월 25일, 멘시코프는 군대 인원을 늘린 후 연합군 지역 중 일부를 차지하고 영국 카디건 장군의 기병대를 무너뜨렸다. 11월 5일, 러시아가 잉케르만에서 승리를 거두면서 연합군은 세바스토폴 요새 점령을 포기하고 장기 포위전을 시작했다.

전투와 협상

러시아가 세바스토폴 요새를 지켜내고 다른 전투에서도 승리를 거두긴 했지만, 분산된 병력과 세바스토폴 요새 전투에서 치른 많은 희생 때문에 러시아 군대도 지치기 시작했다. 그리하여 1854년 오스트리아의 주재로 양측이 협상테이블에 앉았다. 영-프 연합군은 러시아 함대의 흑해 진입을 반대했고, 몰도바와 왈라키아에 대한 러시아의 보호권을 부정했다. 도나우 강 유역을 노렸던 러시아는 조건을 거부했고 결국 1855년 4월 협상은 결렬됐다. 그 후 오스트리아와 사르데

186

냐왕국이 연합군에 합류하면서 러시아는 완전히 고립상태에 놓였다.

전투는 여러 지역에서 계속되었다. 영국-프랑스 해군연합군이 발트 해와 백해 등 지역에서 러시아와 전투를 벌였지만 큰 성과를 거두지 못했다. 그렇다고 러시아가 전쟁을 주도했던 것은 아니었다. 중요한 전투가 크림 반도에서, 아니 정확히 말하면 세바스토플 요새에서 계속 이어지고 있었던 것이다. 1855년 4월, 연합군은 2차 포격을 시작했고, 5월에서 6월까지 세바스토플 요새에서 3차 포격전이 이어졌다. 6월 18일, 세바스토플 요새에 영-프 연합군의 4차 포격이 시작되자 러시아군 5천여 명이 사망했다. 요새를 지키던 러시아군은 탄약과 식량, 물 공급조차 어려운 상황임에도 불구하고 끝까지 용맹스럽게 요새를 지켰다. 9월 8일, 5, 6차 포격 후 연합군이 세바스토플 요새를 총공격하기 시작했고 요충지 말라호프가 점령당하자 349일 동안 러시아 병사 10만 명이 목숨을 바치며 지켰던 세바스토플 요새가 결국 함락당하고 말았다.

러시아군의 사기는 바닥으로 떨어졌고 병력은 턱없이 부족한 상태였다. 더 이상 전쟁을 이어갈 수 없던 러시아는 휴전 후 빈에서 협상을 재개했고, 대내외적인 어려움 때문에 어쩔 수 없이 조건을 받아들였다. 1856년 3월 30일, 영국, 프랑스, 튀르크 등 연합군과 러시아는 다음의 내용을 담은 〈파리 조약〉을 체결했다. '러시아 군함의

▼ **1856년 파리조약**

크림전쟁은 서구 열강 패권 다툼이었다. 전쟁에 지친 양측은 결국 협상테이블에 마주 앉았다. 1856년 3월 30일 오스만 튀르크제국, 러시아, 사르데냐 왕국, 프랑스, 영국, 오스트리아, 프로이센이 〈파리 조약〉을 체결하면서 크림전쟁은 막을 내렸다.

▲ 경기병의 공격

흑해 항해 및 해군기지 설립 금지, 발트 해와 올란드 제도 진지구축을 금지한다. 러시아는 베사라비아 남부지역을 튀르크에게 양도하고 카르스를 돌려준다. 러시아는 술탄이 통치하는 몰도바, 왈라키아와 세르비아 삼국이 열강에 보호받는 것을 인정한다.'

약 3년간의 전쟁 동안 100만 명 정도가 목숨을 잃었다. 러시아군이 52만 2천 명, 튀르크가 40만 명, 프랑스는 9만 5천 명, 영국군은 2만 2천 명이었다. 전쟁에서 참패하면서 러시아 국내정치는 불안정해졌다. 농노제도의 압박에 견디다 못한 군민들이 저항하기 시작했고, 권위적인 러시아 황제도 개혁을 고민하기 시작했다.

솔페리노 전투

전쟁터에서 부상자를 차별 없이 도우려는 열망에서 탄생한 국제적십자운동은 국제적, 국내적 역량을 발휘하여 어디서든지 인간의 고통을 덜어주고 예방하기 위해 노력한다. 적십자 운동의 목적은 생명과 건강을 보호하며 인간의 존엄성을 존중하고 보장하는 데 있다. 이러한 적십자 운동은 모든 사람 간의 이해, 우정, 협력 및 항구적 평화를 증진한다.

적십자 운동 기본원칙

하나된 목소리

BC 2000년, 이탈리아 반도에 인류사회가 구성된 후 전쟁이 끊이지 않았다. 로마, 흉노족, 아랍 세력 등 드넓던 영토 위에 여러 국가가 세워지고, 분열된 땅 위로 전쟁은 계속되었다. 18세기 말에 떠오르는 별이었던 나폴레옹이 이탈리아 원정군 총사령관으로 임명된

▼ 유화 〈솔페리노 전투〉

전쟁은 인도주의를 파괴한다. 그러나 150년 전 이탈리아 북부의 작은 마을 솔페리노에서 일어난 잔혹한 전투는 도리어 국제적 인도주의 운동의 첫 장을 열었다.

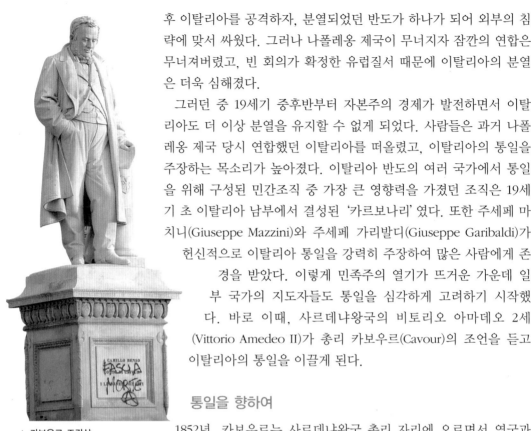

▲ **카보우르 조각상**

《이탈리아 건국 위인전 : 카보우르》에서 양계초[23]는 카보우르를 천하에 뛰어난 기개와 영웅적인 면모를 지닌 인물로 평했다.

후 이탈리아를 공격하자, 분열되었던 반도가 하나가 되어 외부의 침략에 맞서 싸웠다. 그러나 나폴레옹 제국이 무너지자 잠깐의 연합은 무너져버렸고, 빈 회의가 확정한 유럽질서 때문에 이탈리아의 분열은 더욱 심해졌다.

그러던 중 19세기 중후반부터 자본주의 경제가 발전하면서 이탈리아도 더 이상 분열을 유지할 수 없게 되었다. 사람들은 과거 나폴레옹 제국 당시 연합했던 이탈리아를 떠올렸고, 이탈리아의 통일을 주장하는 목소리가 높아졌다. 이탈리아 반도의 여러 국가에서 통일을 위해 구성된 민간조직 중 가장 큰 영향력을 가졌던 조직은 19세기 초 이탈리아 남부에서 결성된 '카르보나리'였다. 또한 주세페 마치니(Giuseppe Mazzini)와 주세페 가리발디(Giuseppe Garibaldi)가 헌신적으로 이탈리아 통일을 강력히 주장하여 많은 사람에게 존경을 받았다. 이렇게 민족주의 열기가 뜨거운 가운데 일부 국가의 지도자들도 통일을 심각하게 고려하기 시작했다. 바로 이때, 사르데냐왕국의 비토리오 아마데오 2세(Vittorio Amadeo II)가 총리 카보우르(Cavour)의 조언을 듣고 이탈리아의 통일을 이끌게 된다.

통일을 향하여

1852년, 카보우르는 사르데냐왕국 총리 자리에 오르면서 영국과 프랑스의 힘을 빌려 이탈리아 내부에 있던 오스트리아 세력을 몰아내기로 결심했다. 1859년 6월, 나폴레옹 3세가 이끄는 프랑스 군대가 알프스 산을 넘어 이탈리아와 사르데냐 부대와 합류했다. 6월 4일, 마젠타 전투에서 오스트리아군은 프랑스와 사르데냐 연합군에게 참패했고, 연합군은 롬바르디아와 밀라노 등 지역을 점령했다.

6월 24일, 프랑스-사르데냐 연합군이 밀라노와 베로나 사이에 있는 솔페리노 부근에서 오스트리아 군대와 다시 마주쳤다. 프랑스 황제 나폴레옹 3세, 사르데냐왕국 국왕 비토리오 아마데오 2세, 오스트리아 황제 프란츠 1세의 군대의 전투가 시작되었다. 이 전투는 마지막으로 각 국왕이 직접 군대를 지휘한 전투로 역사에 기록되었다.

전투는 너무나 처참했다. 9시간 동안 이어진 전투에서 20만 명의

---

23) 중국 청 말의 중국학자, 사상가

병사가 살육전을 벌이다 결국 오스트리아가 패배했다. 전쟁이 끝난 후 부대 상황은 참혹했다. 오스트리아의 전사자는 3천 명, 부상자는 10,807명이었으며 8,638명이 실종되거나 생포됐다. 연합군 전사자는 2,492명, 부상자는 12,512명이었고 2,922명이 실종되거나 포로로 잡혀갔다.

1859년 7월 12일, 전쟁이 끝났고 사르데냐왕국은 롬바르디아를 되찾으며 통일을 향해 한 걸음 더 나아갔다.

깊은 영향력

이탈리아 통일을 이루는데 결정적인 역할을 했던 솔페리노 전투는 제2차 이탈리아 독립 전쟁 혹은 이탈리아-오스트리아 전쟁이라고도 불린다. 전쟁에서 승리하면서 이탈리아의 애국 통일운동이 더욱 빠르게 진행되었고 투스카니와 모데나 등이 사르데냐왕국에 합류했다. 1860년 봄, 이탈리아는 부분적인 통일을 이루었다.

그러나 이탈리아의 통일보다 더 큰 역사적인 의의가 있는 것이 바로 당시에 시작된 세계 적십자 운동이다. 솔페리노 전투가 끝날 무렵 제네바 출신의 젊은 은행가 장 앙리 뒤낭(Jean Henri Dunant)이 그 지역을 지나가게 되었다. 시체로 즐비한 전쟁의 참상을 보고 경악을 금치 못하던 그는 전쟁터에 많은 부상자가 돌봐줄 사람도 없이 죽어가는 모습에 너무나 마음이 아팠다. 인도주의 정신을 발휘한 뒤낭은 즉각 민간조직을 구성하여 구호작업을 펼쳤고, 또한 구호경험을 바탕으로 한 《솔페리노의 기억》을 집필하여 제네바에서 발표했다. 그의 강력한 호소로 1863년 2월 스위스 제네바에 부상병 구호를 위한 국제위원회가 발족하였고, 오늘날의 적십자 국제위원회로 발전했다.

미국내전

남북전쟁은 다름 아닌 두 가지 사회제도, 즉 노예제도와 자유노동제도 사이에 벌어진 싸움이었다. 두 제도가 북아메리카에 더는 공존할 수 없게 되자 전쟁이 발발했고, 한 제도의 승리로 전쟁은 막을 내렸다.

마르크스

톰 아저씨의 오두막

15세기 중엽, 잔인한 포르투갈 장사치들은 흑인 노예를 팔아넘겨 많은 이익을 취했다. 한번 돈맛을 본 노예상들은 이 부당하지만 달콤한 돈의 유혹을 포기하지 못했다. 결국 흑인 노예선이 대서양을 오갔고, 무수한 아프리카의 전사가 고향과 영원히 이별해야 했다. 이들은 유럽인들에게 물건취급을 받으며 '신대륙'으로 옮겨졌다. 상품으로 전락한 노예들은 노예상의 주머니를 두둑하게 해주고, 노예 주인의 토지와 재산을 불리기 위해 힘써야 했다. 흑인 노예의 비참한 처지는 양심적인 부유층의 동정심을 일깨웠다. 17세기 유럽에서 일어난 계몽운동은 인간의 자유와 평등을 외쳤고 루크, 몽테스키외, 볼테르 등의 계몽 사상가는 노예무역을 신랄하게 비판했다. 노예무역을 반대하고 철폐하자는 주장이 거세지면서 노예폐지운동이 일어났다.

이 운동은 흑인 노예의 피와 땀으로 얼룩진 북아메리카의 새로운 국가 미합중국도 휩쓸었다. 1820년대에 미국에서는 자발적으로 노예폐지를 주장하는 조직이 등장했다. 이들은 당국의 압박에도 굴하지 않고, 책과 출판물, 전단지, 연설을 통해 노예제도의 부당함을 주장하며 지속적으로 노예제도를 반대했다. 1827년, 미국의 143개 지역에 이미 노예폐지운동 단체가 생겨났다. 1833년 필

▼ 《톰 아저씨의 오두막》 표지

《톰 아저씨의 오두막》은 노예제도를 반대한 미국작가 비처 스토 부인이 1852년에 발표한 소설이다. 이 소설에서 드러난 아프리카계 미국 흑인과 미국 노예제도에 대한 관점은 사회에 깊은 영향을 끼쳤다. 또한 이 소설로 격화된 지역 충돌은 결국 미국내전으로 이어졌다.

▲ 챈틸리 전투에서 필립 케니 장
군은 총상을 입고 전사했다.

라델피아에서 최초의 전국적 노예제도반대협회가 설립되자 노예제
도 철폐운동은 더욱 거세졌다. 관련단체들은 노예제도를 말로만 반
대한 것이 아니라 실제로 여러 비밀 결사조직을 만들어 흑인 노예들
이 고통에서 빠져나올 수 있도록 도움을 주었다.

1852년 작고 귀여운 비처 스토(Beecher Stowe) 부인은 링컨에게
'위대한 승리를 이끌어낸' 작품으로 평가된《톰 아저씨의 오두막
(Uncle Tom's Cabin)》을 출간했다. 이 작품은 흑인 노예의 비참한
현실을 가슴 아프게 그려내 많은 사람의 심금을 울렸고, 노예제도
철폐운동을 촉진시켰다. 1859년, 버지니아 주의 존 브라운이 하퍼즈
페리에서 폭동을 일으키자 일반인들 사이에서 노예폐지 운동은 절
정에 이르렀다.

사회의 분위기가 고조되자 민주주의를 표방한 미국정부는 흑인
노예제도의 문제를 살펴볼 수밖에 없었다. 문제의 핵심은 노예제도
가 미국 남북 간의 이익과 결부되어 있었다는 사실이다.

흑인과 백인, 남과 북

1787년 5월, 미국의 13개 주 대표가 필라델피아에서 회의를 열고 세계 최초로 성문법 헌법을 제정했다. 반복된 논쟁과 타협 끝에 1789년 모든 주 의회가 헌법을 통과시켜 수정된 헌법이 발효되었다. 헌법은 삼권분립, 대의제 정부 등 자산계급의 민주원칙을 주장하면서 동시에 노예제도와 그 합법성을 인정했다. 또 민주주의와 대치되는 노예제도를 어느 정도 제한하기 위해 노예주州의 경계를 법으로 규정해 놓았다.

노예제도 경제는 조방형 경영방식에 의존했기 때문에 계속해서 새로운 영역을 확장해야만 큰 이윤을 남길 수 있었다. 게다가 헌법이 규정한 노예주 수가 한계에 다다르자 노예 주인은 미국이 새롭게 차지한 서부지역으로 눈길을 돌렸다. 남부지역보다 북부지역의 백인 인구가 월등히 많았기 때문에 인구수 대비로 뽑힌 하원은 대부분

▼ 미국 내전 중 치카모가 전투

이 북부 자유주 출신이었다. 이와 반대로 상원 좌석은 인구대비가 아니라 각 주에서 평균 2명의 대표가 차지하기 때문에 노예 주인은 상원에 기대를 걸 수밖에 없었다. 이런 저런 이유로 이들은 미국이 영토를 확장할 때마다 북부지역과 갈등을 빚으며 어떻게든 노예주를 확장하려 애썼다.

1820년 〈미주리 협정〉을 통해 미주리 주가 노예주로 편입되었고, 1854년 〈캔자스-네브래스카 법〉을 통해 노예 주인이 다시 승리했다. 게다가 헌법이 규정한 노예주의 제한 논란이 수면 위로 떠오르면서 노예 주인이 활개를 치기 시작했고, 결국 노예제도의 제한이 사라져 찬성표를 많이 얻기만 하면 노예주로 편입될 수 있었다. 그러다 보니 당시 노예가 실제로는 50명에 불과했던 뉴멕시코 주도 노예주로 편입되는 기현상이 벌어지게 되었다.

노예주의 범위가 점차 확대되자 남북지역 사이의 이익이 심각하게 충돌했다. 북부지역의 산업도시가 충분한 노동력을 공급받지 못해 발전 속도가 더뎌졌고, 남부지역 농장은 노동력 저하로 많은 일손이 낭비됐다. 북부지역은 정부의 강력한 무역보호 조치를 통해 북부지역 공산품과 남부지역 원자재를 상호 교환하여 미국상품의 경쟁력을 높이기 원했다. 그러나 남부지역 농장주는 면화를 더 비싼 가격에 팔 수 있는 유럽으로 수출한 후, 유럽으로부터 더 저렴한 상품을 수입하고 싶었기 때문에 관세저하를 강력히 주장했다. 계속되는 남북 간의 분쟁과 갈등이 고조되면서 논쟁의 초점은 점차 '노예제도 철폐'로 이어졌다.

서민 대통령

1809년 2월 12일, 켄터키 주 호젠빌의 가난한 농가에서 에이브러햄 링컨이 태어났다. 집안이 가난했던 링컨은 어려서부터 서민의 고통을 겪으며 자랐다. 또 장작을 패고, 물을 긷고, 농사일을 하며 어린 시절을 보냈다. 링컨은 아홉 살에 사랑하는 어머니를 잃었지만, 다행히 상냥한 새어머니는 그를 친자식처럼 사랑해주었다. 가난한 집안 사정으로 링컨은 어린 나이에 학교를 중퇴하고 여기저기 다니며 돈을 벌었다. 오하이오 강 뱃사공, 농장일, 가게 점원, 장사꾼 일도 하고 목공기술까지 배워가며 돈을 벌었다. 열여덟 살이 된 링컨은 오하이오 강을 건너 올리언스로 향하는 여행길에서 흑인 노예의

▲ 링컨 대통령

참상을 보게 되었다. 마음씨가 착했던 링컨은 동료에게 말했다. "나중에 내게 기회가 주어진다면, 노예제도를 반드시, 완전히 없애버리겠어!"

성인이 된 후 측량기사로 일하게 된 링컨은 열심히 일하면서도 손에서 책을 놓지 않았다. 《셰익스피어 전집》, 《미국역사》 등 다양한 책을 읽어 박학다식했던 링컨은 정치집회에서 자신의 의견을 피력하며 비인도적인 노예제도를 비판하고, 공공사업에 자신의 의견을 내놓았다. 링컨의 인격적인 매력은 많은 사람에게 영향을 미쳤다. 1834년 8월, 링컨은 스물다섯 살에 주 의원으로 당선된 후 친구의 도움을 받아 법률을 공부하여 변호사가 되었다.

이때부터 링컨의 정치권 활약이 시작됐다. 1846년 하원의원에 당선되었고, 이듬해 휘그당의 당 대표로 나간 국회의원 선거에서 당선되었다. 그는 국회에서 명백하게 노예제도를 반대하는 의견을 밝혀 남부 농장주의 미움을 받았다. 1850년, 링컨은 정치생활의 좌절을 맛보며 국회에서 퇴출당했다. 그러나 국민 마음속에 링컨의 영향력은 점점 커졌다. 1860년, 그는 공화당의 대통령 후보자로 선거에 나섰다. 11월 선거 결과, 링컨은 노예 주인의 방해로 남부지역 10개 주에서 단 한 장의 표도 건지지 못했지만 200만 표를 얻어 미국 16대 대통령으로 당선되었다.

1861년 3월, 링컨은 대통령 취임연설에서 "연방공화국은 분열될 수 없다."라고 선언했다. 또한 국가의 통일을 최대한 보호하기 위해 "직접, 간접적으로 노예주의 노예제도를 간섭하지 않겠다."라고 밝혔다. 그러나 장기간 노예제도를 시행해온 농장주는 그 선언을 무시했다. 1861년 2월 남 캐롤라이나 등 6개의 노예주가 '남부동맹'을 결성하고 제퍼슨 데이비스(Jefferson Davis)를 대통령으로 추대하여 새 정부를 수립했다. 그 후 5개의 노예주가 다시 반란군 진영에 합류했다. 4월 12일, 반란군 부대가 섬터 요새에 공격을 시작하면서 전쟁이 시작되었다. 4월 15일, 링컨이 반란군 진압을 명령하면서 미국 역사상 제2차 자산계급혁명인 남북전쟁이 시작되었다.

남북전쟁은 노예제도 폐지문제로 발생한 전쟁이자 국가의 통일과 분열을 결정짓는 전쟁이었다. 전쟁 초기에 북부지역은 전쟁의 정당성을 가진 합법적 정부였고, 남부지역보다 군사력도 훨씬 우세했다.

북부지역 국민은 2,234만 명으로 남부지역의 910만 명(그 중 380만 명은 흑인 노예였다.)보다 2배나 많았다. 그러나 남부 반란군은 치밀하게 전쟁을 준비하며 뛰어난 지휘관들을 모았다. 웨스트포인트의 명장 로버트 E. 리(Robert Edward Lee), 스톤 월 잭슨(Stonewall Jackson), 불패신화의 존스톤(Jonston) 등 웨스트포인트 육군사관학교를 졸업한 우수한 지휘관들이 합류하면서 단단히 무장한 남부 반란세력에 날개를 달아주었다. 링컨 정부는 국가 통일 차원에서 반란군에 합류하지 않은 노예주의 결정을 걱정하면서도 노예해방에 대한 뜻을 굽히지 않았다. 이런 태도는 북부군의 사기를 높여 반란군과의 전투에서 승리를 이끌어냈다. 그러나 1861년 7월 매너서스 전투와 1862년 여름의 반도 전투에서 남부 연합이 큰 승리를 거두면서 정부군은 어려움에 부닥쳤다.

링컨 정부 역시 심각한 압박을 받아 위태로운 지경에 처했지만, 노예해방은 더욱 가까워졌다.

〈노예해방선언〉

▼ 미국 남북전쟁 전사자 기념비

링컨 대통령은 전세를 역전시키기 위해 혁명적인 결단을 내렸다. 1862년 5월, 링컨정부는 〈홈스테드법〉을 발표했다. "모든 미국 국민은 10달러의 수속비를 내면 160에이커(약 65헥타르)의 서부 국유지를 소유할 수 있으며 5년 동안 농토를 개간하면 사유재산으로 인정된다." 동시에 링컨은 남부지역에서 도망친 노예들을 군인으로 무장시키는 징병제를 시행함으로써 군대의 지도구조를 개혁했고, 총사령관으로 그랜트 장군을 임명했다.

1862년 9월 22일, 링컨은 〈노예해방선언〉을 발표했다. "현재 미합중국에 대하여 반란 상태에 있는 주 또는 일부 지역에 예속 상태인 노예들은 1863년 1월 1일 이후부터 영원히 자유의 몸이 될 것이다. 육군 및 해군을 포함한 미국 행정부는 그들의 자유를 인정하고 보호할 것이다." 남부지

▲ 스포칠베이니아 전투

역에 이 소식이 전해지자 자유를 갈망한 노예들이 대거 북부로 이동
했고, 북부군의 사기는 크게 치솟았다. 미국의 노예제도에 관심을
보이던 국가들이 모두 북부의 발표를 지지했고 남부 정치세력은 고
립되었다.

1863년, 링컨의 개혁조치가 전쟁에서 효과를 보이기 시작했다. 7
월 1일, 게티즈버그 전투에서 반란군 2만 8천 명이 전멸된 후 내전
주도권이 북부 군대에 넘어가면서 전쟁의 흐름이 바뀌었다. 1864년
9월, 셔먼 장군이 애틀랜타를 함락했고, 그랜트 장군이 리치먼드로
진격했다. 1865년 남부 농장의 노예가 모두 도망치자 남부 경제가
마비되었다. 1865년 4월 9일, 정부군에게 포위된 반란군이 그랜트
장군에게 투항하면서 미국 내전은 막을 내렸다.

4년간의 전쟁 동안 미국은 약 100만 명의 생명을 대가로 국가의
통일을 지키고 노예제도를 폐지함으로써 미국의 자본주의를 가로막
던 장애물을 제거하고 국가 번영을 위한 기초를 다지게 되었다.

철혈재상 비스마르크

1815년 4월 1일, 프로이센 쉔하우젠의 지방귀족 융커 출신의 페르난도 폰 비스마르크의 젊은 부인이 건장한 아들을 낳았다. 이 아이가 바로 독일 근대사의 가장 뛰어난 정치가이자 외교관인 오토 폰 비스마르크였다.

융커의 아들

비스마르크는 부유한 집안에서 태어났다. 아버지가 거대한 농장과 넓은 토지를 소유한 귀족이었기 때문에 어릴 때부터 부족함 없이 자랐다. 그의 아버지는 독일 귀족계급인 융커 출신으로 전통을 고수하는 보수적인 인물이었으나 자산계급 출신이었던 어머니는 명랑한 성격에 개방적인 태도를 보였다. 부모님의 영향을 받은 비스마르크는 보수적 품격과 개방적 사상을 모두 갖추게 되었다.

1823년 비스마르크는 여덟 살에 베를린 초등학교에 입학했다. 이 초등학교의 학생은 대부분 자산계급 출신이었기 때문에 귀족출신의 비스마르크는 이들과 잘 어울리지 못해 우울한 어린 시절을 보냈다. 친구들에게 따돌림당하고 무리와 어울리지 못하는 고통은 초등학교뿐 아니라 중학교로까지 이어졌다. 그러나 주변 친구들이 다른 걱정 없이 즐겁게 놀며 유년 시절을 보낼 때, 비스마르크는 공부에 매진하였고 천부적인 재능에 노력까지 더해져 그의 외국어 실력은 나날이 일취월장했다. 영어, 프랑스어, 러시아어, 폴란드어에서 네덜란드어까지 섭렵한 그의 외국어 실력은 후일에 뛰어난 외교관이 되기 위한 초석이 되었다.

▼ 비스마르크 초상화

비스마르크는 열일곱 살 때 괴팅겐 대학에 입학했으나 신입생으로서의 새로운 삶에 별다른 매력을 느끼지 못했다. 그 대신, 대학가의 자유로운 분위기 속에서 자신 안에 잠들어있던 야성적이고 자유분방한 모습을 발견하게 된다. 그래서 대학 시절 허리에 칼을 차고 개를 끌고 다니며 험악한 모습으로 캠퍼스 사람들에게 시비를 걸다가 학우들과 27차례나 결투를 벌이기도 했다. 비스마르크는 베를린 대학에서 법률전공을 마친 후 변호사가 되었다.

철혈재상

1839년 비스마르크는 실연의 아픔을 뒤로하고 빚을 갚기 위해 고향으로 돌아왔다. 그는 아버지가 남긴 일부 토지를 상속받은 후 농장경영을 공부했다. 이때 비스마르크는 어머니가 물려주신 개방적인 사고방식을 활용하여 전통적인 농장경영을 포기하고 새로운 농기구를 사들였다. 뿐만 아니라 윤작방식을 활용하고 농업 자본가를 본받아 자본주의 방식으로 생산을 시작했다. 이러한 농업 방식으로 단시간 안에 큰 성과를 올렸지만 비스마르크는 전혀 기뻐하지 않았다. 평온하고 안정적인 농촌 생활보다는 경쟁과 도전이 가득한 정치 세계를 갈망했기 때문이었다.

얼마 지나지 않아 비스마르크는 승부욕 강한 그의 성격에 안성맞춤인 하천감독직을 맡으면서 사람들의 칭찬을 받았다. 1847년 5월에는 자신의 권한을 이용하여 병에 걸린 의원을 퇴진시킨 후 자신이 베를린 주 의회 의원이 되었다. 이렇게 야심만만한 비스마르크는 한 걸음씩 자신의 목표를 향해 다가가고 있었다.

1848년 유럽에 혁명의 불길이 치솟으면서 왕권제도가 차례차례 무너졌고, 프로이센도 예외는 아니었다. 3월 프로이센 베를린에서 봉기가 일어나면서 국왕 프리드리히 빌헬름 4세가 위기에 처했다는 소식을 들은 비스마르크는 군대를 조직하여 베를린의 왕을 구하기 위해 신속히 움직였다. 그의 행보에 감동한 빌헬름 4세는 1851년 비스마르크를 프로이센의 프랑크푸르트 연방회의 대표로 임명한 후 대사로 승진시켰고, 비스마르크는 8년 동안 뛰어난 업무능력을 선보였다. 1857년 빌헬름 4세가 정신질환에 시달리면서 섭정을 맡은 동생 빌헬름이 비스마르크를 러시아 대사로 임명했다. 이때부터 비스마르크의 외교관 생활이 시작되었다. 1862년 경쟁에서 밀려 총리에 오르지 못하게 되자 상심한 비스마르크는 프랑스 대사로 자리를 옮겼다.

그러나 프로이센 의회 1차 선거에서 변화가 일어났다. 의회의 절대적인 다수를 차지한 자유파 세력이 프로이센 정부의 군사개혁 지출을 거부한 것이다. 의회와 정부가 첨예하게 대립하면서 상황은 악화되었고 비스마르크만이 갈등을 해결할 수 있는 기대주로 떠올랐다. 1862년 9월 23일, 빌헬름 1세는 프랑스에 있던 비스마르크를 불러들여 총리로 임명했다.

9월 26일, 총리가 된 비스마르크는 하원에서 총리 연설을 발표했다. "독일은 프로이센의 자유주의가 아닌 권력에 집중하고 있다. …프로이센은 반드시 힘을 모아 적절한 기회를 모색해야 한다. 우리는 벌써 좋은 기회를 몇 번이나 놓쳤다. …우리의 문제는 연설이나 토론을 통해 해결될 수 있는 것이 아니다. 1848년과 1849년에 우리는 벌써 그런 과오를 범했다. 우리는 오직 철과 피로만 문제를 해결할 수 있다." 이 연설 이후 '철혈鐵血재상'으로 불리게 된 비스마르크는 강력하게 프로이센의 통일을 이끌기 시작했다.

▲ 노년의 비스마르크

통일왕국

19세기 중엽, 여러 연방국가로 분열된 독일 상황은 자본주의 경제를 발전시키는데 불리했기 때문에 통일을 부르짖는 목소리가 높아져 가고 있었다. 이 가운데 프로이센과 오스트리아에서 통일을 이끌 두 명의 인물이 나타났다.

비스마르크는 취임 초기에 통일의 대업을 가장 우선순위에 두었다. 그는 프로이센 국왕 빌헬름 1세에게 말했다. "언젠가는 죽을 인생, 떳떳하게 죽음을 맞아야 하지 않겠습니까? …사형대에서 죽음을 맞이하든, 전쟁터에서 장렬히 전사하든 죽음은 반드시 다가옵니다. …그렇다면 끝까지 맞서 싸웁시다!" 프로이센 왕 빌헬름 1세는 비스마르크의 말에 깊이 공감했다. 왕과 신하의 관계였지만 빌헬름 1세와 비스마르크는 깊은 우정을 나누며 프로이센 왕국의 발전을 위해 함께 노력했다.

목표를 달성하기 위한 강인한 의지력과 어떤 수단도 가리지 않는 현실적인 태도를 겸비한 비스마르크는 대담하면서도 교활한 정책을 펼쳤다. 그는 국가 간의 분쟁을 이용해 프로이센왕국을 중심으로 하는 독일 통일을 이루려고 했다.

비스마르크의 첫 목표는 덴마크였다. 독일 북부에 있는 덴마크는

▲ 유화 〈비스마르크 초상화〉

영토가 가장 넓은 연방으로 오랫동안 독일 영토였던 슐레스비히와 홀슈타인을 통치했다. 1863년, 덴마크가 1850년과 1852년에 작성한 런던의정서를 어기고 헌법선언을 통해 두 지역을 자국영토로 편입하자 현지인들이 불만을 표시했고 이는 비스마르크에게 덴마크를 공격할 명분을 제공했다. 비스마르크는 전쟁을 시작하기 전 우선 오스트리아와 동맹을 맺은 후 전쟁이 끝나면 두 지역을 나눠 갖기로 했다. 1864년 2월, 오스트리아-프로이센 연합군이 6만 대군을 이끌고 덴마크로 진격하여 전쟁을 승리로 이끌었다. 10월 30일, 양측은 〈빈 조약〉을 체결했고, 덴마크는 슐레스비히와 홀슈타인의 통치권을 상실했다. 1865년 8월 14일, 프로이센-오스트리아 양국은 〈가스타인 협정〉을 통해 두 지역을 나누어 가졌고 프로이센이 슐레스비히를 차지했다.

홀슈타인이 오스트리아에 넘어갔지만 비스마르크는 걱정하지 않았다. 홀슈타인은 프로이센으로 둘러싸여 있으므로 적절한 시기를 기다리며 힘을 비축한다면 오스트리아와의 전쟁에서도 승리할 수 있기 때문이었다. 2년 동안의 준비 끝에 결국 1866년 6월 8일, 프로이센 군대가 홀슈타인에 진입한 후 하노버와 작센 등 지역을 차지했다. 그리고 6월 17일 오스트리아가 프로이센에 선전포고하면서 전쟁이 시작되었다. 나폴레옹 전쟁에서 이미 여러 차례 패배한 오스트리아는 프로이센과의 전쟁에서도 참패하였고 7월 3일, 사도바 전투에서는 오스트리아군 1만 8천 명이 사망했고 2만 4천 명이 포로로 잡혀갔다. 22일, 오스트리아는 어쩔 수 없이 휴전을 선언했다. 8월 23일, 오스트리아와 프로이센은 프라하에서 조약을 체결한 결과, 오스트리아는 독일을 떠났고, 프로이센은 홀슈타인과 전쟁 중에 오스트리아와 동맹을 맺었던 일부 연방국을 차지했다.

이렇게 독일 북부와 중부지역이 통일되었다. 1867년 프로이센을 중심으로 북독일연방제국이 수립되면서 빌헬름 1세가 독일 황제가 되었다.

그러나 여전히 독일 남부지역이 프랑스의 영향권 아래 있어 비스마르크의 통일 계획을 가로막았다. 1870년 비스마르크는 스페인 왕위계승 문제를 빌미로 프랑스 제2제국 황제 나폴레옹 3세의 심기를 건드렸다. 나폴레옹 3세는 프로이센에 선전포고하며 자신 있게 잠시 "베를린에 군대를 데리고 가볍게 산책이나 하고 오겠다."고 선언했다. 그러나 비스마르크의 지휘 아래 똘똘 뭉친 독일은 47만 명의 군사를 이끌고 프랑스로 진격했다. 그 결과 나폴레옹 3세는 이 산책 덕분에 참담한 대가를 치러야 했다. 9월, 스당 전투에서 프랑스군은 참패했고 황제와 함께 8만 3천 명의 프랑스 군사는 백기를 들고 항복했다. 투항소식을 들은 프랑스 제2제국의 자산계급은 기회를 놓치지 않고 공화국을 수립했다. 비스마르크가 군대를 이끌고 파리에서 〈프랑크푸르트 조약〉을 통해 독일은 프랑스의 알자스와 로렌을 차지했고, 프랑스는 독일에 전쟁 배상액으로 50억 프랑을 내주었다.

비스마르크의 철혈정책의 성과로 독일은 프로이센의 주도 하에 통일을 이루었다. 1871년 1월 18일, 베르사유 궁에서 독일제국이 수립되면서 빌헬름 1세는 독일제국 첫 황제로 등극했고, 비스마르크는 독일제국의 초대 총리가 되었다.

몰락의 길

전쟁은 끝났지만 철혈재상의 '철'과 '피' 정책은 멈추지 않았다. 그는 철혈정책을 계속 시행하여 독일제국을 유럽 최강 제국으로 발전시키려 했다.

▲ 비스마르크 동상

이를 위해 비스마르크는 1871년에서 1877년까지 문화투쟁을 시행하여 가톨릭교회를 강력하게 통제했고 1878년 〈사회민주당의 사회 치안 저해 진압 법령〉을 반포하여 노동운동을 탄압했다. 또한 프랑스의 보복을 막기 위해 1873년 오스트리아-헝가리제국, 러시아와 '3제 동맹'을 맺었고 6년 후에는 독일제국과 오스트리아-헝가리제국이 단독으로 동맹을 맺었다. 1887년 비스마르크는 러시아와 〈재보험 조약〉을 체결했다. 1882년 독일과 이탈리아, 오스트리아-헝가리제국은 '3국 동맹'을 맺었다. 독일은 여러 동맹과 조약을 통해 국가 안보를 철저히 강화하였다.

독일은 통일을 이룬 후 빠르게 발전했으며 비스마르크는 막강한 권력을 쥐고 그 발전을 이끌어나갔다. 그러나 1888년 3월, 빌헬름 1세가 죽고 그 뒤를 이어 젊은 나이에 왕위에 오른 프리드리히 3세가 비스마르크에 대해 불만을 품었다. 이미 일흔이 넘은 비스마르크는 더 이상 권력투쟁에 휘말리고 싶지 않았고, 정치에 미련도 없었다. 결국 1890년 3월 18일, 비스마르크는 정식으로 총리직을 내려놓았고 1898년 7월 30일, 대단한 위세를 뽐내던 철혈재상은 여든셋의 나이로 세상을 떠났다.

프랑스-프로이센전쟁

첫째, 프랑스가 적의 공격에 맞서 군대를 분산시키자 독일 군대가 그 사이를 뚫고 들어가 연합작전을 펼칠 수 없도록 완전히 갈라놓았다. 둘째, 바젠(Bazaine)이 지휘하는 군대가 메스에서 머뭇거리는 사이 적군에 포위되었다. 셋째, 바젠 군을 지원하기 위해 동원된 병력은 도리어 적의 포로로 사로잡혔다.

엥겔스《프랑스-프로이센전쟁 단평》

나폴레옹 3세의 위기

1852년 12월 2일, 삼촌 나폴레옹 보나파르트를 이어 황제 나폴레옹 3세가 된 루이 나폴레옹은 1848년 대혁명 이후 혼란스러운 사회 분위기 속에서 프랑스 제2제국을 수립했다. 혁명과 유혈 사태, 계속된 정권 교체와 함께 굴곡 많은 역사를 겪은 프랑스 국민은 안정적인 사회를 갈망했고, 나폴레옹과 같은 이름을 가진 황제가 30년 전의 코르시카 사자처럼 프랑스에 평화로운 생활을 안겨줄 것이라고 기대했다.

실제로 왕위에 오른 나폴레옹 3세는 프랑스 경제를 회복시키기 위해 노력했다. 그는 청년 시기에 영국에서 망명생활 하는 동안 번영한 국가 모습을 직접 경험했고 프랑스가 얼마나 뒤떨어져 있는지 실감했다. 19세기 중엽, 나폴레옹 3세가 산업혁명의 결과를 프랑스에 빠르게 보급하면서, 프랑스 경제가 크게 발전했다. 그는 철도와 수로를 건설했고, 상품생산보호법을 제정하여 주요상품의 세금을 감면해주었다. 또한 자유무역 정책을 시행하여 이탈리아, 스페인, 포르투갈 등 8개국과 통상조약을 맺은 후 국가 간의 우대정책을 통해 상품 유통을 촉진했다. 과감한 개혁조치를 통해 자본주의와 상공업이 크게 발전한 프랑스는 영국을 이어 세계 2위의 산업대국이 되었다. 나폴레옹 3세의 경제정책은 나폴레옹 보나파르트보다 훨씬 뛰어났다.

그러나 국민이 꿈꿔온 프랑스제국을 재현하기 위해 나폴레옹 3세는 제위에 오르면서부터 전쟁에 나섰다. 1853년, 크림전쟁에 참

▼ 나폴레옹 3세 초상

루이 나폴레옹 보나파르트, 즉 나폴레옹 3세의 초상화. 나폴레옹 1세의 조카이며 나폴레옹 2세의 동생이었던 그는 프랑스 제3공화국 대통령이자 제2제국의 황제였다.

205

여하여 오스만 튀르크제국의 영토를 나눠 갖기 위해 영국과 손을 잡고 러시아를 대적했고, 오스트리아와도 전쟁을 벌였다. 동아시아에서는 청나라의 방대한 영토와 부를 노렸으며, 시리아와 멕시코 등지에서도 식민전쟁을 펼쳤다. 그는 무력을 동원하여 나폴레옹 신화를 재현함으로써 역사에 자신의 이름을 남기고자 했다.

하지만 나폴레옹 3세는 자신의 군사능력을 과대평가했고, 계속된 전쟁은 그토록 꿈꾸던 영광이 아닌, 예전 전쟁 당시의 아프고 고통스러운 기억만 되살려주었다. 1860년대부터 프랑스 사람들은 더는 전쟁을 통해서 그 옛날 프랑스의 영광을 회복할 수 없다는 사실을 깨닫고 환상에서 벗어나 전쟁을 고집하는 나폴레옹 3세에 대한 불만과 공포를 내비쳤다. 나폴레옹 3세가 무너뜨린 오를레앙가 귀족, 공화제를 주장한 자산계급이 모두 하나가 되어 그에게 반발했다. 프랑스를 위해 모든 것을 바쳤다고 자부했던 나폴레옹 3세는 어느새 공공의 적으로 전락해버렸지만 여전히 자식의 방식을 고수했다. 게다가 황후가 아들이 황위를 계승하려면 계속 전쟁을 벌여야 한다고

▼ 1858년 8월 11일 브레스트를
　방문한 나폴레옹 3세

주장하자 그는 또다시 대외전쟁을 일으켜 눈앞의 어려움을 극복하려 한다.

당시 전쟁 대상은 프랑스 주변에서 새롭게 떠오르기 시작한 북독일연방국이었다. 통일된 연방국가인 독일은 빠르게 성장했고, 프랑스는 이웃 국가가 자신의 강력한 적수로 떠오르기를 원치 않았다.

완벽한 통일을 위해

당시의 프로이센, 정확하게 북독일연방국은 마침 프랑스와의 전쟁을 준비하고 있었다. 예나 전투 당시 나폴레옹이 프로이센에 남긴 치욕적인 패배를 씻기 위해서기도 했지만, 현실적인 이유는 따로 있었다. 독일은 통일 대업을 방해하는 프랑스를 하루 빨리 제거하고 속히 통일을 이루고 싶었던 것이다.

1862년 프로이센의 '철혈재상' 비스마르크가 취임했다. 브란덴부르크 융커 지주의 아들이었던 비스마르크는 통일을 강력하게 주장했다. 독일 통일은 그의 개인적인 사명이자 충성을 바쳐온 조국 프로이센이 완성할 위업이기도 했다. 2년간의 준비 끝에 비스마르크는 덴마크와 전쟁을 시작했고 기세등등한 프로이센 군대 앞에 덴마크는 맥없이 무너졌다. 이 전쟁으로 프로이센과 오스트리아는 슐레스비히와 홀슈타인을 나누어 가졌고, 비스마르크는 꿈을 향해 한 발짝 더 다가섰다. 그러나 아직도 통일까지는 갈 길이 멀었다. 프로이센-덴마크 전쟁이 끝난 후, 목적을 이루기 위해 수단을 가리지 않던 비스마르크는 오스트리아와의 관계도 끊어버렸다. 1866년, 프로이센 군대가 홀슈타인으로 진격하면서 양국 군대가 전쟁에 돌입했다. 사도바 전투는 프로이센의 승리로 끝났고 홀슈타인과 헤센 등 연방국이 모두 프로이센의 영토가 되었다. 이듬해 독일 중부지역의 연방국이 연합하여 프로이센 황제를 북독일 황제로 추대했고 비스마르크는 연방제국의 총리가 되었다.

사실 프로이센-오스트리아 전쟁이 일어나기 전 비스마르크가 프랑스의 개입을 차단하기 위해 라인 강 부근의 영토를 미끼로 내걸었는데 이를 받아들인 프랑스 황제 나폴레옹 3세는 전쟁에 관여하지 않았고 결국 독일 중부지역은 통일을 이루었다. 그러나 남부의 바덴, 뷔르템베르크, 바이에른, 헤센-다름슈타트 등 4개 연방국이 여전히 프랑스의 지지를 받으며 독립 국가를 유지하고 있었다. 이런

상황을 용납할 수 없었던 비스마르크는 통일을 완성하기 위해 프랑스와의 전쟁을 준비했다.

스페인의 왕

비록 양측 모두 전쟁의 칼날을 내세우고 있었지만 국제 사회의 비난이 두려워 누구도 먼저 공격에 나서지 못했다. 이에 비스마르크와 나폴레옹 3세는 최적의 시기를 노리며 기다렸다.

1868년, 전쟁의 위기가 다가왔다. 스페인에서 혁명이 일어나 이사벨 여왕이 외국으로 망명하자 스페인 왕위는 공석이 되었다. 비스마르크는 스페인 임시정부를 설득하여 프로이센 국왕 빌헬름 1세의 사촌 형인 레오폴드 대공에게 스페인 왕을 맡겨 프랑스의 숨통을 조이고자 했다. 비스마르크의 의도를 파악한 나폴레옹 3세는 프로이센 국왕에게 항의서를 보내 스페인 왕에 대한 비스마르크의 제안을 강하게 반박했다. 영국, 오스트리아, 러시아도 모두 자국의 이익을 고려하여 프랑스의 의견에 동의하자 비스마르크의 제안은 수포로 돌아갔다.

1870년 7월, 후환을 없애기 위해 프랑스는 빌헬름 1세에게 호엔촐레른 가가 영원히 스페인 왕위를 더럽히지 않게 하라고 요구했다. 이에 분노한 빌헬름 1세는 비스마르크에게 자신의 단호한 거절의사를 전보로 전달하라고 명했다. 이 소식을 들은 비스마르크는 기뻐하며 참모장인 몰트케와 육군 총장 반룬을 불러 의논한 후 다음 날 왕의 명령과 조금 다른 내용으로 전보를 쳤다. 프랑스에 대한 모욕적인 언사를 담은 전보 내용에 분노한 나폴레옹 3세는 1870년 7월 19일 프로이센에 선전포고했다.

스당 전투

나폴레옹 3세는 전쟁에 자신 있었다. 그는 측근들에게 "군대를 이끌고 프로이센에 산책이나 다녀 오겠다."라며 이 전투를 무시했다. 이렇게 프랑스군 측은 나폴레옹 3세가 직접 나섰고 마크 마옹(MacMahon)이 총 참모장을 맡아 국경지역인 알자스와 로렌지역에 8개 사단을 집결시켰다. 총 22만 명으로 구성된 프랑스군 중 대다수의 병력을 이끌고 국경을 넘어 프랑크푸르트로 진군한 뒤 독일 남북지역 사이의 연락망을 끊어 남독일이 중립을 유지하게 함으로써 프로이센을 제압할 계획이었다.

프로이센은 라인 강의 메스와 스트라스부르 사이에 47만 명으로 이루어진 3개 사단을 집결시켰다. 프로이센군은 빌헬름 1세가 직접 총사령관을 맡았고, 몰트케가 총참모장을 맡았으며 우선 알자스와 로렌지역으로 진격한 후 프랑스군을 변경지역으로 몰고 가거나 북쪽으로 몰아낸 후 마지막에 파리를 포위하여 나폴레옹 3세의 항복을 받아낼 계획이었다.

8월 2일, 나폴레옹 3세의 명령이 떨어지자 프랑스군은 자르브뤼켄에서 프로이센 군대를 향해 총격을 퍼부었다. 그러나 전쟁의 승리를 과신했던 나폴레옹 3세의 군대는 국경을 넘다가 도리어 프로이센 군대로부터 강한 공격을 받았다. 결국 이틀 만에 전세는 프로이센 군대에 넘어갔다. 프로이센이 방어 위주에서 공격 중심 전략으로 작전을 바꾸어 거세게 밀고 들어오자 프랑스 군대는 계속 북쪽으로 후퇴했다. 8월, 본래 독일의 중심부를 끊자던 프랑스의 계획은 실패하고 말았다. 바젠이 이끌던 17만 명의 군대가 메스 요새에서 포위당했고, 나폴레옹 3세와 마크 마옹이 이끌던 12만 명의 3개 사단은 결국 보몽 전투에서 패하여 스당에서 후퇴했다.

프로이센 지휘관 몰트케는 즉각 메스 강 오른쪽에서 국경에 이르는 전 지역을 점령하여 프랑스 군대 간의 연락을 차단했다. 9월 1일, 몰트케가 나폴레옹 3세가 있는 스당을 집중 공격하면서 프랑스-프로이

▲ 프랑스 황제 나폴레옹 3세의
제노바 방문 모습

센전쟁에서 가장 결정적인 영향을 준 전투가 시작되었다. 프로이센
군대는 프랑스 군대를 향해 무려 700문의 대포를 쏘아 올렸다. 스당
에 있던 프랑스 군대는 쏟아지는 포탄 공격에 속수무책이었고 스당
은 완전히 불바다가 되었다. 마크 마옹은 총상을 입고도 군대를 지휘
하며 전투를 계속했지만 프랑스의 패배는 피할 수 없었다. 오후 3시,
20만 명의 프로이센 군대의 공격 앞에 스당에 있던 프랑스 군대는
백기를 들며 항복했다. 나폴레옹 3세는 빌헬름 1세에게 투항 서신을
보내 그의 칼도 폐하께 바치겠다고 밝혔고, 10만 대군의 프랑스 군
대, 그리고 황제와 지휘관이 모두 프로이센의 포로로 붙잡혔다.

나폴레옹 3세는 '산책'이라고 무시했던 프랑스–프로이센전쟁에
서 패배했다. 1871년 5월 10일, 양측이 〈프랑크푸르트 조약〉을 체결
하면서 프랑스는 알자스와 로렌지역을 독일에 넘겨주고 50억 프랑
의 전쟁배상금을 지급했다.

프랑스–프로이센전쟁은 비스마르크에게 독일 통일을 실현해주었
다. 1871년 1월 18일, 프로이센 군대는 위풍당당하게 프랑스 땅을 밟
았고, 파리의 베르사유 궁전에서 독일제국 수립을 선언했다. 반대로
프랑스는 영토를 상실하고 배상금을 물어줘야 했고, 패전으로 말미
암아 프랑스 국민의 자존심은 심각한 타격을 입었다. 나폴레옹 3세
의 이름이 바닥에 떨어지면서 프랑스 제2제국도 무너졌다.

메이지 유신

메이지 정부는 이데올로기적 혁명이 아닌 자신에게 주어진 직무를 수행하려 했다. 목표는 일본이 세계열강과 어깨를 나란히 하는 것으로 철저한 개혁을 의도한 것도 아니었다. …오히려 많은 미끼를 풀어 사람들이 정부를 지지하도록 유도했다.

루스 베네딕트, 《국화와 칼》

몰락의 운명

12세기 전후로 일본 태양신의 자손인 천황의 권위가 땅에 떨어지고 군사정권인 막부가 일본권력의 중심으로 떠올랐다. 그 후 7세기 동안 무력정권이 이어졌다. 그러나 잠잠하던 일본사회도 새로운 시대의 도래를 막을 수는 없었다.

1603년, 도요토미 히데요시의 장군 도쿠가와 이에야스가 정이대장군으로 봉해지면서 도쿠가와 막부로 불리는 에도 막부의 시대가 열렸다. 이에야스, 히데타다, 이에미쓰, 3대에 걸친 도쿠가와 가문의 훌륭한 통치로 막부는 강력한 권력체제를 유지했다. 상공업에 종사하지 않던 무사들이 도시로 몰려들면서 소비가 활발해졌고, 도시와 상공업이 함께 번영했다. 그러나 막부의 권력체제가 강력해질수록 봉건제도는 생명을 잃고 몰락의 길을 걷기 시작했고, 잠시 번영의 빛이 비추는가 싶었지만 곧 암흑 시기로 들어섰다.

사실 도쿠가와 막부는 통치 후반기에 이르러 계속 내리막길을 걸었다. 막부는 집권체제를 강화하기 위해 무사, 농민, 상인, 장인으로 계급을 나누었다. 신분은 대대로 세습되어 바꿀 수 없었고, 다른 계급 간에는 결혼도 할 수 없었으며 반드시 계급을 지켜야 했다. 무사계급은 장군, 다이묘와 가신들로 글을 익히고 무예를 연마하며 나라의 관료 직을 맡는 국가 통

▼ 메이지 유신 사카모토 료마

사카모토 료마는 일본 메이지 유신을 이끈 정객으로 막부타도 운동을 이끈 사상가다.

▲ 메이지 유신 3걸 중 하나인 사
이고 타카모리

한 때 유행한 헐리우드 영화 〈최
후의 사무라이〉 주인공의 모델
이 바로 일본 메이지 유신 3걸
중 하나인 사이고 타카모리다.

치 계급이었다. 다이묘는 장군이 분봉한 지역
의 봉건영주로 그 지역을 다스릴 권한이 주어
졌다. 처음에는 장군이 다이묘를 통제하기 위
해 토지를 분봉해주었으나, 다이묘의 세력이
장군과 필적할 만큼 강력해져 막부 세력을 위
협하기 시작했다. 에도막부는 다이묘에게 2년
에 한 번씩, 1년에 걸쳐 에도의 군주를 알현하
고 시중을 들라고 명했고 다이묘의 부인과 자
녀를 에도로 불러 인질로 잡아 두었다. 이렇
게 잔인한 조치는 초기에는 효과가 있었으나
갈수록 다이묘의 불만만 쌓게 되었다. 하급
무사들은 농사일을 하지 않아도 되는 특권을
가지고 있었지만 상품경제의 발전으로 많은
무사가 생활고에 시달려 파산을 맞기도 하고
어쩔 수 없이 상공업에 종사하기도 했다. 결
국 통치계층에서부터 계급사회 체계가 무너지
기 시작했다. 농민은 무사에 이어서 두 번째
로 높은 지위였지만 가장 심하게 착취당하고 고통받는 계층이었다.
농민은 마음대로 이주할 수 없고, 땅을 사고팔 수도 없었으며 심지
어 농사를 지을 때도 정부가 정해주는 작물만 경작해야 했다. 가난
에 찌들어 막다른 길에 다다른 농민들은 살기 위해 봉기를 일으켰
다. 통계를 보면 18세기부터 농민 봉기가 매년 늘어나 처음 10년 동
안은 연평균 5.5회였으나 1780년대에 들어서면서 22.9회로 증가했
다. 19세기에는 더욱 심각해져서 1830년대에는 279번이나 봉기가
일어났다. 장인과 상인계급은 막부시대에 가장 비천한 계급이었다.
그러나 자본주의가 발전하면서 민간에서 부유한 상인이 생겨났고
'오사카의 부호가 한번 화를 내면 천하의 제후가 벌벌 떠는' 상황까
지 이르렀다. 결국 일본사회가 전체적으로 새로운 변화를 맞게 된
것이다.

한편, 19세기 중엽 멀리 태평양 너머의 이제 막 수립된 미국 정부
가 폐쇄적인 막부 사회를 노리고 있었다. 미국은 이 섬나라를 태평
양의 보급창고로 삼으려고 호시탐탐 노렸는데 드디어 1853년, 페리
가 이끄는 4척의 군함이 굳게 닫힌 일본의 국문을 두드린다. 이로

말미암아 일본은 반식민지로 전락할 위험에 처했고 막부 세력을 향한 사람들의 분노는 분출되기 일보 직전이었다.

막부타도 운동

1860년, 막부를 반대하는 인물 7명을 잔혹하게 죽였던 막부 다이로[24] 이이 나오스케가 에도의 사쿠라다문에서 암살당하는 사건이 벌어지면서 막부 타도운동이 더욱 활발해졌다.

에도막부는 국민의 주의를 분산시키기 위해 1863년 6월 '외세배척'을 주장했다. 그러나 일본은 미국, 프랑스군의 공격을 받게 되고, 강력하게 외세를 배척하던 사츠마 번[25]은 영국 군함의 무력진압 앞에 무너지고 만다. 외세배척운동이 실패하자 막부는 신속하게 서구 열강에 투항했다. 1864년 영국, 프랑스, 네덜란드, 미국 등 4개국의 연합 함대가 막부 타도운동의 본거지인 조슈의 시모노세키를 공격하자, 막부는 연합군의 적수가 되지 못했던 조슈 번의 상황을 이용하여 군대를 동원해 막부타도 운동 세력을 진압했다. 조슈 번의 수구세력이 권력을 잡자, 막부 군대는 전쟁 없이 막부타도운동을 잠재웠다.

그러나 실패를 맛본 막부 타도운동 세력은 더욱 거세졌다. 1865년 조슈 번의 막부타도 운동 지도자 다카스기 신사쿠가 80명을 이끌고 3개월 동안 봉기를 일으켜 조슈 번의 정권을 되찾아왔다. 그는 과거 전략과는 달리 반외세를 내세우지 않고 막부타도에 온 힘을 쏟았으며, 농민과 시민 5천 명을 모아 기병대를 조직하여 새롭게 반 막부군을 구성했다. 이듬해 조슈와 사츠마가 막부를 타도하

▼ **군복을 입은 메이지 천황**
널리 회의를 일으켜 제반 문제를 공론에 따라 결정한다. 문무백관으로부터 서민에 이르기까지 각기 그 뜻을 이루고 불만이 없도록 해야 한다. 구래舊來의 누습陋習을 타파하고 천하의 공도公道를 따른다.
　　　　메이지 천황 5개조 서문 중에서

New-York Tribune.
ILLUSTRATED SUPPLEMENT.
SUNDAY, MARCH 19, 1905.

THE VICTORIOUS EMPEROR OF JAPAN—BELOVED RULER OF A NEW WORLD POWER.

24) 막부의 장군 아래 최고 권력직
25) 제후가 다스리는 영지를 가리킴

기 위해 동맹을 맺자 이에 분노한 막부가 제2차 공격을 시작했다. 15만 명의 막부 대군은 4갈래로 나뉘어 다카스기 신사쿠를 공격했다. 그러나 과거와 달리 반 막부군은 일당백의 기세로 큰 승리를 거두었다.

이듬해 10월, 후에 '메이지 유신 3걸'로 불리게 되는 사이고 다카모리, 오쿠보 도시미치, 기도 다카요시가 도쿄에 모였다. 코우메이 천황의 서거 후 왕위에 오른 메이지 천황은 그들에게 비밀리에 "막부타도 칙령"을 전달하여 조슈와 사츠마의 반 막부군을 도쿄로 불러들였다. 불리한 기세를 눈치챈 막부의 장군 도쿠가와 요시노부는 앞에서는 '정권반환'을 약속한 후 뒤로 몰래 오사카에 군대를 집결시켜 반격할 준비를 했다.

1868년 1월, 천황은 반 막부군의 도움으로 정변을 일으켜 〈왕정복고 대호령〉을 발표함으로써 막부시대의 종말을 선언했다. 또한 도쿠가와 요시노부에게 '관직 사임(군권 반환)과 토지 반환(영토와 주민 포함)'을 명령했다. 그러나 도쿠가와 요시노부는 대세가 기울어진 것을 인정하지 못하고 1월 말에 1만 5천 명의 군대를 둘로 나누어 도쿄를 공격하며 마지막까지 발악했다. 반 막부군 5천 명이 도쿄의 서남지역인 후시미와 도바에서 막부 군대와 마주쳤다. 반 막부군은 적은 수로 기세등등하게 도쿠가와 요시노부를 무찔렀다. 4월, 꼬리를 감추며 에도로 도망가던 도쿠가와 요시노부는 결국 항복을 선언했다. 5월, 새로운 정부가 에도에 수립되면서 에도의 이름은 도쿄로 바뀌었다. 1869년 6월 말, 북해도 하코다테의 막부 잔여세력이 모두 말살되면서 막부의 잔여세력은 완전히 무너졌고 막부 통치는 영원히 역사 속으로 사라졌다.

새로운 정부의 개혁

1868년 4월 6일, 메이지 천황이 〈5개조 서문〉을 발표하면서 역사적인 메이지 유신이 시작되었다. 그 후 1860년대 말에서 1870년대 초까지 정부는 자산계급을 위한 정책과 조치를 발표했고 정치, 경제, 문화 등 여러 영역에서 과감한 개혁조치를 단행했다.

정치적으로 중앙집권체제를 수립했다. 1869년 6월, 정부는 '토지반환'제를 시행하였고, 각 지역 다이묘의 지방통치 권력을 철폐했다. 다이묘의 이름은 번지사로 바뀌었고, 메이지 정부의 지방 관리

▲ 우에노 전투
1868년 5월15일, 우에노 전투에
서 천황군대는 막부의 무장군대
창의대 천여 명을 무찔렀다. 결
국 도쿠가와 가문의 근거지인
관동지방에서 260년간 이어진
막부세력은 완전히 소멸되었다.

로서 중앙 통치를 받게 되었다. 1871년, 토지반환제와 더불어 번을
폐지하고 지방을 현으로 통일하는 행정개혁이 이루어졌다. 전국은
3부 72현으로 나누어졌고, 중앙정부는 부와 현의 관리를 다시 임명
했다. 이로써 다이묘의 봉건정치는 사라지고 모든 다이묘는 교토로
이주해 국가의 녹봉을 받게 되었다.

또 신분제도를 철폐했다. 제후 등 귀족계급을 화족華族, 일반 무사
를 사족士族으로 정하고, 칼을 차고 다닐 수 있는 무사의 특권을 폐
지했다. 일반 서민을 호적에 등록하는 체계적인 호적제도를 마련하
여 정부의 세금 징수와 징병제에 활용했다.

1870년, 서구를 본받아 공부성工部省을 세운 후 외국 전문가와 기
술자를 초빙하여 선진화된 기술과 설비, 관리방법을 배웠다. 또한
군수공업, 광산, 철도, 항해운수 등 주요한 국영기업을 설립하고 공
장을 시범 운영하여 자본주의 기업을 발전시켰다. 1880년대 이후 정
부는 성공한 국영기업과 광산을 대자본가에 판매했고, 좋은 조건으
로 자본가의 투자를 보호했다. 1880년대 중엽, 산업발전과 더불어
많은 부를 축적하면서 일본 경제는 빠르게 발전했다.

부국강병을 이루기 위해 메이지 정부는 육군은 독일을, 해군은 영
국을 본받아 개혁을 단행했다. 1872년 징병령을 통해 만 20세 이상
의 성년남자에게 3년의 의무병역을 규정했고, 1873년 실제로 징병
령이 발표되자 '모든 국민은 군인'이라는 구호 아래 청년들이 대거

입대했다. 이로써 '황군', 즉 천황의 군대인 상비군이 마련되었다. 일본은 군대의 사상교육을 중요하게 생각하여 평소 군인들에게 천황에 대한 충성과 사무라이 정신을 주입시켰다. 이는 후에 일본이 군국주의로 발전하는 화근이 되었다. 메이지 유신 이후 새로운 시대를 맞아 빠르게 발전한 일본은 민족위기에서 벗어나 동아시아의 강국으로 우뚝 섰다. 그러나 자본주의 열강 대열에 들어가기 위해 노력하던 일본은 아직 다 가시지 않은 봉건제도의 영향으로 잔혹한 외세침략의 길에 들어섰고 아시아에서 그 세력을 확장하기 시작했다.

Contending for Colony

제 4 장

분열과 저항운동

인도의 민족운동

영국은 힌두스탄[26]에 과거 그 어느 때보다도 심각한 수준의 고통을 주었다. …내전, 외세침략, 혁명, 정복, 기아 등 계속된 고통으로 힌두스탄은 맹렬하게 파괴적인 방향으로 변화해갔다. …영국은 인도사회의 모든 구조를 무너뜨렸다. …영국의 통치 아래 인도는 과거의 모든 전통과 역사로부터 단절되었다.

마르크스《영국의 인도 통치》

향료의 재난

14세기 오스만튀르크제국이 파죽지세로 소아시아 지역을 휩쓸면서 오랜 시간 동서양 간에 이어진 무역 경로가 가로막혔다. 그러다 1498년 모험정신으로 똘똘 뭉친 포르투갈 귀족출신 바스코 다 가마가 선원 140여 명을 이끌고 10년 전 바르톨로뮤 디아스의 희망봉 발견 항로를 따라가게 된다. 항로를 헤매던 바스코 다 가마는 천신만고 끝에 동쪽으로 방향을 틀면서 인도는 외세의 침략을 받게 되었다. 당시 인도에서 생산된 후추, 육두구, 강황 등의 향료는 탐욕에 가득 찬 서구 열강의 시선을 끌었고 이내 정복자들이 남아시아에서 두 번째로 큰 국가로 몰려들기 시작했다.

얼마 지나지 않아 포르투갈과 네덜란드가 인도 연해 지역에 식민 거점을 구축했다. 이들은 이 거점을 이용하여 현지인들을 약탈했을 뿐 아니라 더 멀고 신비한 지역까지 세력을 확장하여 오랜 역사를 지닌 인도의 돈을 긁어모았다. 영국도 이 추세를 가만히 보고 있지만은 않았다. 1600년, 엘리자베스 1세는 갓 설립된 영국 동인도회사에 인도 등 아시아 국가를 식민지로 삼으라는 명령을 내렸다. 동인도회사는 처음에는 친절한 척 가면을 썼지만 결국 무역 활동을 이용하여 인도의 부를 착취하고 여러 지역에 회사를 세워 토지를 점령했다. 1757년 6월, 영국이 인도 봉건왕조의 내분을 이용하여 플라시 전투를 일으키고 무력을 동원해 벵골을 점령하면서 인도는 조금씩 영국의 식민지가 되어갔다. 1773년 〈인도 통치 규제법〉이 제정되어 벵골, 마드라스, 캘커타 3개 지역에 흩어진 동인도회사들이 연합했

---

26) 현재의 인도에 상당하는 지명이다.

고 1784년 〈동인도회사와 영국의 인도소유지 행정 개선법〉을 통해 인도의 통치권이 동인도회사에서 영국정부로 넘어갔다. 또 영국 총독 웰슬리(Wellesley)의 확장정책으로 1805년 인도의 대부분 지역이 영국의 손아귀에 놓이게 된다. 결국 1849년, 3천여의 역사를 지닌 고대 문명의 중심지였던 인도는 '해가 지지 않는 나라' 영국의 식민지로 전락했다.

쇠기름과 돼지기름

당시 새롭게 발전하기 시작한 영국은 인도를 잔인하게 탄압하고 착취했다. 인도 국고에서 무려 3,700만 파운드의 재산을 빼앗았을 뿐 아니라 온갖 명목으로 세금을 거둬들였다. 이들은 인도 국민이 땀 흘려 번 돈을 가지고 영국의 값싼 물건을 수입한 뒤에 인도에서 비싼 값에 팔아서 많은 돈을 벌었다. 1757년에서 1815년 사이 영국은 인도에서 자그마치 10억 파운드에 가까운 돈을 벌어들였다. 당시 영국의 한 의원은 이렇게 탄식하기도 했다. "세계 역사를 통틀어, 그 어떤 지역에서도 1765년에서 1784년까지의 동인도 정부처럼 불신과 부패가 가득해 썩어 문드러진 정부는 없었을 것이다." 이러한 무역 환경 속에서 인도 전통 수공업은 "인도 평야에 면직물 장사꾼들의 시체가 널렸다."고 할 정도로 어려움에 부닥쳤고, 인도 국민은 절망적인 가난을 헤쳐나가며 하루하루를 견뎌냈다.

1848년 초, 새로운 인도총독으로 부임한 달하우지 총독이 '토지조사'를 시작하면서 농민들은 더 가혹하게 착취당했고 인도의 토착 제후들은 권리를 박탈당하게 된다. 그는 '후계자가 없을 시 토지 소유권 상실'을 규정하여 직계 후계자가 없는 제후가 사망하면 그 영토를 동인도회사 소유로 전환시켰다. 그 결과 사타라, 잔시 등 토착지역이 영국에 합병되었고, 영토를 잃은 제후들은 쥐꼬리만 한 연금으로 생활을 이어갔다. 본래 영국 식민통치자들을 자신들의 보호막으로 삼고 의지하려던 토착제후들은 이러한 영국의 조치에 불만을 품게 되었다.

1850년, 동인도회사는 인도에 서구 문명을 유입하기 시작했다. 그들은 인도에 철도를 놓고, 그리스도교를 전

▼ 무굴 왕조 통치 말기의 결혼 증서
1840년에 발급된 것으로 신랑에게 주는 신부의 지참금에 대해 엄격하게 규정하며 결혼 증인의 참석을 요구하는 내용을 담고 있다. 이는 당시 인도사회의 풍습과 사회 분위기를 말해 준다.

파했는데, 객관적으로 보면 인도의 발전을 이루기 위함이었지만 오랫동안 전통관습에 젖어 있던 인도인들이 이를 받아들이기는 어려웠다. 결국 혼란에 빠진 인도의 치안을 보호하고 사회 안정을 도모하기 위해 동인도회사는 인도 각 계층에서 군대를 모집하여 세포이 용병대를 구성했다. 1857년까지 세포이 규모는 약 20만 명에 달했다. 잘 훈련된 영국 군인이 지휘관을 맡았지만 대부분이 인도인이었고, 영국 병사는 4만 명도 채 되지 않았다.

그러나 절대다수임에도 세포이는 차별 대우를 받았다. 영국 장교보다 임금이 낮았으며 원정을 나갈 때 직접 여비와 운송비를 내야 할 정도로 대우가 좋지 않았다. 그리고 영국군은 좋은 숙소에 묵었지만 인도 병사들은 누추한 텐트에서 잠을 청해야 했다. 게다가 영국 병사들은 잘난 체하며 인도인을 무시하고 자존심을 건드리기도 했다.

1857년, 영국 당국은 인도 병사에게 탄약을 닦을 동물성 기름을 배급했는데, 이것이 인도 병사들의 심기를 건드렸다. 소는 힌두교도들이 숭배하는 동물이고 돼지는 이슬람교도들이 더럽다고 가까이하지 않는 동물이다. 그런데 구성원 대부분이 힌두교나 이슬람교도인 세포이에게 동물성 기름을 배급했던 것이다. 결국 세포이들은 기름 사용을 거부했다.

3월, 34연대의 한 병사가 탄약 수령을 거부하다가 영국 하사를 다치게 하자 동인도회사가 연대를 해체시킨 이 사건을 계기로 병사들의 불만이 세포이 전체로 확산되었다.

바하두르 샤

1857년 5월 9일, 델리 부근의 미트라에 있는 제3기병대의 인도 병사 85명이 영국 군대가 배급한 탄약 사용을 거부했다. 분노한 영국 장교들은 인도 병사 85명의 입에 탄약을 집어넣는 치욕적인 벌을 내린 후 10년 동안의 고역을 선고했다. 더는 참을 수 없었던 인도 병사들이 치욕을 갚겠다며 들고 일어섰다. 5월 10일, 벵갈 제11경기병 연대와 제20경기병 연대가 먼저 봉기를 일으켜 교회에서 예배 중이던 영국인들을 모조리 죽이고 체포되었던 동포 85명을 풀어주었다.

방심하고 있던 영국 군대는 단번에 무너졌고, 봉기군은 든든한 기세를 몰아 11일에 델리를 점령했다. 초반 승리를 거둔 봉기군은 유명무실해진 무굴 왕조의 마지막 자손 바하두르 샤(Ba hadur Shah)를

황제로 추대하고, 황태자인 미르자(Mirza)를 총사령관으로 임명하여 봉기군의 본부를 세웠다.

봉기군의 맹렬한 기세는 빠르게 확산되었다. 5월에서 8월까지 많은 백성과 병사들의 호응에 힘입어 인도의 중앙과 북부지역을 차지하게 되었다. 일부 봉건제후도 봉기군에 합류하면서 펀자브, 잔시 등지에서도 민족운동이 일어났다.

6월, 봉기의 중심지였던 델리 주변으로 4천 명의 영국군이 집결했다. 혁명의 불길을 이어가기 위해 각 지역에서 지원군이 몰려들었고, 인도 군사 4만 명이 영국 군대와 첨예하게 대립했다. 인도군은 비록 지원병의 수는 많았지만 연합 공격을 하지 못해 전투력이 떨어졌다.

그러다가 8월에서 9월까지 영국군이 1만 천 명으로 늘어나면서 이들이 9월 14일부터 사흘 동안 네 방향에서 델리에 총공격을 퍼부었다. 봉기군은 죽음을 무릅쓰고 저항했지만 카슈미르가 먼저 함락되었고 19일, 바하두르 샤가 포로로 잡히면서 봉기군도 델리지역을 포기했다. 영국군은 델리에 진입한 후 복수를 위해 2만 명의 무고한 백성을 죽였다.

잔시 여왕

델리가 함락되자 러크나우와 잔시가 봉기의 중심지가 되었다. 그러나 1858년 2월, 만반의 준비를 마친 영국군이 7만 명을 이끌고 러크나우를 공격한다. 당시 러크나우에 약 20만 명의 군사가 있었지만, 대다수가 농민이거나 이제 막 군대에 합류한 사람으로 훈련이나 경험이 매우 부족했다. 보름의 격전 끝에 러크나우는 결국 함락되었고, 봉기군은 본부를 잔시로 이동했다.

▲ 잔시 여왕 동상

락슈미 바이(Lakshmibai)는 잔시 왕의 아내로 남편이 죽은 후 잔시의 여왕이 되었으나 영국 식민통치자들은 후계자가 없다는 이유로 여왕의 자리를 빼앗았다. 델리 봉기에 합류한 바이는 1857년 7월, 스스로 봉기군을 이끌어 잔시를 점령했다. 여왕의 자리를 되찾은 그녀는 엄숙하게 선언했다. "세계는 신이 통치하고, 잔시는 락슈미 바이가 다스린다!"

델리와 라크나우가 연이어 함락되자 잔시는 영국 식민군의 주요 공격 대상으로 떠올랐다. 잔시 여왕은 직접 전선에 나가 전투를 지휘했는데 각 부대는 반격할 때마다 나타나는 여왕의 용맹스러운 모습을 보며 힘을 얻었다. 그러나 1858년 4월, 약 한 달 반을 버티던 잔시 여왕은 결국 잔시 성을 내주고 괄리오르로 이동했다. 그리고 괄리오르의 동쪽 전선을 사수하던 중 또다시 영국군에게 포위당하고 공격을 받게 된다. 영국 경기병이 그녀의 머리를 쳤고, 곧이어 또 다른 병사가 그녀의 가슴을 공격했다. 그럼에도 여왕은 마지막까지 온 힘을 다해 자신을 공격한 적군을 죽인 후, 장렬하게 전사했다. 이렇듯 뜨겁게 타올랐던 인도민족운동은 영국의 식민통치자들의 총칼 공격에 실패로 끝을 맺었다.

파리코뮌

코뮌은 매우 힘들고 어려운 상황에서도 활동을 이어갔다는 점에서 존재 자체에 큰 의미가 있다. 그리고 파리코뮌이 내건 붉은 깃발은 파리의 노동자 정부 수립을 의미했다! 이들은 노동자 해방과 사회 변화를 지향했으며 자신들의 목적을 명확하게 알고 있었다.

마르크스 《프랑스 내전》

침략과 반침략

1870년 7월, 프랑스 제2제국의 황제 나폴레옹 3세는 프로이센과 가벼운 전쟁을 하고 오겠다고 장담하며 직접 22만 대군을 이끌고 독일로 향했다. 그러나 나폴레옹 보나파르트의 조카였던 나폴레옹 3세는 코르시카인인 숙부의 경솔함과 오만함만 배웠을 뿐, 천부적인 군사능력을 이어받지는 못했다. 독일과의 전쟁은 사실 프로이센의 '철혈재상' 비스마르크가 독일을 통일하기 위해 세운 계획에 손발을 맞춰준 것이나 다름없었다. 한 달 동안 프로이센 군대는 프랑스 진영을 두 갈래로 분산시켰고, 이로 인해 지원군의 도움을 받지 못

▼ 파리코뮌 전단

하게 된 나폴레옹 3세와 지휘관들은 패전하여 스당에 포로로 끌려갔다. 비처럼 퍼부어진 포탄에 오만함과 용기를 모두 말살 당한 황제는 비굴하게 자신의 검을 적에게 바치며 항복했다. 그는 프랑스 역사상 적에게 생포된 마지막 황제로 기록되었다.

스당 전투에서 프랑스가 패배하면서 독일의 통일이 확정되었다. 그러나 의기양양해진 빌헬름 1세와 재상 비스마르크는 여기서 멈추지 않았다. 이들은 1806년 예나 전투 이후 승리를 거둔 나폴레옹 대군이 베를린으로 진격했던 치욕스러운 기억을 되새기며 그때의 수치를 갚아주겠노라 다짐한다. 그리하여 나폴레옹 3세가 투항의 의미로 검을 바친 이후에도 비스마르크는 진격을 멈추지 않고 원래 계획대로 파리까지

223

쳐들어갔다.

본래 민족 통일과 국가보호만을 추구하던 정의로운 프로이센은 프랑스 국경을 넘어간 순간부터 잔인한 침략자로 돌변했다. 민족의 존엄을 지키기 위해 용맹스럽게 싸웠던 프로이센군이 프랑스에서는 약탈과 살육을 일삼았다. 이들의 잔혹한 행동은 프랑스 국민의 분노와 마음 속 깊이 잠들어 있던 정의감을 불러일으켰고, 조국보호를 위해 싸움에 뛰어들게 한 원인이 되었다.

진압과 저항

1870년 9월 4일, 스당 전투에서 나폴레옹 3세가 투항했다는 소식이 프랑스에 전해지자 여러 차례 혁명을 겪었던 파리 시민은 마음속에서 들끓는 분노를 이기지 못하고 봉기를 일으켰다. 그러나 이 봉기는 단지 정권교체의 도구로 이용되었을 뿐이었다. 권력은 결국 자산계급의 손으로 넘어갔고, 트로쉬 장군을 수반으로 하는 국방정부가 나폴레옹 3세로부터 정권을 이어받는다.

국민을 이용해 정권을 차지한 정부는 모든 자산계급 정부가 그러했듯이 가장 먼저 국민을 탄압했다. 이들은 국민의 뜨거운 열정이 도리어 자신들을 해치는 칼이 될까 봐 두려워했다. 결국 새롭게 수

▶ 파리코뮌 전사자

립된 국방정부는 프랑스 국민의 뜨거운 애국심을 잠재우기 위해 프로이센 군대를 동원하기에 이른다. 심지어 자신들의 이익을 위해 프로이센 황제에게 강화를 요청하기까지 해 사실상 프랑스 영토를 짓밟은 프로이센 대군을 막을 수 있는 것은 전혀 없었다. 마침내 9월 19일, 프로이센 군대가 파리에 도착했고, 파리 국민은 민간군대를 조직하여 프로이센의 침략을 대비한다.

그러나 국방정부는 국민의 뜻을 전혀 고려하지 않고 계속 항복을 고집했다. 10월 31일 17만 프랑스 대군은 무기를 내려놓고 자진해서 프로이센의 포로가 된다. 이에 분노한 파리 시민은 자국을 배반한 국방정부를 목표로 제2차 봉기를 일으켰다. 그러나 이들의 봉기는 군대진압에 부딪쳐 실패로 끝났다. 그러나 파리 시민은 포기하기는 커녕 도리어 프랑스의 독립과 민족의 자존심을 지키기 위해서는 반드시 자산계급의 통치를 전복시키고 자체적인 무장조직을 수립해야 한다고 여기고 다시 봉기를 준비한다. 이들은 우선 민병대를 모집하여 3주 만에 30만 명에 달하는 노동자들이 모여 194개 부대를 이룬다. 또한 자체적으로 돈을 모아 무기를 구매하고, 대포를 만들었으며 부대 안에서 공병부대 대대장을 임명했다. 이렇게 노동자를 중심으로 뭉친 민병대는 밤낮으로 파리를 지키며 프로이센의 공격을 막아냈다.

그러나 1871년 2월 17일, 혁명을 반대하는 오를레앙 당의 티에르가 취임한 후 알자스와 로렌 지역과 더불어 50억 프랑을 넘겨주기로 하고 그 대가로 프로이센의 지원을 받아 파리의 혁명세력을 진압할 계획을 세운다. 3월, 티에르는 3만 대군을 모집하여 파리로 진격한 후 민병대를 해산시키겠다고 위협했으나 노동자 입장은 변함이 없었다.

결국 3월 17일 밤, 티에르는 정부장관과 지휘관들을 모아 비밀 회담을 열고 민병대를 해산할 군사 작전을 꾸민다. 우선 민병대의 대포를 뺏은 후 도시를 수색하여 민병대 지도자를 잡자는 계획이었다. 당시 파리 민병대의 대포 417문은 주로 몽마르트르 언덕과 쇼몽 언덕에 있었는데 18일 새벽, 르콩트 장군이 지휘하는 정부군이 몽마르트르 언덕으로 접근해서 대포를 지키는 소수의 병사를 잔인하게 살해했다. 이 소식은 민병대의 총성을 들은 주민들에 의해 삽시간에 퍼져 나갔고 민병대뿐만 아니라 여성, 아동, 노인을 포함한 시민들이 합류하여 정부군에 맞서게 된다. 사람들은 몽마르트르 언덕으로 올라가 대포를 압수하려는 정부군과 정면으로 맞서서 비열하고 수치스러운 정부의 매국행위를 비난했다. 결국 수치심을 견디지 못한 정부군도 무기를 내려놓고 파리 시민의 편으로 돌아섰고 반 혁명을 고수했던 르콩트 장군과 일부 경찰 및 헌병들은 시민들에게 포로로 잡혔다. 몽마르트르 언덕에서 티에르의 음모는 낱낱이 부서졌다. 또한 쇼몽 언덕에서도 정부군이 패배했다는 승리의 소식이 전해졌다.

파리코뮌

티에르의 이러한 몰염치한 행동에 파리 시민은 몹시 분노했다. 각 지역 노동자가 봉기를 일으켰고, 혁명의 불길은 파리 전역 뿐 아니라 주변 지역으로까지 확산되었다. 민병대와 파리 시민은 무기를 들

▼ 페르라세즈 묘지 병사의 벽
병사의 벽은 페르라세즈 공동묘지의 한 벽을 차지하고 있다. 약 2미터 높이로 파리코뮌 병사의 장렬한 죽음을 기린 것이다. 이곳도 역사의 급격한 변화를 겪어 더는 벽에서 당시 총탄의 흔적을 찾기 어렵다. 벽에 세워진 하얀 대리석 석판도 어느새 회색빛으로 변했다.

고 거리로 나섰고 파리 거리는 또 다시 바리케이드로 가득 찼다. 게다가 이번 시위대에 참여하는 시민세력은 이전보다 더욱 거셌고, 혁명 진압에 대비해 항상 대포공격을 준비하고 있었다. 오후가 되자 민병대는 티에르가 보낸 진압군을 물리치며 파리로 진격했다. 혁명세력이 방어를 멈추고 적극적인 공격에 나선 것이다. 오후 3시가 되자 민병대와 시민들이 정부군과 함께 격전을 벌였고 이 과정에서 육군 중심의 정부군이 혁명군에게 사로 잡혔다 소식에 놀란 티에르는 파리 서쪽에 있는 베르사유 궁전으로 도망쳤고, 군주를 잃은 정부군과 헌병대 역시 허겁지겁 도망치기 바빴다. 그날 밤 9시 민병대는 나폴레옹 보나파르트 조각상이 우뚝 서 있는 방돔 광장을 점령했다. 밤 10시 파리 시청에 민병대의 붉은 깃발이 오르자 광장에 모인 수많은 사람이 일제히 환호성을 질렀다.

민병대가 파리를 점령한 후, 티에르가 이끈 자산계급 정부가 민병대 중앙위원으로 대체되면서 봉기는 승리를 거두었다. 3월 26일, 파리에서 시행된 보통선거를 통해 노동자, 사회주의자와 국제주의자 대표가 선출되어 혁명지도기구가 만들어졌다. 3월 28일, 파리코뮌이 정식으로 선언되어 역사상 최초의 무산계급 혁명정권이 수립되었다.

피의 일주일

그러나 파리코뮌의 적수인 티에르는 파리를 탈출한 후에도 포기하지 않고 다시 남은 병사들을 모아 비스마르크에게 구원요청을 하려 했다.

4월 3일, 파리코뮌은 수동적인 공격에서 벗어나 방돔 광장으로 향하는 4만 명의 코뮌 병사에게 베르사유를 공격하라고 명령했다. 그러나 수적 열세와 지휘관의 실책으로 베르사유 궁까지 5천 미터를 앞에 두고 적의 격렬한 공격에 무릎 꿇고 말았다.

4월 6일, 서남쪽의 티에르 군대는 동쪽 및 북쪽의 프로이센 군대와 연합하여 파리를 포위했다. 파리를 지키던 부대 1만 6천 명과 예비 부대 4만 5천 명은 자기들에 비해 몇 배나 큰 군대 앞

▼ **파리코뮌 진압의 주범 티에르**
마르크스는 《프랑스 내전》에서 다음과 같이 밝혔다. "키 작은 괴물 티에르가 반세기 동안 프랑스 자산계급의 숭배를 받은 것은 그가 부패한 자산계급을 가장 잘 대표하는 인물이었기 때문이다. 그는 주요 정치 세력이 되기도 전에 역사학자로서 천부적인 거짓말 능력을 잘 드러냈다. 그의 사회활동 기록은 바로 프랑스의 재난 역사를 대변했다."

Louis Adolphe Thiers.

에서도 끝까지 전투에 임했다. 그러나 허술한 조직구성과 부족한 전투 경험 탓에 4월 7일 파리 뇌이 부근의 주요 거점을 내주고 만다. 전세가 불리해졌지만 코뮌 부대는 절대 굴복하지 않고 최선을 다해 싸웠다. 그들은 여건만 되면 적군이 있을 법한 지역에 공격을 퍼부어 적의 진을 빼놓았다. 5월 21일 오후, 티에르의 반혁명군이 루크문에서 파리로 진격했다. 이때부터 온 세상을 두려움으로 몰아넣은 피의 일주일이 시작되었다. 정부군은 권력을 수호하기 위해 남녀노소를 가리지 않고 잔인한 살육전을 벌였고 27일까지 페르라세즈에서 사망한 부대원의 숫자가 무려 200여 명에 달했다. 그리고 28일, 마지막 바리케이드마저 공격을 받아 파리코뮌은 핏빛 역사 속으로 사라졌다.

1878년 러시아-튀르크전쟁

> 범슬라브주의는 슬라브족이라는 존재하지 않는 가면 아래서 세계 패권을
> 놓고 다투는 속임수로, 우리와 러시아인이 가장 혐오하는 원수다.
>
> 엥겔스

자본주의로의 개혁

19세기 초, 러시아 평원의 얼어붙은 땅처럼 딱딱하게 굳어 있던 봉건왕조가 틀을 깨고 조금씩 자본주의를 향해 융화되기 시작했다. 자본주의는 러시아 농노제도의 어두운 그림자 속에서도 조금씩 발전을 이루었다. 1830년대 영국에서 시작된 산업혁명이 러시아로 들어오는 것은 러시아 황제도 막을 수 없는 역사적인 흐름이었다. 커다란 기계가 러시아의 생산의 새로운 발전을 이끌자 낡은 농노제도는 무너져 내렸다. 새로운 경제모델인 자본주의로 생산의 어려움을 겪게 된 지주들은 마음대로 경작지 면적을 확장하고, 매주 3일이었던 노동시간을 4, 5일 심지어 6일로 늘리면서 농노를 더 심하게 착취했다. 이를 견디다 못한 농노폭동이 자주 발생했다.

1856년, 발칸 반도를 둘러싸고 일어난 크림전쟁에서 러시아가 튀르크에 패하고 러시아 병사 50여만 명이 모래사장에 파묻혔다. 전쟁으로 가족을 잃은 러시아 국민은 황제와 정부 뿐 아니라 부패한 농노제도에 대해 분노했고, 개혁이 진행되지 않으면 러시아 황제의 자리도 위태로운 상황이었다. 수심에 가득한 알렉산드르 2세는 '계속해서 개혁을 미루다가는 나라 전체와 지주에게 최악의 결과만 초래할 뿐' 이라는 사실을 깨달았다. 결국 "더 이상 농노제도를 유지하는 것은 불가능하므로 농노제를 없애고 농민의 봉기라도 막아야겠다." 라고 결론을 내렸다.

1861년 2월 19일, 알렉산드르 2세가 개혁법령에 서명하여 농노제 폐지를 선언하자 자유로운 신분이 된 러시아 농민은 자신이 가꾸어 나갈 땅을 받게 되었다. 비록 원래 땅의 가치보다 더 많은 돈을 내야 했지만 말이다. 이렇게 자본주의의 길을 걷게 된 러시아는 빠른 경제 발전과 함께 강한 국력을 자랑하게 되었다.

▼ 알렉산드르 고르차코프
(Aleksandr Mikhailovich Gorchakov)

고르차코프는 러시아가 혼란과 혁명을 겪은 시기에 활동한 외교관이다. 그의 외교 사상과 실제 활동은 모두 불리한 상황에 처한 국가를 보호하는 데 집중되었다.

10번째 전투

1856년 잃어버린 발칸 반도에 대해 미련을 버리지 못한 러시아 황제는 강한 군사력을 바탕으로 다시 전쟁을 꿈꿨다. 1876년, 튀르크 지배에 저항한 세르비아 민족의 반식민지 운동이 진압되자 러시아 제국은 '범슬라브주의'를 통해 슬라브족의 단결과 러시아를 중심으로 하는 연방 국가를 세우고자 했다. 또한 '슬라브족 보호'라는 기치를 걸고 튀르크와의 전쟁을 주장했다.

1877년 4월 24일, 루마니아와 반 튀르크 협의를 맺은 러시아가 튀르크제국에 정식으로 전쟁을 선언하면서 러시아와 튀르크 사이에 10번째 전쟁이 시작되었다.

러시아 군대는 발칸 반도와 코카서스 두 지역을 목표로 작전계획을 짰다. 발칸 반도를 주로 공격한 후 보스포루스 해협을 차지하는 것이 최종목표였다. 전쟁이 시작되자 루마니아를 통과한 러시아 군대는 도나우 강을 건너 튀르크를 공격하려 했다. 러시아의 니콜라예비치 장군이 지휘하는 도나우 강의 집단군이 튀르크의 압둘라 케림

▼ 이바노비치 피로고프의 전투 장면

파샤가 이끄는 군대와 대치했다. 6월, 러시아는 성공적으로 도나우 강을 건너지만 반복되는 접전으로 플레브나를 점령하지 못한 채 발칸 반도 북쪽 지역에 발이 묶였다. 8월 26일, 팽팽하던 대결구도가 깨졌다. 불가리아 민간조직의 도움을 받은 러시아 군대가 대승을 거두어 시프카 산을 점령한 것이다. 9월 7일, 러시아-루마니아 연합군 11만 명이 다시 플레브나를 공격하기 위해 장기적으로 포위작전에 들어갔고, 12월이 되자 식량이 다 떨어진 튀르크 군대는 어쩔 수 없이 항복을 선언했다. 이로써 발칸 산맥을 넘는 경로를 획득한 러시아는 이어지는 전쟁에서 모두 승리했다. 1월 4일 소피아를 점령한 러시아 군대는 9일에 세보노, 12일에 플로보디프, 20일은 아드리아노플을 점령하면서 점차 튀르크 수도인 콘스탄티노플로 다가갔다.

전쟁으로 심각한 타격을 입게 되자 튀르크는 러시아에 화친을 요청했다. 오스만 튀르크의 풍부한 물자가 다 러시아의 손에 넘어가는 것을 두고 볼 수 없었던 영국은 다급하게 마르마라 해협으로 진입했다. 영국의 공격에 러시아 황제는 분통이 터졌지만 튀르크에 대한 욕심을 포기할 수밖에 없었다. 3월 3일, 러시아와 튀르크가 체결한 〈산스테파노 조약〉에서 투르크의 아르다칸, 카르스, 바투미, 루마니아의 베사라비아가 러시아 땅이 되었고 불가리아는 러시아의 보호를 받게 되었다. 오랜 역사를 자랑했던 오스만 튀르크제국은 분열되었고 새로운 영토를 손에 놓은 러시아는 매우 만족스러웠다. 그러나 전리품을 제대로 챙기지 못한 열강들이 불만을 품으면서 발칸 반도는 다시 새로운 전쟁이 계속되었다.

제2차 산업혁명

제국주의는 다섯 가지 특징을 가진다. 첫째, 생산과 자본 발전이 상당한 수준에 이르면 경제활동에 결정적인 역할을 하는 독점조직이 조성된다. 둘째, 은행자본과 산업자본이 연합된 '금융자본'을 바탕으로 금융과두체제가 형성된다. 셋째, 자본수출은 제국주의가 전 세계 민족과 국가를 착취하는 근거가 된다는 점에서 매우 큰 의미가 있다. 넷째, 세계 경제 구도를 장악하는 자본가의 국제적 독점 동맹이 형성된다. 다섯째, 자본주의 열강 대국이 세계 영토를 나누기 시작한다.

레닌《제국주의론》

자본주의 확립

1640년, 영국 스튜어트 왕조의 찰스 1세가 의회와 대립하자, 당시 사회 주도권을 장악하기 시작한 자산계급과 신흥귀족이 그를 왕위에서 끌어 내렸다. 1688년 명예혁명 이후 영국은 강력한 왕권 통치 시대를 지나 세계 최초로 자본주의 시대에 들어서기 시작했다.

영국이 변하자 전 세계가 새로운 시대를 맞았다. 영국을 밝힌 변화의 빛은 유럽뿐 아니라 전 세계에 깔려있는 어둠을 서서히 걷어냈

▼ 전화 발명가 벨

다. 1775년 미국 독립전쟁이 발발하면서 북아메리카에 자본주의가 뿌리를 내렸고 1789년 프랑스 대혁명은 국민에게 자유, 평등, 박애주의를 깊이 심어주었다. 1861년, 크림전쟁에서 완패한 러시아 황제는 농노개혁을 통해 자본주의를 발전시켰다. 1868년 군사 막부를 무너뜨리고 권력을 차지한 일본 천황은 상공업을 발전시켜 아시아가 아닌 서구유럽의 반열에 들어섰고, 몰락하던 동아시아에서 유일하게 자본주의 국가로 발전하는 데 성공했다. 1871년, 독일은 수단과 방법을 가리지 않았던 철혈재상 비스마르크의 노력 덕분에 파리 베르사유 궁에서 통일을 선언했다. 같은 해 프로이센-프랑스전쟁에서 이탈리아는 로마를 되찾고 통일을 이루었다. 이탈리아는 플로렌스에서 로마로 수도를 옮겼고 이탈리아 반도에 새로운 자본주의 국가가 속속들이 생겨났다.

영국에서 처음 타오른 혁명의 불꽃이 전 세계로 확산

되었고, 새로운 자본주의 국가의 출현으로 이전의 세계 구조는 뒤집어졌다. 자본주의는 마치 침략자처럼 맹렬하게 낡은 제도를 이어가는 국가와 지역을 무너뜨렸다. 그리고 자본주의에 정복당한 지역은 이내 많은 재산을 쌓아갔고, 이를 바탕으로 자본주의가 더욱 발전하게 되었다.

18세기 중엽, 영국의 방직공 제임스 하그리브스가 우연히 발명한 제니 방적기로부터 산업혁명이 일어나 산업발전에 큰 획을 그었다. 그 후 기계공학자 와트(James Watt)가 증기 기관을 개량함으로써 공장은 강물의 제한에서 벗어났고, 자본주의 경제는 대형 기계로 상품을 생산하는 시대에 접어들었다. 사람들은 기술의 발전이 생산에 얼마나 영향력을 행사하는지 깨달았고, 이는 더 깊은 과학 이론의 연구와 실천이 이어졌다. 이러한 1차 산업혁명의 물결이 채 가시기도 전에 더 강력한 2차 산업혁명이 무서운 속도로 몰려왔다.

전기의 시대

1831년, 독학으로 공부하며 실력을 쌓은 과학자 패러데이(Michael Faraday)가 여러 차례 실험을 거쳐 7년 만에 전자유도법칙을 발견하면서 인류는 전기를 발견하고 활용하기 시작했다. 또한 전기학이 점차 완비되는 과정에서 과학자들이 전자기계를 연구하고 개발했다. 1866년 독일의 지멘스(Siemens)가 최초의 발전기 제작에 성공했는데 1870년대 말이 되자 몇 차례의 수정을 거친 발전기는 실험실 외에도 많은 곳에서 사용되었다. 전기 에너지는 빠르게 전달될 뿐 아니라 중도 손실이 적고 원거리 수송이 가능하며 집중 생산과 관리에 편리했다. 이렇게 전력이 증기기관이나 새로운 에너지 동력을 대체하면서 인류는 '전기의 시대'에 접어들었다.

▼ 발명왕 에디슨

이후 수많은 과학자가 신비로운 전기 에너지 연구에 도전하였는데 우리에게 익숙한 '발명왕 에디슨'

도 그 중 하나였다. 그가 제작한 2천여 개의 발명품 중 인류에게 가장 큰 영향을 끼친 것은 바로 전등이다. 1789년 10월 21일, 에디슨은 뉴저지 먼로공원 실험실에서 세계 최초로 목면사를 탄화시켜 만든 필라멘트를 가지고 전등을 발명했다. 그와 그의 조수들은 1,600가지의 내열자재, 6천 종의 식물섬유를 실험하여 가장 적합한 필라멘트 재료를 얻어냈다. 따뜻하고 노란빛을 내는 백열등이 발명되자 힘없이 깜빡거리던 기름램프는 역사에서 사라졌고 전등은 신흥 자본주의와 마찬가지로 세계 역사를 휩쓸었다.

또한 전자기적 상호작용은 새로운 발명인 '통신'의 발전을 촉진했다. 1837년 미국인 모스는 숫자와 알파벳 기호로 말을 주고받을 수 있는 전신기를 발명한 후 워싱턴과 볼티모어 사이에 61킬로미터 길이의 시험선을 놓아 메시지를 보내는 데 성공했다. 1880년, 벨이 전신회사를 설립하면서 전신은 가장 편리한 통신수단으로 자리 잡았고 마침내 1894년 무선전신을 발명한 이탈리아의 마르코니(Guglielmo Marconi)가 1899년 영국과 프랑스 간에 원거리 송신에 성공하면서

▼ 라이트 형제의 비행실험
단순해 보이는 비행기 같지만 이것은 인류가 하늘을 나는 시대를 열었음을 상징하는 표지였다. 라이트 형제는 20세기 위대한 발명가 중 하나다.

무선전신 시대가 열렸다. 2년 후, 무선전신이 대서양을 횡단할 수 있을 정도로 발전하여 사람이나 동물 편에 소식을 전하다가 전달이 늦어지거나 실수가 발생하는 일은 거의 사라졌다. 1875년 보스턴 대학 발성생리학 교수였던 그레이엄 벨은 우연히 'U'자 형의 전자석에 소리굽쇠를 끼워 넣으면 소리를 전달할 수 있다는 사실을 발견했다. 반복된 실험 끝에 1876년 3월 10일, 벨의 서재로 와달라는 목소리가 침실에 있는 왓슨에게 분명하게 전달되었다. 이렇게 세계 최초로 전화기가 발명되어 먼 곳에서도 직접 대화를 나눌 수 있게 되었다.

그 외에 교통수단도 놀랍게 바뀌었다. 1876년 독일의 N.오토가 석탄가스를 연료로 사용하는 4행정 사이클 기관을 완성했고, 1883년 독일의 G.다임러가 오토의 연구에 기초해 석탄가스 대신 가솔린을 연료로 하는 작고 가벼우면서도 강력한 내연기관을 발명했다. 2년 후 독일 기계기술자였던 칼 프리드리히 벤츠는 내연기관을 교통수단에 활용해 세계 최초로 자동차를 발명하면서 '자동차의 아버지'라고 불렸다. 이제 인류는 신체의 한계를 넘어서 빠르게 목적지에 도착할 수 있게 되었다. 1897년, 독일의 루돌프 디젤(Rudolph Diesel)이 간편한 구조와 저렴한 연료를 이용하여 강력한 힘을 내는 디젤기관을 발명하여 대형화물을 운송하는 선박과 기차가 석탄을 가득 싣기 위해 공간을 낭비하지 않게 되었다. 1903년 12월 17일, 자유롭게 하늘 나는 것을 꿈꿔온 미국의 라이트 형제가 노스캐롤라이나주 키티호크에서 59초 동안 260미터를 비행했다. 하늘을 날고 싶어하는 인류의 꿈을 실현한 라이트 형제는 1905년에는 40킬로미터 비행에 성공했고, 1909년 사람을 태우고 135킬로미터를 비행했다. 그 후 항공 산업은 새로운 산업으로 떠오르며 빠르게 발전했다.

이 외에도 화학공업 역시 1880년대에 놀랍게 발전하면서 새롭게 개발된 플라스틱, 인조섬유, 절연체 등이 생산, 사용되었다.

결국 인류 역사가 시작된 이래 역사적인 의미를 지니는 '최초'의 발명들이 2차 산업혁명 시기에 끊임없이 나타났고 새로운 과학 기술의 응용은 어느새 인류의 생활방식과 전 세계 질서를 완전히 바꿔 놓았다.

제국주의 국가로

1차 산업혁명과 비교해볼 때, 2차 산업혁명은 과학과 기술이 융합

▲ 모스 전신기 모형

1837년 모스가 전신기를 발명하면서 전보로 통신하는 시대가 열렸다. 이 전신기는 점과 선으로 만들어진 전신부호를 사용했는데 한 부호가 글자 혹은 숫자를 의미했다. 송신 측에서 키를 눌러서 전류의 길이에 변화를 주어 전송을 하면 수신 측에서 스위치를 누르는 시간에 따라 다른 길이의 부호가 소리로 변환되어 전달된다. 선(dash)의 길이는 점(dot)의 3배다. 수신 측이 선과 점으로 구성되는 부호를 조합한 후 전보문을 작성한 것이 바로 초기의 전보형태다.

된 혁명이었다. 이때 만들어진 많은 발명품은 일상생활에 변화를 가져왔고, 과학연구에도 크게 기여했다. 전신의 원리나 신화학 원소 발견은 이후 전기 기계 발명과 전력의 활용, 새로운 화공 산업 발전의 근거가 되었다. 또한 2차 산업혁명은 1차 혁명 때처럼 영국에서 다른 국가로 퍼져 나가는 일방적인 형태가 아니라 각 나라가 동시에 연구하고 발명하는 식으로 이루어졌다. 특히 미국, 독일, 영국 등 국가의 연구 성과는 인류에게 큰 혜택을 가져다 주었다. 또 1차 혁명에 비해 새로운 발명이 나타나는 속도가 훨씬 빨라져 사람들의 생활과 산업은 더 빠르게 변화했다. 2차 산업혁명 당시 영국, 프랑스, 미국은 이미 1차 산업혁명을 마쳤던 데 비해 독일과 러시아는 한창 진행 중이었으며 일본은 이제 걸음마 단계에 들어선 상황이었다. 그 후 자본주의 국가로 발전한 이 나라들은 1, 2차 산업혁명을 연달아 혹은 동시에 겪으면서 후발주자의 이점을 이용해 2차 산업에서 큰 활약을 선보였고 결과적으로 세계의 주목을 한 몸에 받았다.

과학 기술을 통해 생산력이 눈부시게 발전하면서 자본주의 경제에 새로운 모습이 나타났다. 우선 산업혁명의 영향으로 여러 가지 산업이 새롭게 생겨났다. 새로운 기술이 탄생하여 이전 산업이 더욱 활기를 띠며 발전하기도 했지만 신기술의 물결에 휩쓸려 사라지는 산업도 있었다. 사람들의 생활뿐 아니라 자본주의 생산도 과거와 달리 커다란 발전을 이루었다. 그러나 새로운 기술과 산업이 과거 기술 및 산업과 경쟁구도를 형성하면서 엄청난 부가 소수의 대자본가 수중에 들어갔고, 각 나라에서 다양한 독점자본이 나타났다. 트러스트(trust) 뿐 아니라 카르텔(cartel), 신디게이트(syndicate)가 독점 형식으로 자본주의의 생산과 판매를 모두 분리시키면서 자본주의는 점차 제국주의로 변하기 시작했다.

베를린 회의 : 열강에 의해 분열된 아프리카

1870년 이전 유럽 열강은 전 세계적으로 식민지 쟁탈전을 벌이고 있었지만, 유럽과 바다를 사이에 둔 아프리카 지역은 대부분 자유를 만끽했다. 정복자들은 남아프리카와 알제리 외 연해 지역 및 일부 항구, 무역 거점지역만 점령한 상태였다.

서막

정복자들의 눈에 아프리카는 사막, 열병과 죽음의 땅이었다. 무려 43.3%에 이르는 치사율에 유럽인들은 발걸음을 멈추었다. 서구 열강에 있어 아프리카는 동양으로 가는 통로거나 일확천금을 벌어다 주는 노예무역의 수단에 불과했다. 또 프랑스 대혁명 이후 유럽에는 1848년 혁명의 물결이 이어졌고, 크림전쟁, 이탈리아 독립전쟁, 독일 통일운동, 러시아-튀르크전쟁 등 일련의 사건들로 늘 불안했기 때문에 지중해 남쪽에 있는 아프리카를 돌아볼 겨를이 없었다.

그러나 9차 러시아-튀르크전쟁 이후 안정을 되찾은 유럽에서 2차 산업혁명이 활발하게 전개되면서 상황이 바뀌었다. 전에 없던 과학기술의 성과는 생산력으로 빠르게 전환되어 자산계급의 돈주머니를 두둑하게 채워주었다. 정치·경제적인 안정과 더 많은 부에 대한 갈망으로 새로운 식민지 쟁탈전을 펼치기 시작한 자본주의 국가들에 있어서 아프리카 역시 더 이상 예외는 아니었다.

▼ **탐험가 스탠리**
19세기 초 아프리카에 각양각색의 외국인이 탐험을 시작했다. 헨리 스탠리도 그 중 한 명이었다.

첨예화된 갈등

1870년대에 아프리카 식민지 경쟁에서 독일과 벨기에가 새롭게 등장해 오랫동안 아프리카의 식민통치를 이끌어온 영국과 프랑스에 도전장을 내밀었다. 1861년 벨기에의 국왕 레오폴드 2세(Leopold II)는 이렇게 말했다. "바다가 우리의 해안에 부딪치고, 세계가 우리의 눈앞에 펼쳐졌다. 기선과 전력은 국가 간의 거리를 좁혀주었다. 지구상에서 아직 점령되지 않은 지역(대부분이 아프리카지만)은 우리의 주요 활동지역이 될 것이다." 이제 막 통일을 이룬 독일제국도 비스마르크의 계획에 따라 아프리카 지역을 차지하여 알자스와 로렌지역을 잃고 슬퍼하는 프랑스의 관심을 식민지 경쟁으로 돌려놓고자 했다.

1876년 레오폴드 2세는 과학의 기치를 내걸고 벨기에 수도인 브뤼셀에서 국제지리 학회를 개최했다. 간사하게도 그는 아프리카의 개화를 토론한다는 핑계로 영국, 프랑스, 독일 등 여러 국가의 지리학자와 탐험가들을 한 자리에 모은 후 이들을 선동하여 '신 십자군 원정'을 주장했다. 사실 레오폴드는 과학의 힘을 빌려 아프리카에서 가장 풍요로운 지역을 파악한 후 손에 넣으려 했던 것이다. 이 회의에서 창립된 국제아프리카 협회의 이름으로 아프리카에 수많은 탐험대가 파견되었다.

스탠리 탐험대도 그 중 하나였다. 1878년 레오폴드 2세의 명을 받은 스탠리는 콩고 하류지역에 식민지를 개척했다. 그는 저명한 탐험

▼ 베를린 회의 정경
1884년 베를린 회의는 아프리카 경제와 무역 발전을 위해 개최되었으나 정작 아프리카의 대표는 참석하지 않았다. 그 해 1년 동안 아프리카 대륙에서 진정한 독립을 이루고 현대적인 국가를 수립한 나라는 미국의 속국인 라이베리아와 남아프리카공화국 뿐이었다.

가답게 1879년에서 1880년까지 감언이설과 뛰어난 수단을 이용하여 콩고 하류 분지의 추장들을 속인 채 400여 개의 조약을 체결했다. 적어도 90만 평방마일이 레오폴드의 개인 소유인 '국제콩고협회' 의 재산으로 들어갔다.

레오폴드의 이 같은 계략은 곧 유럽 지도자들의 모델이 되었다. 1882년 프랑스의 탐험가 사보르냥 드 브라자(Savorgnan de Brazza)가 똑같은 수법으로 콩고 강 북쪽 지역을, 독일은 서남아프리카와 토고와 카메룬을 손에 넣었다. 당시 이 경쟁에 참여하려던 포르투갈은 콩고 강가 양쪽 기슭과 내륙지역의 무한한 권리를 요구했고, 영국은 프랑스, 독일, 벨기에의 연합군을 견제하기 위해 포르투갈과 〈영국-프랑스 협정〉을 맺어 그들이 제시한 비즈니스 특권 요구를 받아들였다. 그러나 이 때문에 다른 국가의 강력한 반발에 부딪힐 거라고는 미처 예상치 못했는데 결국 아프리카의 식민지 경쟁에 열광했던 국가들 간에 오랫동안 묵혀두었던 갈등이 불거지면서 베를린 회의가 개최되었다.

거창해 보인 베를린 회의

1884년 11월 15일, 독일의 철혈재상 비스마르크의 주재로 콩고 문제에 관해 논의하기 위해 베를린에서 회의가 개최되었다. 영국, 프랑스, 독일, 벨기에, 네덜란드, 포르투갈, 이탈리아, 헝가리제국, 스페인, 러시아, 덴마크, 스웨덴, 노르웨이, 룩셈부르크, 미국, 터키 등 16개국이 회의에 참석하였다. 빈회의와 마찬가지로 겉으로는 각국의 공평한 교류와 토론을 위한 모임이라 주장했지만 실제 회의는 강대국의 뜻대로 진행되었다. 개막식에서 비스마르크는 한 마디로 회의의 목적을 정리했다. "이번 회의를 개최한 독일 정부는 모든 초청국이 무역을 통해 아프리카 주민에게 학습 환경을 제공하고 …아프리카 원주민의 문명을 발전시키기를 바란다고 확신합니다."

공개적으로 아프리카를 분할하는 자리였지만 정작 아프리카 토착민들의 의견과 동의를 구하는 일은 없었고 모든 거래는 정복자의 손에서 이루어졌다. 피식민지의 의지와 상관없이 열강들의 이익 다툼은 더 치열해졌다. 당시 영국, 미국, 독일은 욕심내던 콩고 하류지역을 차지할 수 없게 되자 자유무역을 제안하며 실제적인 경제이득을 얻으려고 했다. 그러나 이미 콩고에서 얼마간의 토지를 차지한 프랑스와 포르투갈이 이에 강력하게 반대하며 독점적인 지위를 공고히 하려고 애썼다.

그때 콩고에 엄청난 토지를 점령한 또 다른 인물은 바로 벨기에의 국왕 레오폴드 2세였다. 그는 냉정하게 사태를 지켜본 후 프랑스와 포르투갈에 다른 의견을 제시했다. 각국이 그의 개인소유인 국제콩고협회를 인정해준다면 콩고에서 자유무역정책 실현을 보장하겠노라 제안했던 것이다. 당시 벨기에는 프랑스, 포르투갈에 비해 국력이 약했기 때문에 영국, 미국, 독일이 콩고 유역에 파견할 통치자로

▼ 벨기에 국왕 레오폴드 2세

적합했다. 결국 레오폴드 2세는 회의 주요 참가자들의 지지를 받게 되었고 각 국가는 국제콩고협회와 회담을 진행한 후 여러 가지 조약을 체결하였다.

104일의 협상 끝에 1885년 2월 26일 베를린 회의는 그 막을 내렸고. 레오폴드 2세는 회의에서 만족할 만한 성과를 거두었다. 참석국들은 국제콩고협회에 콩고의 주권을 넘기고 '콩고자유국'을 그의 사유영지로 인정했다. 회의 결과 체결된 원칙은 다음과 같다. '모든 국가는 토지합병 혹은 보호국을 수립할 시 반드시 다른 국가에 공지한다. 토지에 대한 요구는 반드시 점령국의 결정에 따른다.' 이뿐 아니라 콩고 하류지역의 자유무역과 통항의 자유기 보장되었다. 한편, 원주민의 지위 상승과 노예제도 폐지 등의 내용을 담은 인도주의적 선언도 발표되었으나 이는 식민지 분할을 포장하려는 상징적인 선언에 지나지 않았다.

원칙에 대해 합의가 이루어지자 각국은 앞다퉈 관련 정책을 시행하며 본격적으로 아프리카를 나누기 시작했다.

분할된 아프리카

유럽 열강들은 아프리카 전역에서 베를린 회의의 원칙과 정신을 실현했다. 서아프리카에서 가장 큰 활약상을 보인 프랑스는 세네갈에서 소말리아로, 알제리에서 콩고로 아프리카 대륙에서 횡단정책을 시행했다. 나이지리아와 카메룬 이외에 끝없이 넓은 사하라 사막을 포함하는 서아프리카 지역이 프랑스의 손아귀에 들어갔다. 이후 프랑스가 나일 강을 차지하려고 파견한 J.H. 마르샹 대령의 원정대가 파쇼다에 도착하자마자 영국의 키치너 장군이 이끄는 탐험대와 대치하는 사태가 벌어졌다. 결국 1899년 봄, 프랑스의 포기로 나일 강 상류는 영국 차지가 되었다.

뒤늦게 경쟁에 들어선 이탈리아도 아프리카에서 한자리를 차지하고 싶어했다. 우선 에리트레아 소말릴란드를 차지한 이탈리아는 1896년 다시 에티오피아를 점령했으나 강력한 저항운동에 큰 타격을 입었다. 에티오피아는 당시 용맹스러운 저항 운동을 펼쳐 아프리카에서 유일한 독립 국가로 남았다.

아프리카 대륙 남쪽지역에는 치열한 식민지 경쟁이 벌어졌다. 독일은 서남부 아프리카에 보호 구역을 세웠고, 영국도 남아프리카 전체적으로 관할지역을 확장시켰다. 이 외에 더욱 많은 나라가 보석과 황금으로 가득한 풍요의 땅 아프리카를 주목했다. 포르투갈은 서해안의 앙골라와 동해안의 모잠비크를 연계시키려고 계획했다.

이렇게 강대국의 싸움과 결탁이 서로 맞물리면서 19세기의 마지막 15년 동안 아프리카 대륙은 식민지로 전락했다. 1912년이 되어 분할 경쟁이 끝나자 아프리카의 96%가 열강 차지가 되었다.

▼ 대영제국의 꿈

미국-스페인전쟁

필리핀 국기는 너무나 간단하다. …미국 성조기의 하얀 부분을 검게 칠하고 별 모양을 해골바가지로 바꾸면 그만이다.

마크 트웨인

익은 감이 떨어지기를 기다리며

링컨 대통령은 남북전쟁을 통해 흑인 노예 300만 명을 해방시켰고, 미국 자본주의 경제도 이와 동시에 발전하는 기적이 일어났다. 1890년대 미국은 1, 2차 산업혁명을 성공적으로 완성했고 생산력이 발전하면서 거대해진 트러스트(trust)는 제조업 생산의 3분의 2를 차지했다. 미국은 국내 시장에 만족하지 않고 해외로 눈을 돌렸으나 이미 기본적인 식민지 구도가 확립된 상황이었기 때문에 다른 나라에서 식민지를 뺏어오지 않는 이상 새로운 경제세력인 미국이 발붙일 틈은 없었다.

▼ 토마스 브라켓 리드(Thomas Brackett Reed)
  '차르 리드'라고 불린 토마스 브라켓 리드는 미국 제 36대, 38대 하원의원 대변인으로서 미국 식민지 확장을 적극적으로 주장한 인물이다.

꿈을 실현하기 위해 미국은 19세기 전반부터 차츰차츰 여론을 조성했다. 우선 앵글로 색슨족의 우월성을 강조하여 자연스럽게 미국을 '하늘의 선택을 받아 세계를 개화시키고 문명사회를 일으키는 우수한 민족'이라고 칭했다. 이 '우수한 민족'은 강제적인 수단을 사용해서라도 '낙후된 민족'을 선진화된 질서로 인도할 책임과 의무를 가지고 있었다. 미국 정부가 '먼로선언'을 포기하고 라틴 아메리카를 미국의 세력범위에 포함시킨 후, 윌리엄 태프트 대통령은 '달러 외교'를 주장하며 해외 투자를 장려했고, 무형경제를 통해 새로운 시장을 차지했다.

이러한 상황에서 미국과 92해리 떨어

진 거리에 있는 '카리브 해의 진주', 쿠바는 '익은 감 떨어지기 정책'의 첫 번째 대상이 되었다. 미국은 마치 감이 다 익으면 나무에서 자연스럽게 떨어지는 것처럼, 이미 몰락의 길을 걷고 있는 스페인이 서반구 지역을 통치할 힘을 잃게 되면 의지할 곳을 잃은 약소국 쿠바가 방황하다가 자연스럽게 미국의 품으로 들어올 것이라고 생각했다. 1896년 미국은 쿠바의 제당산업 부문에만 3천만 달러를 투자했고 모든 상품의 공급을 책임졌다. 또한 쿠바 담뱃잎의 60%를 흡수했고, 이 외에 채굴, 목축 등 산업에서도 밀접한 관계를 맺었다. 경제적인 부분에서 미국은 이미 소기의 목적을 이룬 상태였다.

억지 죄목을 씌우다

15세기부터 스페인은 식민지를 통치하며 부를 축적했으나 안타깝게도 이것을 기초 자본으로 삼아 경제를 발전시키지 않고 마음대로 낭비하는 바람에 유럽 다른 국가가 모두 새로운 시대로 발전해갈 때 홀로 뒤처지고 말았다. 스페인의 부패한 구식 봉건 통치는 더 이상 유지하기 어려울 정도였고, 식민지 통치체제도 큰 위기에 봉착해 있었다.

결국 1895년 스페인 통치 아래 있던 쿠바에서 300여 년 동안 쌓여온 분노가 화산폭발처럼 분출되면서 거대한 민중봉기가 일어났다. 혁명세력은 공화국을 설립하여 혁명정부를 세우고 헌법을 선포하며 스페인 통치를 거부했다. 스페인이 대규모 군대를 동원하여 진압했지만 쿠바의 민족투쟁을 이길 수 없었다. 1897년까지 쿠바의 3분의 2 이상이 독립을 이루었으나 스페인 병력과 재정 상태는 바닥을 드러내면서 더 이상 쿠바에서 힘을 쓸 수 없게 되었다.

1896년 필리핀의 비밀혁명조직 카티

▼ 웨슬리 메리트(Wesley Merritt) 장군
미국-스페인전쟁에서 미군 부대를 지휘한 웨슬리 메리트는 피한 방울 묻히지 않고 스페인으로부터 필리핀 수도를 빼앗았다.

243

푸난(Katipunan)은 4년에 걸쳐 준비한 민족운동을 일으켜 스페인 식민통치에 반발했다. 혁명군은 그 후 2년 동안 필리핀 제도 대부분을 해방시켰고 스페인 통치자를 내쫓았다.

당시 미국은 쿠바를 빼앗기 위해 여론을 조성하며 적당한 기회를 노리고 있었다. 그러던 중 스페인이 쿠바와 필리핀의 저항운동으로 전쟁에 시달리게 되자 상황을 예의주시하다 곧 무력을 행사한다.

기회가 찾아온 것은 1898년이었다. 2월 9일, 《뉴욕데일리뉴스》에 주미 스페인 대사의 개인 서신이 실렸다. 이 서신에는 미국 맥킨리 대통령이 남의 비위나 맞추는 이중적인 인물이며 완벽한 '정치 사기꾼'이라고 쓰여 있었다. 서신 내용은 미국 여론에 엄청난 파장을 불러일으켰고 스페인에 대한 미국 국민의 불만이 하늘을 찔렀다. 스페인은 상황을 안정시키기 위해 미국정부에 사과문을 전달하고 대사 직위를 해제시켰다. 그러나 미국은 이를 받아들이지 않고 스페인에 공격을 개시했다.

이뿐만이 아니었다. 1898년 2월 15일, 쿠바에 거주하는 자국민을 '보호'한다는 명분으로 아바나 항에 정박 중이던 미국 전함 '메인

▼ 만화 《샘 아저씨의 교실》
미국 식민지 침략을 풍자한 만화다. 샘 아저씨의 교실에서 미국 56개주를 상징하는 아이들 앞에 필리핀, 푸에토리코, 하와이, 쿠바라고 불리는 4명의 아이가 앉아 있다. 입구의 인디언과 문밖의 중국인, 그리고 창문에 있는 흑인은 모두 미국의 노예들이었다.

호'가 이유 없이 폭발하여 병사 400여 명 중 266명이 사망하고 100여 명이 부상을 입었다. 24문의 대포를 보유했던 전함은 폭발사고와 함께 바다 깊숙한 곳으로 사라졌다. 스페인이 저질렀다는 증거가 없었고, 배후로 지목된 스페인도 미국과 연합조사단을 구성하여 원인을 명백히 밝히자고 제의하였지만, 미국은 이를 거절하고 조사 후 "전함은 어뢰의 공격으로 폭발했다."라고 결론 내린다. 결국 미국은 모든 원인을 스페인 정부에 지웠다.

조사 결과가 나오자 미국 여론은 더욱 뜨겁게 달아올랐다. 복수하자는 주장이 여기저기 터져 나왔고, 사람들은 '스페인 타도', '피의 복수'를 부르짖었다. 맥킨리 대통령은 다시 전쟁을 시작하기 두려워하는 스페인의 화친 요청을 묵살했고, 4월 7일에 영국, 프랑스, 독일, 오스트리아, 이탈리아, 러시아 6개국과의 연합중재협상 역시 거절했다. 11일 그는 국회에 '쿠바에 질서유지와 국제의무를 집행할 수 있는 안정적인 정부를 수립하고 필요시 미국의 육·해군이 출동하도록 하는 권리를 부여해달라'라고 요구했다. 19일, 미국 상하원 의원은 쿠바에 무장 간섭할 수 있는 권리 위임을 통과시켰다. 22일, 맥킨리는 쿠바 항구를 봉쇄하라는 명령을 내리고 일사천리로 전쟁을 준비했다.

스페인은 전쟁을 피할 수 없게 되자 절망 속에서 최후의 결전을 준비하기로 했다. 4월 24일 스페인이 미국에 선전포고를 하자 미국도 다음날 스페인에 선전포고를 하면서 미국과 스페인의 전쟁이 시작되었다.

필리핀 점령

전쟁이 선포되자 이미 홍콩 대붕만에 있던 듀이 함대가 4월 30일 필리핀 마닐라 만에 도착했다. 5월 1일 새벽, 스페인 해군이 기선을 제압하려고 미국 함대를 기습했으나 낡은 군함설비와 낮은 명중률 때문에 큰 효과를 보지 못했다. 듀이는 침착하게 함대를 이끌고 스페인 기함 레이나 크리스티나호에 집중포격을 퍼부었다. 결국 쏟아지는 포화공격 속에 크리스티나호를 비롯한 다른 함선들이 하나씩 침몰했다. 정오가 될 때까지 7시간 동안 이어진 전투는 미국의 승리로 끝났다. 스페인 함대는 모조리 침몰당해 381명의 사상자를 낸 반면 미국의 부상자는 8명뿐이었다.

다음날, 듀이는 다시 군대를 이끌고 카비테와 코레히도르 섬을 점령한 후 필리핀 혁명군과 스페인 사이에 전투가 발생하도록 유도했다. 5월 31일, 필리핀 각지에서 일어난 혁명군의 공격으로 스페인 군대가 발이 묶이자 듀이는 기회를 놓치지 않고 괌을 점령했다. 연이은 승리로 유명해진 듀이가 국내 지원군의 도움으로 마닐라를 봉쇄하면서 필리핀 전투는 일단락되었다.

패권교체

7월 말, 메리어트가 제8군 1만 5천 명을 이끌고 필리핀 원정에 나서면서 다시 전쟁의 바람이 불어왔다. 8월 13일, 미국 해군과 육군의 공격에 스페인 수비군이 무너지면서 마닐라는 미국에 넘어갔고, 필리핀과 스페인에서 벌어진 전쟁에서 미국이 승리를 거두며 미국-스페인전쟁이 끝났다.

1898년 10월 1일부터 12일까지 미국과 스페인은 파리에서 조약을 체결했다. 기세등등한 미국 앞에서 스페인은 쿠바와 필리핀을 포기할 수밖에 없었다. 두 나라 간에 이루어진 〈파리조약〉을 통해 미국은 꿈에도 그리던 식민지를 손에 넣게 되었다.

미국-스페인전쟁은 역사상 최초의 제국주의 전쟁이었다. 레닌은 이를 '새로운 시대가 시작되는 역사적인 표지' 중 하나라고 말했다. 제국주의에서부터 시작되는 식민지에 대한 열망은 더욱 강렬해졌다.

▼ 미국-스페인전쟁 기념비

미국 하와이 합병

하와이는 대양에 닻을 내린 섬들 중에 가장 매력적인 배다.

마크 트웨인

이민과 무역의 대결

1870년대 제국주의 과도기에 들어선 주요 자본주의 국가들은 독립된 지역이라면 어디든지 식민지로 삼으려 들었다. 아름다운 하와이를 둘러싸고 이제 막 자본주의가 발전하기 시작한 미국과 일본이 경쟁을 벌였다. 두 나라에 하와이는 경제수요를 만족시키고 태평양의 주도권 차지하는 데 결정적인 지역이었다.

1840년부터 미국과 일본은 온갖 계략을 짜내가며 하와이를 차지하려 들었다. 일본은 미국의 하와이 합병을 막기 위해 하와이왕국의 마지막 여왕인 릴리우오칼라니(Liliuokalani)의 왕위를 보호했고, 1871년 하와이왕국과 우호조약을 체결함으로써 정식 외교관계를 수립했다. 또 1884년부터 자국민을 하와이로 대거 이주시켜 일본인의 비율을 높이고 영향력과 통제권을 강화하려 했다. 1890년까지 하와

◀ **하와이 주 문양**

하와이 주 문양에는 1843년 6월 31일 카메하메하 3세가 남긴 하와이의 격언이 새겨져 있다. "Ua mauke ea o ka aina i ka pono—이 땅의 생명은 정의에 의하여 유지된다."

이에 거주하는 일본인은 12,360명이나 되어 하와이 총인구의 13%를 차지했다. 이에 비해 미국인 수는 일본인 수의 6분의 1도 되지 않았다. 3년 후, 일본 이민자가 10만 명에 달해 미국의 10배의 수치를 보이면서 인구정책으로 하와이를 점령하려는 일본의 목적이 분명하게 드러났다.

일본의 의도가 드러나자 미국도 가만있지 않았다. 사실 미국은 1842년 이미 하와이왕국을 인정했고, 1849년 일본보다 먼저 하와이와 통상무역 조약을 체결함으로써 태평양을 노리는 일본을 억누르려 했다. 미국은 인해전술이 아닌 자신의 강력한 경제력을 활용해 하와이를 차지하기로 했다. 1875년 미국 국무장관 해밀턴 피쉬(Hamilton Fish)는 하와이 설탕의 면세수입을 조건으로 호혜조약을 체결하여 하와이로부터 다른 국가에 영토를 넘기지 않겠다는 약속을 받아냈다. 이를 통해 일본의 욕심을 무너뜨렸을 뿐 아니라 하와이의 중점산업인 제당산업에서 미국의 위치를 더욱 견고히 했다. 1890년 미국 정부는 〈맥킨리 법안〉을 통과시켜 모든 수입설탕의 세금을 면제했지만 국내 제당산업을 보호하기 위해 미국 제당기업에 파운드 당 2센트의 보조금을 지급했다. 결국 심각한 경쟁 속에서 하와이 제당산업이 위기를 맞자 하와이 경제도 흔들렸다. 주하와이 미국대사 존 스티븐스는 미국계 농장주가 운영하는 사탕수수 농장을

▶ 이올라니 궁전
본래 하와이 왕의 궁전이었으나 미국과 합병된 후 하와이 총독부를 거쳐 하와이 주 정부 건물이 되었다 .

찾아다니며 미국에 합병되기만 하면 연방정부의 보조를 받게 될 것이라고 설득했다. 결국 1893년 1월 정치가와 상인, 주하와이 미국대사와 미국 해병대가 함께 협력하여 군사정변을 일으키면서 릴리우오칼라니 여왕이 왕위에서 물러났다. 그 후 성립된 임시정부는 존 스티븐스의 계획대로 미국에 합병되었다.

기선제압

이때 중국과 갑오전쟁 때문에 하와이에 신경을 쓸 겨를이 없었던 일본은 미국이 암암리에 진행한 합병에 강력한 반대의사를 표했으나 호놀룰루에 나니와호를 보내는 표면적인 항의에 그쳤다. 당시 미국 해군 부장관이었던 테오도어 루스벨트는 항의에 아랑곳하지 않고 당당하게 선언했다. "우리가 하와이를 점령하지 않는다면, 일본, 독일 혹은 영국이 점령할 것이다."

갑오전쟁이 끝난 후 일본은 미국과의 전쟁을 준비했으나 1897년 미국이 발 빠르게 하와이와 합병조약을 맺었고, 1898년 미국-스페인전쟁이 끝난 후에는 푸에토 리코, 하와이, 괌과 필리핀까지 점령했다. 일본은 불만스러웠지만 아시아 태평양 지역에서 아직 제대로 자리 잡지 못한 자국의 현실과 러시아의 압박을 고려할 때 하와이 쟁탈전에서 한발 물러설 수밖에 없었다. 결국 하와이 제도는 1900년 미국으로 편입되었고 1959년 8월 정식으로 미국의 50번째 주가 되었다.

보어전쟁

다시는 과거의 아프리카로 되돌아갈 수 없다. 백인들은 자신들이 만들어 놓은 상황을 직면해야 한다.

얀 스뫼츠(Jan Christiaan Smuts)

남쪽의 별이 일으킨 반란

새로운 항로가 개척된 후 대부분의 자본주의 국가는 아프리카를 그다지 중요하게 여기지 않았다. 그들에게 아프리카 연해지역은 케이프 혼(Cape Horn)을 돌아 더 많은 자원이 넘치는 동방으로 가는 전환점이었고, 싼값에 흑인 노예를 살 수 있는 지역에 불과했다. 그러나 19세기 들어서 지리학 애호가들이 어둠의 땅 아프리카를 연구하던 중 각 하류지역에 매장된 어마어마한 양의 자원에 경탄을 금치 못했고 결국 이 자원이 인간의 욕심을 불러왔다.

19세기 말에서 20세기 초까지 제2차 산업혁명 속에서 주요 자본주의 국가는 독점 단계를 지나 제국주의 단계에 들어섰다. 당시 제국주의 국가들은 식민지와 반식민지 지역에 잉여제품, 자본, 노동력을 수출해 더 큰 이윤을 얻을 수 있었으므로 끝없이 탐욕을 추구하며 식민지를 늘리려 애썼다. 그런 관계로 누구도 차지한 적 없는 광활한 아프리카는 자연히 이들의 주목을 받게 된다.

1867년 오렌지 자유국 보어의 한 농장에서 놀던 아이가 발 강가로 밀려온 흙 속에서 반짝이는 돌을 발견했다. 나중에 이 돌은 최상급 다이아몬드로 밝혀졌다. 그리고 1869년 한 유럽인이 코이인에게서 62만 5천 프랑을 주고 유명한 "남쪽별 다이아몬드"를 구매하면서 사람들은 남아프리카에 다이아몬드가 매장되어 있음을 확신했다. 곧 사람들이 몰려들어 케이프타운 킴벌리에서 대량의 다이아몬드 광산을 발견했고, 1884년과 1886년에는 트란스발에서 세계 최고의 금광이 발견됐다.

황량했던 아프리카 남쪽 지역이 빛나는 보석의 세상임이 밝혀지자 무려 30만 명의 유럽인들이 몰려들었는데 그중에서도 영국인의 수가 가장 많았다. 심지어 영국인과 아프리카에 먼저 진출한 네덜란드계 보어인의 비율이 7:3에 이를 정도였다. 게다가 대부분 부유한

▼ 보어전쟁 기념비

집안 출신이었던 영국인이 대다수의 채굴권을 차지하면서 보어인의 불만을 샀다. 겉으로는 잘 차려입은 영국 신사들은 금광뿐 아니라 철도 등 다른 산업과 관련된 권리까지 빼앗았고, 그들의 서슬 퍼런 태도에 보어 정부는 경계심을 늦추지 않았다. 보어 정부는 '외지인'의 선거권에 엄격한 제한을 두고 필요한 노동력을 얻지 못하게 방해했으며 운송, 식품, 폭약 등 물품 가격도 높게 매겼다. 결국 영국인과 보어인 사이의 갈등은 심각해져 갔다.

1차 보어전쟁

1843년 뒤늦게 식민전쟁에 합류한 영국 통치자들은 무력을 동원하여 이미 보금자리를 마련한 보어인에게서 쿠아줄루 나탈주를 뺏어갔고, 1867년 바수톨란드를 점령했다. 영국의 식민지에 둘러싸인 보어인에게는 이제

▲ 퀘벡에 있는 보어전쟁 희생용사 기념비

동쪽 지역만 남은 상태였다. 10년이 지난 후 영국은 멋대로 트란스발을 합병하였고 이로 말미암아 영국인과 보어인 사이에 갈등이 심화되었다. 그러던 중 1880년에서 1881년까지 이집트에 반 영국 운동이 일어나 영국이 틈을 보인 사이 보어인의 공격이 시작됐다. 보어인이 마주바 고원에서 승리를 거두자 영국 당국은 트란스발을 포기할 수밖에 없었다. 이것이 최초의 보어전쟁으로 1884년 양측의 협정을 통해 트란스발공화국은 자유를 얻었다.

그러나 영국은 여전히 여러 가지 권리를 가지고 있었고 그것으로 이들을 속박했다. 트란스발은 영국 당국의 허가 없이는 영토를 확장할 수도 없었고, 오렌지왕국 이외의 어떤 국가와도 조약을 맺을 수 없었다. 조약들의 압박에 숨이 막힌 트란스발 보어인 정부는 하루라도 빨리 속박에서 벗어나고 싶어했다. 1895년 12월에서 다음 해 1월까지 영국은 보어 정부를 차지하기 위해 작전을 꾸몄으나 이 소식을 들은 보어인이 즉각 들고일어났다. 보어 정부의 민간 병사 2천 명이 영국군을 포위하고 공격하면서 영국의 계획은 실패로 돌아갔으나 그들은 여전히 미련을 버리지 못했다. 그리하여 호시탐탐 기회를 노

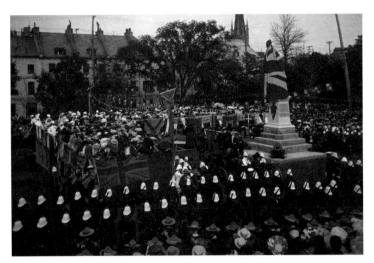
▲ 퀘벡에서 열린 보어전쟁 기념
비 제막식

리는 영국과 그들의 위협
을 걱정하는 보어인 사이
에는 팽팽한 긴장감이 돌
아 곧 벌어질 대규모 전쟁
을 예고했다.

2차 보어전쟁

1899년 10월, 트란스발
의 수도 프리토리아에서
보어인 대통령 파울 크뤼
거가 영국 식민통치자를
도발했다. 그는 영국 식민

통치자들과 타협할 생각이 없고 그해 6월 1일 이후에 남아프리카로
온 영국 군대를 철수시키라며 48시간 내에 답을 달라고 요청했다. 영
국 총리 체임벌린의 명령을 받은 주 남아프리카의 영국 총독 알프레
드 밀러는 강경한 태도로 크뤼거의 최후통첩을 거절했다. 10월 11일
오후, 보어인이 영국군을 공격하면서 2차 보어전쟁이 발발했다.

정의와 불의가 뒤섞인 제국주의 식민전쟁에서 전쟁 승패를 좌우
하는 것은 군사력이었다. 전쟁 초반에 보어인 지역의 삼면이 영국
식민지로 둘러싸여 있었지만, 보어인의 4만 대군은 2만 명 병사를
보유한 영국 군사력의 두 배에 달했다. 이 때문에 전쟁이 시작된 후
1900년 1월까지 영국군은 보어인의 용맹스러운 공격을 받으며 갖은
고생을 다 했다.

보어인 총사령관 조베르가 1만 7천 명의 병사를 이끌고 나탈 주를
공격하자 영국 군대가 패하고 변경 도시도 그의 손에 넘어왔다. 10
월 30일, 닉슨 협곡에서 보어인 군대와 영국 사이에 전투가 벌어졌
고, 영국은 군사 천 명이 포로로 잡히며 참패를 당하자 이날을 '슬
픔의 월요일'이라고 불렀다. 서쪽지역에서는 보어인 장군 크로니예
(Cronje)가 기병대 8천 명을 끌고 베추아날랜드를 침공했고, 영국군
은 마페킹에서 적군에 포위되어 케이프타운과 로디지아와의 연락이
끊겼다. 동시에 쿠어스 데 라 레이(Koos de la Rey)가 지휘하던 보어
인 군대가 다른 영국 군대를 '다이아몬드의 도시' 킴벌리에 묶어 두
었다. 하지만 수적으로 우세했던 보어인 군대는 결정적인 승리를 거

두지는 못했다. 영국 군대는 주요 거점지역인 레이디스미스, 마페킹과 킴벌리를 지켜내면서 지원군이 오기만을 기다렸다. 11월 상순이 되자 남아프리카 영국 군대의 신임 총사령관 블레어가 군사 3만 명을 이끌고 남아프리카로 향했고 다른 지원군도 곧이어 도착했다. 그리하여 12월이 되었을 때, 남아프리카에 모인 영국 군사 수는 무려 15만 명에 이르렀다. 그러나 이토록 많은 수의 병사가 있어도 승리를 거두지는 못했다. 12월 중순, 영국 군대와 보어인 사이에 벌어진 3차례의 대규모 전투에서 영국 군대는 2,500명의 사상자를 냈고 대포 12문이 망가지는 등 심각한 타격을 입었다. 1899년 12월 25일에서 31일까지 우울한 기분으로 19세기의 마지막 일주일을 보낸 후 영국 군대의 사기는 더욱 바닥으로 떨어졌고, 런던 신문은 이 시기를 '검은 일주일'이라고 보도했다. 유럽의 각 일간지는 '영국군 철수 위기'를 1면으로 다루었다.

영국의 빅토리아 여왕의 독촉으로 영국 정부는 식민통치 경험이 풍부한 로버츠 경을 원정군 지휘관으로, 키치너 경을 참모장으로 임명했다. 이들은 함께 6만 대군을 이끌고 빠른 속도로 케이프타운과 엘리자베스, 동런던에 도착했다. 1900년 1월 말, 영국이 국내와 다른 식민지로부터 남아프리카로 동원한 군인 수는 보어인 군대의 수를 훨씬 넘어선 25만 명이었다. 군대 정비를 마친 영국 군대가 반격에 나서자 보어전쟁은 새로운 국면에 접어들었다. 이제는 영국이 공격하고 보어 군대가 막아내기 시작한 것이다.

2월 15일, 영국 군대의 프렌치가 기병대 5천 명을 이끌고 보어 군이 사수하는 크로아티아를 돌아서 킴벌리의 포위세력을 해산시키면서 전세가 뒤집어졌다. 28일, 버틀러 장군은 영국 기병대 2만 6천 명을 이끌고 레일 산과 허트 산 사이 요충지에서 보어 군과 격전을 벌였다. 이 전투에서 보어인 군대가 참패하면서 레이디스미스 주변의 포위망도 풀렸다. 3월 13일, 영국 군대는 오렌지왕국의 수도 블룸폰테인을 점령한 후 보어인 군대 본부로 진격했다. 5월 12일, 영국 군대가 크슈타트를 점령했고, 21일이 되어 마페킹이 지휘하던 보어인 군대가 완패했다. 30일, 영국 군대의 공격을 받고 보어군은 요하네스버그를 포기했다. 6월이 되자 영국군은 트란스발의 수도 프레토리아를 비롯하여 보어공화국의 주요 도시 및 철도를 점령했다. 9월, 트란스발공화국 대통령 크루거와 군국주의자 보타(Botha)가 갈라서

면서 영국과 보어인 사이의 전투는 끝이 났다.

　그러나 보어전쟁이 완전히 마무리된 것은 아니었다. 나라가 침략을 받자 싸움에 나선 보어 국민은 1900년 9월에서 1902년 5월까지 약 2년에 걸쳐 유격전을 펼쳤다. 철도 노선을 끊고, 영국군의 물

▲ 남아프리카공화국 빅토리아에
세워진 보어전쟁 및 1차 세계
대전 기념비

자보급을 차단했으며 기회만 있으면 영국군을 몰살했다. 또 교외 지역을 어지럽히는 등 온갖 수단을 다 이용하여 영국군을 몰아세웠다. 보어인의 공격을 견디다 못한 영국군이 잔혹한 진압정책을 펼쳐 논밭과 건축물을 불태우고 무고한 백성을 학살하며 보복했지만, 보어인 유격대를 완전히 없애지 못했다.

　보어전쟁은 2년 7개월 동안 이어졌다. 그동안 영국군은 군비로 2억 5천만 파운드를 지출했고 5,800명의 사상자를 냈다. 보어인 3,990명이 전장에서 목숨을 잃었고, 약 27,927명이 영국군의 수용소에서 죽음을 맞았다. 1902년 5월 31일, 오랜 전쟁에 지친 양측은 협상 끝에 화친을 맺었다. 보어인은 군사행동을 멈추고 트란스발공화국과 오렌지자유국을 영국 연방에 편입시켰다. 영국은 되도록 빨리 트란스발과 오렌지연방의 군사 통제를 해제하고 민주자치를 보장하겠다고 약속하며 보어의 재건작업을 위해 300만 파운드를 배상해 주었다.

오스트레일리아 연방 수립

> 지구 남쪽에 이 세상의 어떤 소리보다도 아름답게 노래하는 새가 있다. 그
> 런데 이 새는 가시나무의 날카로운 가시가 몸을 찌를 때만 아름답게 노래
> 한다. 새는 둥지를 떠나는 바로 그 순간부터 단 한 번의 노래를 부르기 위
> 해 가시나무를 찾아 헤맨다. 그리고 가장 길고 날카로운 가시를 찾아 스스
> 로 자신의 몸을 찌른다.
>
> 콜린 맥컬로우(Colleen McCullough) 《가시나무새》

죄수 유배지

오스트레일리아는 남방 대륙이라는 뜻의 라틴어 테라 아우스트랄
리스(Terra Australis)에서 탄생한 이름이나 400년 전에 이곳이 라틴
문화와 관련이 있었던 것은 아니다. 이곳 원주민은 넓게 흩어져 부
락생활을 했으며 부족마다 언어를 가졌고, 노동생산을 통해 자연과
하나가 되었다.

▼ 에드먼드 바턴 경의 조각상
오스트레일리아 정치가인 그는
연방정부 최초 총리 및 고등법
원 법관을 지냈다.

1606년, 백인 선박이 최초로 오스트레일리아와 뉴기니 섬 사이의
해협에 출현했다. 바로 스페인 항해가 루이스 바에스 데 토레스
가 이끈 함대였다. 그 후 네덜란드인 빌렘 얀스존(Willem
Janszoon)이 유럽인으로서는 최초로 오스트레일리아 땅을 밟
았으며 북부와 서부 지역의 지도를 제작하기도 했다. 1688
년, 영국 탐험가 윌리엄 댐피어(William Dampier)가 오스트
레일리아를 방문했다. 이들은 모두 잠시 들려본 것일 뿐 특
별히 땅을 점령하려고 하지 없었다.

그러던 중 1770년, 영국의 또 다른 항해가 쿡 선장이 인데버
호를 이끌고 남태평양으로 탐사하면서 오스트레일리아의 동해
안 지도를 그린 후 이를 '뉴사우스웨일스'라고 부르며 영국 영
토라고 선언했다.

1783년 북아메리카의 영국 식민지가 전쟁을 통해 독립을
이루자 영국은 비옥한 토지와 함께 범죄자 유배지도 잃게
되었다. 당시 산업혁명과 함께 심각해진 빈부차이로 사회문
제가 발생하면서 영국 감옥은 죄수들을 수용할 공간이 부족
했다. 결국 영국은 새로운 유배지를 찾아 헤맸다.

▶ **오스트레일리아 전쟁 기념관**
오스트레일리아 전쟁 기념관은 그리핀 호수의 북쪽에 있다. 청회색의 둥근 건축물로 2차 세계대전 당시 전사한 오스트레일리아 군인을 기리기 위해 세워졌다.

여러 번의 조사와 토론 끝에 제임스 쿡과 오스트레일리아 탐사에 동행했던 식물학자 조셉 벵크스(Joseph Banks)가 뉴사우스웨일스를 강력하게 추천했다. 1786년 8월, 영국정부는 정식으로 오스트레일리아 보터니 만을 새로운 유배지로 선정했고, 2년 후 1월, 필립 선장이 1,530명을 실은 선박 6척을 이끌고 망망대해를 건너 멀리 떨어진 오스트레일리아에 도착하여 736명의 죄수를 감옥에 넣었다. 새 유배지의 이름은 당시 영국정부의 장관의 이름을 따서 '시드니'라고 지었고, 영국인이 도착한 날이 오스트레일리아의 국경일이 되었다. 그 후 80년 동안 오스트레일리아는 영국으로부터 약 16만 명의 죄수를 수용했다. 영국 국내에서는 범죄자였던 이들이 오스트레일리아 발전에는 큰 공헌을 했다.

연방국가

영국인 이민자의 수가 오스트레일리아 원주민보다 많아지자 주객이 전도되었다. 영국인은 자기 이익과 필요를 위해 뉴사우스웨일스, 태즈메이니아, 웨스턴오스트레일리아, 사우스오스트레일리아, 빅토리아와 퀸즐랜드를 식민지역으로 삼았다. 1880년 오스트레일리아 출신 정치가 헨리 파커스가 오스트레일리아 연방을 제의했지만 당시에는 아무도 주의를 기울이지 않았다.

얼마 지나지 않아 2차 산업혁명이 일어난 독일과 영국 사이에 해외식민지 쟁탈전이 벌어지자 이에 위협을 느낀 오스트레일리아에서는 연방정부 수립을 주장하는 목소리가 늘어났다. 1883년, 각 식민지역 대표가 함께 회의를 개최하여 연방의회 수립을 위한 조직법 초안을 만들면서 오스트레일리아 연방의 수립과정이 시작되었다

1890년 2월, 각 지역의 대표가 다시 멜버른에 모여 회의를 열고 오스트레일리아의 입법 기구와 중앙행정기구를 개설을 찬성했다. 1891년 최초의 연방헌법초안이 제정되었다. 비록 이 헌법은 뉴사우스웨일스의 부결로 시행되지는 못했지만, 그 후 헌법 완성에 기초를 다져주었다. 1897년 3월, 새롭게 선출된 국민대표 대회가 연방헌법을 제정했고 모두의 이익을 고려한 헌법이 통과되었다. 몇 번의 개정을 거친 헌법은 런던으로 전달되어 영국 정부의 비준을 기다렸다. 한 차례 논쟁을 거친 끝에 7월. 영국 빅토리아 여왕의 조인을 얻어냈다.

헌법 규정에 따르면 1901년 1월 1일, 통일된 오스트레일리아 연방이 수립되었으며 영국식민제국의 일부분을 차지한다. 1931년 영국의회가 〈웨스트민스터 법안〉을 통과시키면서 오스트레일리아를 독립국가로 인정했지만 실제로는 여전히 영국 연방에 소속되어 있었다.

러일전쟁

동북지역의 상황은 끔찍했다. 쏟아지는 포격 속에서 무수한 사람이 죽어갔
다. 피와 살점이 튀기는 전투 속에 재산은 다 사라졌고 부모와 자식, 형제
들의 얼굴에 눈물이 끊이지 않았으며 가족과 친지를 찾는 소리가 가득했
다. 참으로 목도할 수 없을 정도로 심각한 광경이었다.

《성경시보盛京時報》(1906년 10월 18일)

중국을 노린 러시아

19세기 말, 자본주의 국가들은 모두 2차 산업혁명에 힘을 쏟아 국
내 생산을 장려하고, 대외확장을 줄였다. 그래서 유럽은 상대적으로
안정적이고 평화로운 시기를 보낼 수 있었다. 당시 노예제도 개혁을
통해 자본주의를 발전시킨 러시아제국은 1895년에 아프가니스탄 경
계 문제를 놓고 영국과 벌어진 갈등을 해결하고, 1897년 오스트리아
헝가리제국과 발칸 반도의 현상유지와 관련한 협정을 맺있다. 이런
과정에서 러시아가 극동지역에 관심을 보이면서 동쪽의
자유로운 항구인 중국 동북지역을 노리기 시작했다.

1894년 7월, 일본은 개척범위를 확대하고 국가 위엄을
사방에 알리고자 조선의 동학농민운동을 문제 삼으며 청
나라와 전쟁을 시작했다. 이것이 역사에 기록된 '갑오전
쟁'이다. 전쟁에서 패한 부패하고 무능한 청나라 정부는
일본에 땅과 보상금을 얻어주며 화친을 요청했다. 전쟁을
통해 요동 반도를 차지하게 된 일본은 결과에 만족했으나
러시아제국의 마음은 불편했다. 본래 홀로 중국 동북지역
을 다스리려던 계획에 차질이 생긴 러시아는 독일, 프랑
스와 연합하여 요동 반도를 반환하라고 일본을 압박했다.
결국 청나라 정부가 은 3천만 냥을 주고 요동 반도를 돌
려받았고, 러시아제국은 공로를 세웠다며 으쓱거렸다.
1897년, 함대를 끌고 뤼순커우로 들어온 러시아는 다음
해 뤼순과 다롄을 강제 '조차租借'[27]했다. 1903년 8월, 중

---

27) 특별한 합의에 따라 한 나라가 다른 나라 영토의 일부를 빌려 일정한 기간 동안 통치하는 일

국뿐 아니라 영국, 일본의 반대에도 불구하고 러시아제국은 마음대로 극동 총독구역을 설립한 후 알렉세예프(Alekseev)를 총독으로 임명하여 뤼순을 중심으로 중국 동북지역을 삼키려고 했다.

대륙정책

메이지 유신 이후 일본은 과거의 낙후된 모습에서 벗어나 동아시아의 유일한 자본주의 강국으로 떠올랐다. 그러나 천황으로부터 아래로 이어지는 개혁을 한 탓에 수많은 봉건체제의 잔재가 남게 되었다. 그중 특히 군국주의 사상은 일본이 국내외의 문제에 부딪칠 때마다 무력으로 해결하게 하는 사상적 기반이 되었다. 게다가 섬나라국가로서 대륙을 갈망했던 일본은 조선과 중국을 목표로 삼고 빠른속도로 대외 확장을 시작했다.

1876년 일본은 중국 타이완을 침략했고, 1894년에 중국을 공격했다. 갑오전쟁 후 일본은 전쟁 배상액으로 은 2억냥과 넓은 토지를 받고 벼락부자가 되었다. 요동 반도를 손에 넣은 일본은 꿈에도 그리던 대륙으로 한걸음 내딛게된 것을 매우 기뻐했다.

그러나 이때, 일본은 군사와 봉건체제 면에서 매우 비슷한 러시아를 만난다. 러시아의 강력한 압박을 받은 일본은 이미 집어삼킨 요동 반도를 토해내청나라에 돌려줄 수밖에 없었다. 일본은 러시아에 받은 치욕에 이를 갈며 전쟁을 준비했다. 1900년에서 1901년까지일본은 5억 1,600만 엔을 들여 해군 군비와 철도 건설 계획을 완성하면서 러시아와 전투를 펼칠 준비를 마쳤다.

▼ 러일전쟁에 관한 일본 만화

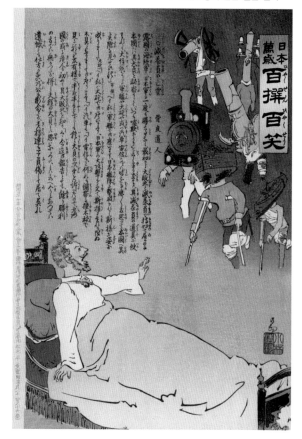

전쟁의 먹구름

일본과 러시아 사이의 갈등은 분명하

게 드러나자 열강 국가들 모두 이 상황을 방관하며 둘 사이를 중재하려고 하지 않았다. 오히려 자기 이익에 유리한 쪽을 지지하며 전쟁을 조장했다.

영국은 아프가니스탄 문제로 러시아에 대해 선입견이 있었고, 1899년 미국이 '문호개방정책'을 내세운 후 중국의 동북지역으로 진출하려다 러시아에 의해 저지당한 경험이 있었다. 이런 이유로 러시아에 대한 악감정이 남아 있었던 영국은 일본 편에 섰다. 그러나 영국과 패권을 다투던 독일은 러시아와의 갈등을 피하고 싶어 러시아를 지지했다.

이렇게 국제사회가 전쟁을 암암리에 조장하는 분위기가 되면서 일본과 러시아의 군비경쟁은 더욱 치열해졌고, 전쟁은 점점 현실이 되고 있었다. 러시아 황제는 "양보는 또 다른 양보를 낳는다."라며 강경정책을 펼쳤고 일본 통치자들은 "한 시간, 하루를 지연하면 러시아에 승리를 빼앗길 수 있다."라고 걱정했다. 러시아와 일본은 협상 앞에서도 한 치도 양보하지 않고 팽팽한 긴장관계를 유지했다. 전쟁을 앞당긴 것은 일본이었다. 1904년 2월 6일 일본은 러시아와 단교를 선언하고 8일 밤 선전포고 없이 전쟁에 돌입하면서 제국주의의 식민쟁탈전이 시작되었다.

러일전쟁은 주로 중국에서 이루어졌다. 부패하고 무능한 청나라 정부는 1904년 2월 12일 '중립'을 선언했지만 러시아와 일본이 중국 땅을 마음대로 짓밟는 것을 사실상 내버려두어서 러일전쟁은 중국의 수치스러운 역사로 기록되었다.

난투극

러시아의 넓은 영토와 인구와 비하면 일본은 보잘것없는 작은 나라에 불과했다. 러시아는 전쟁의 초점을 주로 유럽에 두었기 때문에 극동지역에는 군사 9만 8천 명, 태평양에는 함정 60여 척만 배치했다. 그러나 일본은 이 전쟁에 전력을 다했다. 육군 37만 5천 명과 함께 동북 전쟁을 위해 특별히 제작한 산포山炮와 통일된 규격에 성능도 뛰어난 해군함정 80척을 갖추고 있었다.

반면 유럽에 있는 군대를 다시 극동지역으로 파견해야 했기 때문에 전쟁을 미루고 싶었던 러시아는 중국 황해와 조선해협을 통제하여 일본군의 상륙을 막으려 했다. 그러나 이렇게 강한 수비력을

요하는 작전을 펼치기에 러시아 육군은 너무나 허술했다.

　당시 일본은 독일의 군사제도를 모방하여 군사 이론도 공격을 핵심으로 하는 독일의 명장 몰트케를 따랐다. 비록 러시아의 총인구와 군사력은 일본보다 훨씬 뛰어났지만, 극동지역에서는 일본보다 약했다. 일본군은 이 점을 고려하여 기습을 단행하기로 한다. 기선제압을 통해 우선 러시아의 태평양 함대를 공격하고 해양관할권을 빼앗은 후 육군을 보호하며 조선과 요동 반도에 상륙하려는 작전이었다. 일본은 러시아의 지원군이 도착하기 전에 많은 수의 병력을 이용하여 랴오양과 펑톈일대를 차지하려 했다.

　1904년 2월 8일 자정, 일본 군함이 조용히 뤼순 항에 머물던 러시아 함대에 다가갔다. 러시아 군대는 경계를 풀고 한참 단꿈에 젖어 있었고, 멀리 뤼순에서는 파티를 열고 있었다. 일본은 러시아 군함의 탐조등을 이용하여 정확한 방향으로 어뢰를 발사했고, 그 중 3개가 명중하여 러시아의 최고급 함선 3척이 침몰했다. 9일, 인천 부근에서 러시아 함대 2척을 침몰시킨 일본 군대는 해상 전투에서 우위를 차지했다. 그러나 아무리 큰 피해를 딩했어도 러시아에는 여전히 군대를 유지할 수 있는 저력이 있었다. 결국 3월 초까지 일본은 뤼순커우를 봉쇄하려는 목적을 달성하지 못했다.

결국 빨리 전쟁을 진행하기 위해 일본 육군이 상륙을 시작했다. 3월 21일, 진남포에 상륙한 일본 군대는 4월 중순에 압록강 왼쪽 강가에 다다랐다. 연이은 격전 끝에 러시아는 랴오양으로 후퇴했고 일본은 동북지역의 문을 활짝 열어젖혔다. 5월이 되어 뤼순이 일본 육군과 해군 사이에 갇히자 일본 지도부는 뤼순을 차지할 시기가 왔음을 알아챘다. 6월 중순부터 일본은 전면적인 총공격에 들어갔다. 뤼순의 방어를 책임지던 러시아 장군 아나톨리 스테셀은 패전을 거듭했고, 뤼순의 보호 장벽인 진산과 랑산 등의 지역이 일본에 넘어갔다. 8월 7일, 다구산과 샤오구산의 전투가 끝나자 뤼순을 둘러싼 최전방 지역이 모두 일본의 손에 넘어갔다. 러시아 함대는 뤼순 항구에 숨어 있다가 일본 해군의 포위망을 뚫어보려 했지만 실패했다. 하지만 계속 승리를 거둔 일본도 큰 타격을 받은 상태였다. 늘어지는 전쟁과 전투에서 입은 심각한 피해로 지친 일본군은 뤼순을 차지한 후 공격을 멈추고 장기 포위전에 들어갔다.

8월 24일, 일본군은 랴오양을 빼앗기 위한 작전을 펼쳤다. 직전 전투에서 보여준 러시아 군대의 부패하고 무능한 모습 덕분에 일본군의 사기가 크게 올라갔지만 수적으로 불리하여 훌륭한 성과를 거두지 못했다. 전력을 다하여 싸운 만큼 피해도 심각했다. 그런데 일본군이 철군을 결정하기 2시간 전, 패전을 거듭하던 러시아 장군 쿠로파트킨이 펑톈에서 철수를 명하면서 랴오양은 일본군에 돌아갔다.

랴오양을 얻은 일본군이 사허沙河를 사이에 두고 펑톈으로 진격한다. 그리고 그곳에서 러시아 군대 21만 명과 일본 군대 12만 명이 대치했다. 10월, 첩자를 통해 러시아의 군사작전을 알아낸 일본의 오야마 이와오 장군은 적의 계획을 역이용하려 했지만 실제로는 산간지역에서 1주일이 넘게 서로 탐색전만을 벌이게 된다. 결국 지쳐버린 양측은 지구전에 돌입했다.

이때, 러시아의 지원부대가 속속 도착하기 시작하면서 전세가 일본군에게 불리하게 돌아갔다. 사허 전투 후 일본군은 9월 19일부터 다시 뤼순을 공격했고 10월 30일에 세 번째 공격을 퍼부었으나 승패가 나지 않았다. 일본군 총참모장 고다마 겐타로가 직접 지휘에 나서자 전세가 뒤바뀌기 시작했다. 하루 만에 일본군은 뤼순을 점령할 수 있는 결정적 요지인 203고지를 점령했다. 12월 15일, 일본군의 포탄공격 속에서 뤼순 방어를 책임지던 로만 콘드라첸코 장군이 장렬히 전사했다. 1월 2일, 러시아군은 항복을 선언하면서 일본은 승리와 함께 해상 통제권을 거머쥐게 되었다.

일본의 목표는 이제 펑톈만 남은 상황이었다. 1905년 2월, 펑톈지역에 일본 군대 27만 명과 러시아 군대는 33만 명이 만났다. 막다른 길에 이른 러시아가 수적으로 우세한 군사력에 의지하여 일본군을 반격하면서 헤이타이에서 전투가 벌어졌다. 용맹스러운 코삭인 기병들에게 많은 일본 군사가 죽음을 맞았지만 결정적인 순간에 러시아 총사령관 쿠로파트킨이 머뭇거리다가 제2군의 지원을 거절하면서 전세는 다시 일본군에게 넘어갔다.

5월, 그토록 기다리던 지원군은 이제야 케이프타운을 돌아 말라카 해협을 통과한 후, 220일의 항해 끝에 쓰시마 해협에 도착했다. 이곳은 일본 함대의 주요 수비지역으로 전쟁 준비를 마친 일본군은 러시아군이 오기를 기다리고 있었다. 5월 27일, 쓰시마 해전이 시작되었고, 피로에 지친 러시아 해병은 무능한 사령관의 지휘로 고통스러운 대가를 치러야 했다. 3척의 함정 외에 나머지 함선은 하루 만에 적군에 의해 침몰당했다.

포츠머스 조약

때마침 러시아에 1905년 혁명이 일어나 러시아 황제는 더 이상 전쟁을 지속할 수 없었다. 일본 역시 계속되는 전쟁으로 지쳐있었다. 미국 루스벨트 대통령의 중재로 1905년 9월 5일 일본과 러시아는 〈포츠머스 조약〉을 체결하였다. 러시아는 일본의 조선 점령을 인정하고, 뤼순, 다롄 및 부근 해역의 조차권 뿐 아니라 창춘에서 뤼순에 이르는 철도 관련 권한, 재산, 탄광도 모두 일본에 양도했다. 또한 사할린 섬 남부지역도 일본 차지가 되었다.

일본 조선 강제합병

메이지 천황이 남긴 첫 번째 과제는 타이완 정복, 두 번째는 조선 정복이었다. …세 번째는 만주와 몽골을 통해 중국 전역을 삼키는 것이었다. 이로써 동방과 모든 아시아가 나를 두려워하며 내게 무릎 꿇게 될 것이다.

다나카 기이치 《다나카 상주문》

조선의 역사

중국 북부지역과 인접한 한반도는 역사적으로 중국과 매우 밀접한 관계를 맺어왔다. 동쪽으로는 넘실대는 바다를 넘어 일본과 연결되었다. 예부터 조선은 중국과 일본 사이의 다리 역할을 하며 중국의 우수한 문화와 제도를 받아들인 후, 문명과 동떨어진 일본에 하나씩 전해주었다.

▼ 이토 히로부미
일본 정치가였던 그는 한국뿐 아니라 중국까지 침략의 손길을 뻗쳤다. 악행을 일삼던 이토 히로부미는 결국 조선의 애국지사 안중근의 손에 죽음을 맞았다.

그러나 섬나라의 불안함에 시달리던 일본은 이웃국가에 다른 마음을 품고 있었다. 육지를 소유하고 싶었던 일본은 16세기부터 조선을 점령할 야욕을 품었다. 1590년 도요토미 히데요시는 일본을 통일한 후, 조선을 발판 삼아 명나라를 공격하려 했다. 1592년 4월, 도요토미 히데요시가 10만 대군을 이끌고 조선을 침략한 '임진왜란'이 일어났다. 조선은 일본의 공격에 완전히 무너졌고, 임금은 압록강으로 도망쳤다. 조선이 패하자 아쉬워진 것은 명나라였다. 일본이 조선을 침략한 척했지만 사실은 중국을 노렸음을 잘 아는 명나라 황제 주익균은 조선 임금의 요청을 받고 지원군을 보냈다. 6년 동안 지속된 전쟁은 도요토미 히데요시가 조선을 떠나면서 마무리되었다. 이로부터 약 300년 동안 일본은 대륙을 침략하지 않았다.

강화도 사건

19세기 중엽, 점차 썩어가던 일본 봉건사회에 미국이 나타나 일본을 동아시아의 보급기지로 삼

▲ 갑오전쟁 해상전투
갑오전쟁은 중국인에게 잊을 수
없는 치욕 중 하나다. 넓은 바다
위에서 중국인들이 목숨을 걸고
싸우는 모습이다.

으려고 했다. 1853년 '흑선'의 습격으로 일본은 총칼의 위협을 받으며 수치스럽게 문호를 개방했다. 그러던 중 천황은 국민의 지지를 받으며 막부에서 권력을 뺏어왔고, 이로써 왕권통치가 회복되었다. 1870년대 말, 천황 정부는 과감한 개혁조치를 단행했다. 일본의 활발한 개혁은 2차 산업혁명과 맞물려 자본주의로 이어졌고, 경제가 빠르게 발전했다. 아시아를 벗어나 유럽에 진입한다는 목표를 달성한 일본은 점차 동아시아에서 권세를 휘두르며 조선을 점령했고, 오랫동안 품어온 대륙을 향한 꿈을 다시 품기 시작했다. 일본은 미국과 러시아를 잃는다 해도 조선과 청나라로 그 빈자리를 메우려 했다.

1875년, 중국 하이청을 향하던 일본함대 운양호가 조선 강화도를 지나게 되었다. 일본군은 강화도 해안 탐측을 핑계로 강화도 앞바다를 불법 침투했다가 조선군의 포격 공격을 받았다. 포격을 받은 일본군은 곧바로 조선의 포루를 공격한 후 강화도에 들어와 대학살을 저질렀다. 이것이 바로 강화도 사건이다. 이듬해, 일본 정부는 조선에 억지로 〈강화도 조약〉을 맺게 했다. 이 조약을 통해 일본은 치외법권을 보장받고 무역 특혜를 누리게 되었으나 조선은 국가의 독립 자주적 지위를 점차 상실하게 되었다.

그러나 당시 조선은 여전히 청나라의 속국이었기 때문에 일본이 무력으로 조선의 문호를 개방시켰다 해도 청나라의 영향력을 무시할 수 없었다.

청나라와의 쟁탈전

1880년, 일본은 조선의 수도 한양에 세운 대사관을 기지로 삼아 조선 정부의 반대파를 몰래 지원함으로써 조선 통제를 강화하고 청나라에 대항했다. 1882년, 조선의 정권을 잡은 민비의 외척들이 군수물자를 빼돌리면서 백성의 불만을 사자, 조선 개화파가 일본의 힘을 빌려 정변을 일으키고 고종의 아버지인 대원군 정권을 회복시킨다. 민비가 청나라 정부에 도움을 요청하자 오장경이 군사를 이끌고 나타나 대원군을 하야시켰고, 민비가 다시 정권에 오른다. 일본은 이를 핑계 삼아 조선정부를 협박하여 〈제물포 조약〉과 〈조일수호조규속약〉을 맺어 외교관을 보호한다는 명목으로 군대를 주둔시켰다. 이때부터 청나라와 일본의 군대가 모두 조선에 주둔하면서 중일간의 갈등이 시작되었다.

일본의 꼬임에 넘어간 조선의 일부 지도자는 그들 자신을 개화파로 칭하며 선진화된 일본의 개혁 조치와 문물을 배워 나라를 부요하

▼ 〈한일합병 조약〉
이 한 장의 종이가 조선을 일본의 식민지로 전락시켰다. 일본은 조선을 발판으로 삼아 중국을 침략하는 동아시아 확장 정책을 펼쳤다.

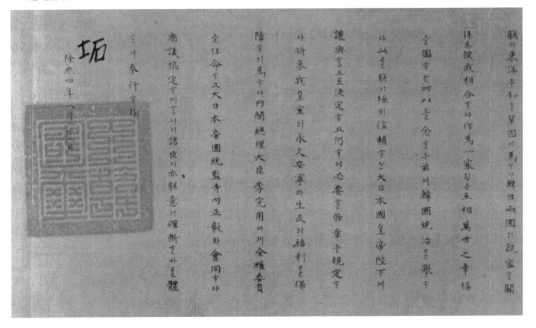

게 하고 민족 독립을 이루려 했다. 이들은 일본과 협력하여 도움을 얻고자 했기 때문에 자연스레 청나라 정부에서 등을 돌리고 청나라 군대의 주둔을 반대했다. 1884년 12월, 개화파가 수구파 관료를 공격하고 청나라 정부와의 단교를 선언하는 갑오정변을 일으켰다. 청나라 정부는 위안스카이를 파견하여 이틀 만에 개화파의 반란은 진압했고, 민비의 통치는 계속되었다. 청나라와 일본의 갈등관계는 계속되었지만, 겉으로는 청나라가 조금 더 나은 위치에 있는 듯했다. 그러나 일본정부는 갑오정변을 계기로 조선을 압박하여 〈을사 조약〉을 맺음으로써 조선 통제권을 더욱 확대했다. 그 후 일본에서 파견한 이토 히로부미와 청나라 정부의 이홍장이 협상 테이블에 앉았다. 약할 데로 약해진 청나라 정부는 자신의 남은 이점을 전부 일본에 넘기고 〈톈진 조약〉을 맺었다. 일본은 이제 조선에서 청나라와 대등한 위치를 차지하게 된 것이다.

청나라 정부의 무능함을 본 일본의 욕심은 더욱 커졌다. 1894년, 조선의 동학운동이 남부지역 전체로 확산되었다. 청나라 정부보다 더 무능했던 조선통치자들은 청나라 황제에게 도움을 요청할 수밖에 없었다. 청나라 정부는 다시 지원병을 보냈고, 요청하지도 않은 일본군도 도움을 주었다. 사실 일본은 조선을 도운 것이 아니라 진압을 명목으로 청나라군을 습격했고, 결국 갑오전쟁이 일어났고 청나라 정부는 완패했다. 1895년 4월 17일, 이홍장이 다시 이토 히로부미와 만나 협상을 진행한 후 양국은 일본 시모노세키에서 중국인이 치를 떨며 수치스러워하는 〈시모노세키 조약〉을 체결하였다. 청나라 정부는 많은 보상금과 타이완 펑후 열도 등을 일본에 넘기면서 조선의 종주국으로서의 지위를 잃고 조선의 독립을 인정했다. 이제 조선에는 일본만 남게 되었다.

러시아와의 쟁탈전

갑오전쟁 이후 조선에서 정변을 일으킨 일본군은 조선 군대의 무기를 모두 몰수했고, 경찰권도 제한시켰다. 8월 26일, 조선과 '한일맹약'을 체결한 일본은 조선을 전쟁 공급기지로 삼을 계획을 세웠다. 일본의 세도 앞에 절망한 민비 세력은 일본의 요동 반도 반환에 큰 힘을 불어넣었던 러시아라면 충분히 조선을 도와 일본의 세력을 몰아내 줄 것이라는 생각에 도움을 요청했다. 민비 세력의 생각은 러시아의 욕심과 절묘하게 맞아 떨어졌고, 러시아의 지지를 받은 민비는 궁 내부의 친일파 세력을 모조리 쫓아냈다. 이에 분노한 일본은 1895년 10월 8일 궁을 침입하여 민비를 잔인하게 살해한 후 시체를 불에 태워버린다. 일본은 대원군을 지지하며 정부를 꼭두각시처럼 조정하려 들었다. 1896년 2월, 조선 왕 고종이 러시아의 도움으로 정변을 일으켜 친일정부를 뒤집어 놓았다. 러시아에 비해 힘이 부족했던 일본은 어쩔 수 없이 타협을 요청했고, 러시아와 일본은 38선을 경계로 조선을 둘로 나눠 놓았다.

그러나 일본은 이대로 포기할 수 없었다. 일본의 대륙 확장 계획을 무너뜨린 적수, 러시아에 대해 이를 갈던 일본은 결전의 날을 대비하여 전쟁을 준비했다. 1904년 러일전쟁이 발발했다. 러시아와 일본은 조선과 중국의 영토와 바다에서 피 튀기는 싸움을 벌였고 십만 명이 넘는 일본군이 이 기회에 조선을 점령했다. 이듬 해, 러시아의 패배로 러일전쟁은 끝이 났고, 러시아는 〈포츠머스 조약〉에서 조선에 대한 권리를 포기했다.

눈물의 한일합병

1905년 11월 17일, 일본은 대한제국으로 개명한 조선왕조와 〈을사보호 조약〉을 체결한 후 조선을 보호한다는 명목으로 군사, 외교를 모두 통제했다. 일본이 세운 통감부는 조선의 모든 통치기관을 관할했고, 조선 정부는 그저 껍데기에 불과했다. 대한제국의 황제 고종은 이 모든 수치와 모욕을 감내해야 했다. 당시 조선의 문인들은 고종 황제와 이토 히로부미를 한 무제와 조조로 비유했다. 이토 히로부미가 조선의 모든 법령을 만들어서 고종 황제에게 내놓으면 황제는 산송장처럼 옥새를 찍기만 할 뿐이었다.

1907년 여름, 네덜란드 헤이그에서 만국평화회의가 열린다는 소식을 듣고 조국의 멸망을 지켜보던 고종 앞에 희망의 빛이 비추는 듯했다. 그는 비밀리에 두 명의 특사를 헤이그 회의로 파견하여 국제사회의 도움을 얻고자 했다. 상황을 파악한 이토 히로부미는 궁 밖에 배치한 일본군의 총칼로 고종을 위협하여 특사 파견을 무효화시켰다. 이 사건을 빌미로 이토 히로부미는 고종을 퇴위시키고 순종을 황제의 자리에 앉혔으며 자신은 태사라는 직위로 계속 정권을 쥐었다.

1909년, 이토 히로부미는 조선의 애국지사 안중근이 쏜 총에 맞아 사망한다. 하지만 새로 취임한 통감 데라우치 마사타케는 더 악랄했다. 그는 조선이 마치 일본과의 합병을 요청하기라도 한 것처럼 연출했다. 1910년 8월 16일, 일본헌병 총검의 '보호' 아래, 조선의 매국노 이완용은 일본과 〈한일합병 조약〉을 맺는다. 일본이 총독부를 세우면서 조선은 일본의 식민지로 전락하고 말았다.

나라가 망한 후, 조선은 민족과 국가의 자존심을 완전히 상실했다. 조선의 저항을 막기 위해 일본은 한민족 노예화 정책을 시행한다. 조선말을 금지하고, 이를 어길 경우 따귀를 때리는 벌부터 심하게는 감옥에도 보냈다. 일본문화를 주입시키기 위해 무조건 일본어를 가르쳤다. 이 외에도 2차 세계대전 당시 일본은 조선에 말로 다 할 수 없는 극악무도한 악행을 저질렀다. 조선의 장정 몇 십만 명이 전쟁터에 징용됐고, 20만 명이 넘는 여성이 '위안부'로 끌려갔다. 일본의 잔혹한 통치는 오히려 조선인의 독립 정신을 자극해, 2차 세계대전 후 조선은 결국 독립을 이루었다.

멕시코 혁명

가련한 멕시코여, 신은 저 멀리에 계시고, 미국은 이토록 가깝게 있다니!

포르피리오 디아스(Porfirio Díaz)

디아스 독재정권

1876년 11월 23일, 미국의 지원을 받은 인디언 출신 디아스는 멕시코의 집권층이 권력다툼을 벌인 시기를 이용하여 무력으로 정권을 차지한 후 멕시코 대통령의 자리에 오른다. 이후 약 30년 동안 그의 독재정권이 이어졌다.

멕시코 역사에서 디아스의 통치에 대한 의견은 다양하다. 어떤 이는 '현대 멕시코의 창시자'라며 그가 집권했던 시기야말로 독립 후 가장 안정되었고 경제적으로도 풍요롭게 보냈다고 긍정적으로 평가했다. 디아스는 자신과 다른 의견은 모조리 묵살하고 일당 독재체제를 유지했다. 지방 지도자, 자유당, 보수당 할 것 없이 모두 그의 권력 아래 있었다. 경제적으로는 철도를 구축하고 선진기술과 설비를 받아들였으며 멕시코를 파산의 위기에서 건져냈다. 그러나 디아스의 통치시기를 멕시코 역사상 가장 어두운 시기로 평가하는 부정적인 관점도 있다. 디아스가 입헌정치를 따랐다고는 하나 국민을 진압

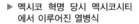
▶ 멕시코 혁명 당시 멕시코시티
에서 이루어진 열병식

하고 나라를 마음대로 팔아넘기는 등 독재정치를 펼쳤기 때문이다.

어쨌든 디아스가 다스리던 시기에 멕시코의 빈부 차이가 심각해졌고 많은 이가 고통스러운 생활을 이어갔던 것은 사실이다. 토지분배 문제로 농촌인구의 95%가 땅을 갖지 못했고 노동자 계급은 늘 배고픔에 시달려야 했다. 또한 대량의 외자 유입으로 외국자본 특히 미국자본의 낙원이 되어 미국이 멕시코 유전의 85%를 점유했다. 멕시코 국민은 디아스가 통치하는 멕시코를 외국인을 위한 모국 혹은 멕시코 국민의 계모라고 풍자적으로 비유하기도 했다.

마데로 혁명

1910년 디아스의 임기가 끝나자 대통령 선거를 치렀다. 자산계급과 자유파 지주들의 추천을 받은 프란시스코 마데로(Francisco Madero)가 대통령 후보자에 올라 디아스와 경쟁했다. 당시 민심을 잃었던 디아스와는 달리 마데로는 반독재와 민족 상공업 보호 및 입헌정치국가 수립 등을 내세우며 높은 지지율을 보였다. 대세가 기울어진 디아스는 계략을 꾸며 마데로를 감옥에 집어넣었다. 7월 대선은 예정대로 진행되었고 불법적인 방법으로 디아스가 다시 당선되었다.

대선 후 석방된 마데로는 10월 3일 텍사스 주 샌안토니오에서 '산 루이스 포토시 계획'을 발표하며 디아스 정권을 뒤집고 공정한 토지분배와 선거제도를 개혁하자고 사람들에게 호소했다. 11월에 시작된 혁명은 전국적으로 빠르게 확대되었다. 북부 농민군 지도자 판초 비야(Pancho Villa)가 정부와 전투를 벌였고, 남부 농민군 지도자 사파타(Emiliano Zapata)는 농민 무장 세력과 함께 멕시코시티를 차지했다. 1911년 5월 24일, 멕시코시티의 노동자 봉기가 일어나자, 디아스는 대내외적인 압박을 견디지 못하고 유럽으로 도망쳤고, 정권은 마데로에게 넘어갔다.

우에르타의 쿠데타

그러나 국민의 힘으로 대통령 자리에 오른 마데로는 약속을 지키지 않았다. 농민 토지문제를 해결해주지 않고 도리어 농민 무장조직을 해체시켜 국민의 불만을 샀다. 1913년 2월, 미국과 멕시코 국내의 반정부 세력의 지지를 받은 우에르타(Victoriano Huerta) 장군이 군사 정변을 일으켜 마데로를 살해한 후 그 자리를 차지하면서 멕시코는 다시 독재 정권으로 돌아갔다.

카란사의 정권 탈환

전제정치를 견디다 못한 멕시코 국민은 계속해서 독재자 우에르타와 충돌했다. 자산계급 자유파 대표인 카란사(Venustiano Ignacio Carranza)가 이 시기를 이용하여 국민의 신뢰를 얻어 군대와 농민 봉기군의 연합조직을 일으켰다. 혁명의 파도가 밀려오면서 우에르타의 통치도 흔들리고 있었다.

미국은 자신의 이익을 위해 우에르타를 인정하지 않았다. 1914년 4월, 미국의 우드로 윌슨(Woodrow Wilson) 대통령은 "라틴 아메리카 국민에게 제대로 된 인물을 선출해야 함을 가르치겠다."라며 멕시코 만을 공격하고 멕시코 내정을 간섭했다. 이에 분개한 농민과 노동자들이 모여 7월에 우에르타 정권을 뒤집고 11월에 미국 세력을 철수시키면서 카란사가 멕시코 정권을 잡게 되었다.

1917년 멕시코 헌법

마데로의 실패에서 교훈을 얻은 카란사는 정권을 잡은 후 국민의 강력한 요구를 수용하여 사회개혁을 단행했다. 1915년, 카란사는 토지개혁법을 발표했고 농민의 토지문제를 부분적으로 해결했다. 이듬해 헌법 제정 회의를 개최한 멕시코는 1917년 2월 5일 새롭게 제정한 〈1917년 멕시코 헌법〉을 통과시켰다.

헌법은 모든 토지와 강, 탄광을 국가 소유로 규정하고 개인은 개발사용권만 가졌으며 국가는 외국인의 토지 및 재산을 몰수할 권한을 가졌다. 외국인 재산을 엄격히 제한했고, 공공토지와 몰수토지 중 일부는 농민에게 배분되었다. 헌법 규정에 따라 노동자는 단체를 조직하거나 파업할 수 있는 권리를 가지며, 업무시간은 매일 8시간으로 아동 노동은 금지되었고 여성의 권익을 보장했다.

이 헌법은 토지문제와 노동자 권익문제를 다루는 급진적인 자산계급 헌법으로 멕시코 발전의 기초를 다졌다.

발칸전쟁

발칸전쟁은 아시아와 동유럽의 중세기 제도가 붕괴하면서 발생한 세계 여러 사건 중 하나였다. 발칸에 통일된 민족 국가가 세워지고 지방 봉건세력이 무너져 발칸의 농민이 지주로부터 해방되었다. 이것이 바로 당시 발칸 반도가 당면한 역사적 사명이었다.

레닌《발칸전쟁과 자산계급의 쇼비니즘》

유럽의 화약고

유럽의 아래쪽에 있는 발칸 반도는 남쪽으로 아시아와 연결되며 지중해를 지키는 매우 중요한 전략적 요충지다. 또한 북쪽으로는 도나우 강이 흐르고, 동쪽으로는 흑해, 남쪽으로는 에게 해, 서쪽으로는 아드리아 해로 둘러싸여 있다. 면적은 고작 154만 6천제곱킬로미터의 작은 지역이지만 11개 국가가 모여 있다. 약 1억 3천만 명의 인구가 알바니아, 세르비아, 크로아티아 등 여러 민족으로 나누어져 있으며, 또 각 국가와 민족의 종교도 가톨릭, 그리스 정교, 이슬람교 등 다양하다. 그러다 보니 국가, 민족, 신앙 문제가 얽히고설켜 발칸 지역의 국가들 사이에 복잡한 갈등을 낳아 서로 충돌하는 경우가 잦았다.

게다가 지리적 특성 때문에 많은 나라가 이 지역을 노렸다. 오스만 튀르크제국이 14세기에 발칸 반도를 차지한 후 20세기 초까지도 각 민족은 계속 튀르크의 압제 아래 고통에 시달렸다.

15세기에 들어서자 모스크바를 중심으로 형성된 러시아가 대외확장을 위해 넓은 땅덩어리를 지닌 발칸 반도에 눈독을 들이기 시작했다. 러시아는 '슬라브 민족주의'를 내세우며 발칸지역 문제에 관여했고, 계속해서 튀르크와 갈등을 빚으면서 발칸지역에

▼ 1913년 2차 발칸전쟁 당시 발생한 그리스 지역 라하나스 전투 정경이다.

서 세력을 확장해갔다. 그 결과 러시아와 튀르크 사이에 끊임없이 전쟁이 이어졌다. 몇백 년에 걸쳐 19년마다 한 번씩 전쟁이 일어나자 튀르크의 자체 국력과 더불어 발칸지역에서의 통제력도 점차 약해졌다.

오스트리아 헝가리제국도 이 기회에 그동안 노려왔던 세르비아를 차지하려 했다. 오스트리아 헝가리제국에 거주하던 일부 세르비아인들이 고향으로 돌아가고 싶어하는 것도 한 이유였다. 그러나 세르비아는 아드리아 해를 노리고 있었기 때문에 두 나라 사이의 갈등의 골은 깊어졌다. 오스트리아 헝가리제국은 세르비아가 튀르크의 지배에서 벗어나기만 하면 곧바로 세르비아를 차지할 생각이었다.

오랫동안 흑해 문제로 튀르크와 갈등을 빚어 왔던 러시아제국은 점차 부패와 몰락의 길을 걷는 튀르크를 보자 해결의 실마리가 보이는 듯했다. 만약 발칸지역이 튀르크의 지배에서 벗어난다면 상황이 더 복잡해질 수도 있겠지만 세르비아의 독립이 러시아 안보에 가장 유리하기도 했다. 이런저런 갈등 속에서 러시아는 발칸 문제에 대해 제대로 결정 내리지 못하고 있었다.

그러던 중 1908년, 발칸 반도에서 동란이 일어났다. 기회만 노리던 오스트리아 헝가리제국은 세르비아의 확장을 막고 무력으로 보스니아 헤르체고비나를 차지했다. 그 결과 세르비아는 러시아를 더 의존하게 되었다. 러시아 전함이 다르다넬스 해협을 지나 보스포루스 해협에 들어서자 러시아의 침공을 두려워한 튀르크 인이 즉각 경계에 나서면서 민족주의가 그 어느 때보다도 뜨겁게 달아올랐다. 이런 상황에 불안함을 느낀 러시아는 발칸 반도의 독립운동을 적극지원했다.

공동의 적을 향한 발칸동맹

러시아 외교 사신이 베오그라드로 달려가 조정한 끝에 1912년 3월 세르비아와 불가리아는 튀르크 반대 결사 동맹을 맺게 되고, 두 달 후 그리스가, 8월에는 몬테네그로가 동맹의 일원이 된다. 발칸 반도의 민족이 공동의 적에 대응하고, 해방을 강력하게 꿈꾸며 이루어진 '발칸동맹'은 공동의 적인 튀르크를 향해 한 마음으로 칼을 갈며 눈앞에 다가온 전쟁을 준비했다.

이때 리비아 전쟁에서 이탈리아에 패배해 튀르크의 사기가 바닥에 떨어지자 발칸동맹은 공격할 절호의 기회를 잡았다. 1912년 10월, 몬테네그로가 우선 튀르크를 공격한 후 그리스, 세르비아, 불가리아가 연달아 최후통첩을 전달하며 대 튀르크 전투에 참여하여 1차 발칸전쟁이 시작되었다.

충분한 준비를 마친 발칸동맹군의 정예군은 무려 100만 명에 이르렀으나 튀르크에는 지치고 힘도 없는 군사 40만 명이 있을 뿐이었다. 결국 전투가 시작된 지 얼마 지나지 않아 쉽게 승패가 갈렸다. 10월 말, 불가리아 군대가 콘스탄티노플에 접근했고 11월 중순이 되자 발칸 반도의 대부분 지역이 독립했다. 튀르크가 다스리는 곳은 5곳만 남아 있었다.

대세가 기울어지자 튀르크는 유럽 열강에 도움을 요청했다. 12월 16일, 튀르크가 런던에서 발칸동맹과 협상을 진행할 때

▲ 불가리아 남부 용사기념비
발칸전쟁 중 불가리아의 주권과 영토를 지키기 위해 희생한 불가리아의 영웅들을 기리기 위해 세워진 기념비다.

열강 국가들은 각자 자국 이익만 따지고 있었다. 러시아제국은 튀르크가 완전히 발칸을 떠나면 이전에 점령한 해협 문제가 대두될까 걱정이었다. 영국과 프랑스의 간섭에 불만을 품은 독일과 오스트리아헝가리제국은 영국과 프랑스의 영향력을 거부하는 그리스와 세르비아를 지지했다. 그러다 보니 협상은 매우 더디게 진행되었고 1913년 1월 23일이 되어서야 겨우 의견 일치를 볼 수 있었다. 그러나 이때 튀르크에 일어난 정변으로 수립된 새 정부가 독일의 지원을 받고 강경한 입장을 고수해 2월 3일에 다시 전쟁이 발발했다. 그러나 만년 패전국이 되어버린 튀르크에겐 그저 수많은 패전 기록에 또 하나를 보탠 결과가 되었을 뿐이었다. 3월 5일, 그리스는 쉽게 야니나를 차지했고, 3월 26일, 불가리아와 세르비아 연합군이 아드리아노플을 공격했다. 4월 22일, 신정부가 투항하면서 튀르크 대표는 다시 협상 테이블 앞에 앉을 수밖에 없었다. 1913년 5월 〈런던 조약〉이 체결되면서 튀르크는 발칸지역 대부분의 통치권을 상실했고, 흑해 연안 도시 미디아(Midia) 서쪽에 있는 유럽지역(알바니아 제외)과 크레타 섬

이 모두 발칸동맹 국가들 손에 넘어 갔다. 알바니아는 독립을 이루긴 했지만 러시아, 영국, 프랑스, 독일, 오스트리아, 이탈리아 등 6개국의 보호를 받게 되었다.

▲ 1913년 6월 카라토프에 주둔한 세르비아 국왕부대

등 돌린 발칸동맹

1차 발칸전쟁은 발칸동맹의 승리로 끝났으나 마케도니아와 알바니아를 둘러싼 이익 분배과정에서 동맹 간에 갈등이 불거졌다. 오스트리아 헝가리 제국이 세르비아의 세력을 누르면서 러시아를 견제하려는 생각에 알바니아를 독립시켜 자신의 통제권 아래 두려 하자 독일과 이탈리아도 찬성했다. 그러나 러시아제국과 영국은 몬테네그로와 세르비아의 뜻대로 알바니아를 나누려 했다. 격렬한 논쟁 끝에 결국 알바니아는 자치라는 이름으로 독립을 이루었다. 몬테네그로와 세르비아는 그 보상으로 마케도니아 분할 과정에서 더 많은 이득을 차지하려다가 불가리아와 관계가 악화되었다.

늘 발칸반도를 차지하려고 애쓰던 강대국들은 발칸동맹이 그리 반갑지 않았다. 당시 동맹국과 연합국의 관계가 나날이 악화되면서 대규모 전쟁이 점쳐지는 상황이었다. 오스트리아 헝가리제국은 동쪽 병력을 유지하면도 연합국이 관여하는 발칸동맹을 견제해야 했기 때문에 큰 전쟁이 벌어지기 전에 하루빨리 발칸동맹이 무너지길 바라며 온갖 계략과 이간질을 일삼았다.

결국 1913년 6월, 1차 발칸전쟁이 끝난 지 한 달도 안 되어 불가리아를 공격 목표로 삼고 몬테네그로, 세르비아, 그리스, 루마니아가 비밀 동맹을 결성했다. 헝가리 오스트리아제국의 지원을 받은 불가리아의 세력도 만만치 않았다. 6월 29일, 불가리아가 먼저 세르비아와 그리스를 공격했다. 튀르크 역시 잃어버린 영토를 회복하기 위해 7월 16일 불가리아에 선전포고하며 전쟁에 뛰어들었다. 강력한 지원국이던 헝가리 오스트리아는 막상 불가리아가 사면초가의 위기에 몰리자 모른척했고 전쟁터에서 홀로 버틸 수 없던 불가리아가 7월 29일 항복을 선언하고 화친을 요청하면서 2차 발칸전쟁이 막을 내렸다.

◀ 1913년 2차 발칸전쟁 당시 그 리스 킬키스 전투 모습

 1913년 7월, 불가리아와 그리스, 세르비아, 몬테네그로, 루마니아 는 부쿠레슈티에서 협의를 거친 후 8월 10일 〈부쿠레슈티 조약〉을 통해 마케도니아를 분할했다. 세르비아는 가장 많은 영토를 차지했 고, 그리스는 마케도니아 남부지역과 트라키아 서부지역 및 크레타 섬을 차지했다. 남쪽의 도브로제아는 루마니아에 돌아갔다. 튀르크 는 1차 발칸전쟁에서 불가리아에 빼앗긴 트라키아와 아드리아노플 등지를 되찾았다.

 두 번의 발칸전쟁으로 발칸 반도는 새로운 국면을 맞이했다. 영 국, 프랑스, 러시아에 도움을 받은 신흥 독립국가는 연합국과 두터 운 외교관계를 맺었고, 두 번의 발칸전쟁으로 세력이 강성해진 세르 비아가 연합국과 가까워지자 동맹국 측은 유난히 불안해했다. 전쟁 으로 국토를 잃은 튀르크는 여전히 러시아와 영국에 대해 불만을 품 고 있었고 그래서 오스트리아 헝가리제국과 더 가깝게 지냈다. 과거 발칸 반도의 세력균형은 깨어지고 갈등만 더욱 심화되면서 또 다른 전쟁이 다가오고 있었다.

사라예보 사건

1914년, 전쟁은 아주 작은 충돌에서 시작되었다. 이 충돌로 흐트러진 국제 관계는 심각한 세계대전으로 이어졌다. 사라예보 사건(페르디난트 암살사건)은 작은 충돌이 얼마나 엄청난 영향력을 가지는지 보여주었다. 말 그대로 성냥불이 초가삼간을 태운 격이었다.

뉴셴중《역사와 전략 : 중국과 서양 군사역사론》

잉꼬부부

1889년 1월 30일, 오스트리아 헝가리제국의 황제 프란츠 요제프 1세와 엘리자베트 황후의 외동아들 루돌프가 연인 베체라와 동반 자살하면서 황위 계승자 문제가 대두되었다. 이 사건으로 많은 이의 운명이 바뀌었고 세계 역사가 뒤집혔다. 그 중 가장 큰 영향을 받은 인물은 바로 프란츠 페르디난트로 요제프 1세가 조카인 그를 황태자로 지목하면서, 죽음을 향한 운명의 길로 들어서게 된다.

사실 페르디난트는 한 번도 황위에 오를 생각을 하지 않았고 그저 자신이 꿈꾸던 삶을 살고 싶어한 인물이었다. 그는 군대에 관심이 있었으며 유달리 사냥을 좋아했는데 동물 30만 마리를 사냥해 독일 황제를 놀라게 할 정도였다고 한다. 세계 각지에서 사냥을 하며 돌아다녔던 페르디난트는 매우 호탕하고 소탈한 성품을 지녔지만 역사는 그를 엄숙한 황제의 자리로 떠밀었다.

▼ 오스트리아 헝가리제국의 황태자 페르디난트 대공과 부인 조피 사진

1895년 페르디난트 대공은 프라하에서 미래의 아내 조피를 만났다. 당시 백작 신분이었던 조피는 프란츠의 사촌 이사벨라 공주의 시녀였다. 총명하고 아름다운 그녀의 모습에 마음을 빼앗긴 페르디난트는 청혼을 결심하지만 황태자라는 신분이 걸림돌이 되었다. 조피는 보스니아 헤르체고비나에서 역사가 깊은 귀족이었지만 황족에 비해서는 턱도 없이 낮은 신분이었다. 요제프 1세는 비천한 시녀 신분은 황족의 명예를 떨어뜨린다며 결혼을 극구 반대했다. 그러나 거센 반대와 어려움에도 불구하고 결국 사랑의 힘이 승리했다. 페르디난트는 조피 이외의 어

떤 여자와도 결혼하지 않겠다며 황제의 허락을 구했다. 1899년, 부인 엘리자베트를 깊이 사랑했던 요제프 1세는 결국 페르디난트와 조피의 결혼을 승낙했다. 단. 페르디난트와 조피의 자녀는 절대 왕위 계승자가 될 수 없다는 조건을 내걸었다. 즉, 페르디난트의 자녀는 궁에서 비천한 대우를 받게 될 것이며, 그의 사랑하는 아내는 영원히 낮은 신분으로 살게 된다는 의미였다.

1909년 요제프 1세는 조피에게 호엔베르크 여공작의 직위를 수여하며 쇤브룬 궁정 사무를 보도록 허락했다. 그러나 신분구분이 엄격했던 궁정에서 그녀는 여전히 남편과 같은 마차를 탈 수 없었고 극장에서도 황족 전용석에 앉을 수 없었다. 궁정 연회에 참석할 때도 조피

▲ 페르디난트 대공이 암살당했을 때 입었던 외투, 총탄 자국과 붉은 선혈 자국이 선명하다.

가 입장할 때는 문을 반만 열어주었다. 사랑하는 아내가 수치와 냉대를 받는 것이 너무나 고통스러웠지만 페르디난트도 어쩔 도리가 없었다. 1914년 오스트리아 헝가리제국이 보스니아의 사라예보에서 군사연습을 준비하게 되자 페르디난트 대공은 부인과 함께 이 지역을 특별방문하기로 결정했다. 결혼 14주년을 기념하면서 조피가 그동안 누리지 못한 황족 대우를 충분히 받기를 바라는 마음에서였다. 군대 총책임자인 그는 아내가 자신과 같은 대우를 받을 자격이 충분하다고 생각했다.

심각한 위기

그러나 페르디난트는 심각한 위험 요소를 간과했다. 오스트리아 헝가리제국은 6년 전 독일의 도움을 받아 보스니아를 차지하여 원한을 샀다. 게다가 20세기 초, 두 번의 발칸전쟁을 통해 오스만 튀르크의 통치에서 벗어난 세르비아는 점차 강성해져 발칸지역 슬라브족을 집결시키는 중심으로 떠오르고 있었다. 대부분 남 슬라브인 출신인 보스니아 인은 민족 단결의 소식을 듣자 오스트리아 헝가리

제국의 통치에서 벗어나 세르비아와 연합하기를 간절하게 바랐다.

세르비아의 '민족통일' 구호에 불안해진 빈의 합스부르크 왕가는 위험요인을 얼른 제거해 세르비아와의 전쟁 가능성을 없애고자 했고, 보스니아 수도 사라예보에서 진행되는 이번 군사연습은 세르비아를 가상의 적으로 지정하여 노골적으로 위협의지를 드러낸 것이었다.

보스니아인의 원한과 세르비아인의 불만은 자연히 오스트리아 헝가리제국을 대표하는 페르디난트 부부에게 집중되었다. 이런 상황에서 부부금실이 좋았던 페르디난트가 부인의 기분을 풀어주기 위해 이 위험한 모험을 감행했던 것이다.

세르비아의 마피아

1911년 헝가리 오스트리아제국과 세르비아의 갈등이 점차 심각해져 세르비아 국내에는 오스트리아 헝가리제국을 대적하는 집단이 등장했다. 그 해 세르비아 육군 정보부 드미트리예비치 대령을 중심으로 '민족 사상 실현, 세르비아 민족 통일'을 주장한 비밀단체 흑수단이 조직되었다. 유럽 바쿠닌과 크로포트킨의 무정부주의 사고에 깊은 영향을 받은 흑수단은 테러 공격을 펼치며 자신의 생명을 아끼지 않고 상부의 명령에 무조건 복종했다.

프란츠 페르디난트 대공은 오스트리아 헝가리제국의 황태자가 된 후 보스니아와 헝가리, 오스트리아에 동등한 권위를 부여하여 삼국의 균형적인 세력을 유지하려 했다. 이러한 조치로 보스니아 슬라브족의 원한은 수그러들자 흑수단은 더욱 분노했다. 흑수단은 페르디난트가 세르비아를 중심으로 하는 남슬라브 연맹 설립을 방해한다고 생각하여 그의 암살 계획을 세웠다.

그러나 암살 계획은 어느새 첩자를 통해 새어나갔고, 1914년 6월 세르비아 총리 니콜라 파식도 흑수단의 암살 계획을 전해 들었다. 세르비아 정부는 이번 암살로 전쟁이 발발한다면 동맹 러시아가 군사개혁 중이라 도움을 줄 수 없을 것이라는 생각에 즉각 문제 해결에 나섰다. 우선 빈으로 특사를 파견하여 페르디난트가 방문한다면 큰 사고가 발생할지 모른다고 주의를 주었다. 그러나 이 경고에 귀 기울이지 않은 페르디난트는 예정대로 사라예보 방문을 진행했고, 흑수단의 암살 계획도 착착 진행되었다.

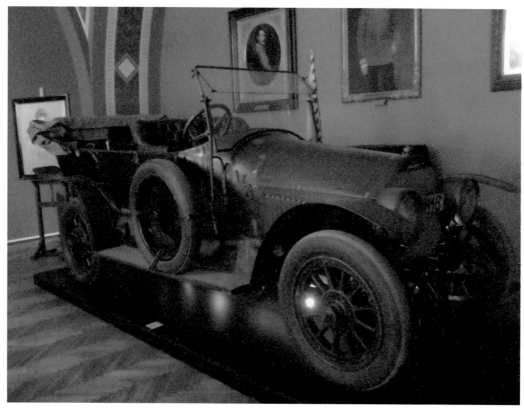

▲ 페르디난트 대공 부부 암살 사
건 당시 탑승했던 자동차

사라예보에 울려 퍼진 총성

1914년 6월 28일, 태양이 아름답게 비추는 일요일이었다. 이날은 발칸 반도에서 슬라브족이 특별히 지키는 명절 '성 바이터스의 날'이었다. 1389년 튀르크가 코소보 전투에서 승리를 거두고 세르비아 왕국이 노예로 잡혀갔을 때는 국가 애도의 날이었으나 두 번의 발칸 전쟁을 통해 과거와 달리 세르비아가 튀르크를 무찌르자. 도리어 슬라브족의 명절이 되었다.

프란츠 페르디난트 대공 부부가 축제 분위기가 만연한 보스니아 수도 사라예보에 도착했다. 거리는 사람들로 가득했다. 황실 자동차가 사람들 사이를 천천히 지나가자 많은 이들이 페르디난트 부부에게 환호성을 질렀다. 진심이든 겉치레든 상관없이 사람들의 환영에 즐거워진 페르디난트 부부는 느슨해진 경계도 아랑곳하지 않았다.

그 가운데에 열일곱 살부터 스물셋까지 어린 나이의 청년으로 구성된 7명의 암살자가 이들 부부에게 다가가고 있었다.

오전 10시, 페르디난트 부부는 군사훈련 검열을 마친 후 자동차를 타고 사라예보 시로 들어섰다. 두 번째 차량에 탑승한 페르디난트의 오른쪽에는 조피가, 왼쪽에는 보스니아 군대장관인 오스카 포티오렉 장군이 앉아 있었다.

아펠 부두를 향하던 차량 근처에 첫 번째 암살자가 숨어들었으나 바로 앞에 경찰이 다가와 작전에 실패했다. 두 번째 암살자는 가까운 거리에서 페르디난트의 차량이 들어오는 것을 보고 곧바로 깃털 장식이 달린 군모를 향해 폭탄을 날렸다. 그러나 폭탄은 접어놓은 자동차 덮개에 부딪쳐 도로로 떨어져 나가더니 세 번째 차량 앞에서 폭발했다. 폭발물의 파편에 부사관과 조피의 시종이 부상을 입었다. 공격을 끝낸 암살자는 작은 병에 든 독극물을 마시고 강에 뛰어들었으나 곧바로 경찰에 붙잡혔다.

페르디난트는 몹시 놀랐지만 곧 안정을 되찾고 현장을 돌아본 후 차에 올라탔다. 그리고 주변 사람들에게 "정신병이 있는 사람인가 보오. 원래 계획대로 진행합시다."라고 말했다.

사라예보 시청에 도착한 부부는 환영식에 참석한 후 부상자들을 살펴보기 위해 병원으로 향했다. 그의 이러한 부주의한 행동은 더욱 죽음을 재촉했다.

차량 보호는 더 삼엄해졌으나 운전기사가 병원으로 가는 줄 모르고 원래 계획대로 오후에 참관하기로 한 박물관에 가기 위해 프란시스 요제프 거리로 접어들었다.

경호를 책임졌던 포티오렉 장군은 이 사실을 발견하고 즉각 차량 방향을 돌리라고 명령했다. 이때 대공의 차 곁으로 열일곱 살 난 가브릴로 프린치프가 다가와 대공 부부를 향해 두 발의 총격을 날렸다. 총알은 페르디난트 대공의 목과 조피의 배를 관통했고 혼수상태에 빠진 페르디난트 부부는 과다 출혈로 11시에 사망했다. 프린치프는 대공 부부를 공격한 후 바로 자살을 기도하다가 실패하여 경찰에 붙잡혔고 남은 생을 감옥에서 보냈다.

우연과 우연이 겹쳐 결국은 심각한 비극이 일어났다. 페르디난트 대공 부부가 암살된 후 오스트리아 헝가리제국의 황제는 잠시 슬픔에 잠겼으나 곧 세르비아와 전쟁을 벌일 명분을 얻게 되었음을 깨달고 남몰래 기뻐했다. 소식을 들은 독일 황제 빌헬름도 "지금이야말로 절호의 기회다."라고 외쳤다. 영국, 프랑스, 러시아도 겉으로는 애통해하면서 뒤로는 전쟁 준비에 박차를 가했다. 사라예보 사건이 도화선이 되어 커다란 비극, 1차 세계대전이 시작되었다.

세계사 ❽
역사가 기억하는 식민지 쟁탈

발행일 / 1판1쇄 2013년 5월 25일

편저자 / 궈팡

옮긴이 / 홍지연

발행인 / 이병덕

발행처 / 도서출판 꾸벅

등록날짜 / 2001년 11월 20일

등록번호 / 제 8-349호

주소 / 경기도 고양시 일산동구 장항동 775-1 삼성마이다스 415호

전화 / 031) 908-9152

팩스 / 031) 908-9153

http://www.jungilbooks.co.kr

isbn / 978-89-90636-60-7

잘못된 책은 구입하신 서점이나 본사에서 교환해 드립니다.

全球通史—殖民爭霸

作者 : 郭方 主編

copyright ⓒ 2010 by 吉林出版集团有限责任公司

All rights reserved.

Korean Translation Copyright ⓒ 2013 by Coobug Publishing Co.

Korean edition is published by arrangement with 吉林出版集团有限责任公司

through EntersKorea Co., Ltd, Seoul.

이 책의 한국어판 저작권은 (주)엔터스코리아를 통한 중국의 吉林出版集团有限责任公司 와의 계약으로 도서출판
꾸벅이 소유합니다. 신 저작권법에 의하여 한국 내에서 보호를 받는 저작물이므로 무단전재와 무단복제를 금합니다.